本书出版受到河南省教育厅人文社科重点研究基地"河洛思想文化传承创新研究中心"、2015 年"全国高校思想政治理论课教学科研团队择优支助计划"、河南省高等学校哲学社会科学创新团队"马克思主义社会发展理论与马克思主义中国化"以及河南科技大学博士科研启动金的资助

本书部分内容为教育部人文社科青年项目"西汉儒家性情论研究"（14YJC720028）阶段性成果

贾谊道论研究

闫利春◎著

中国社会科学出版社

图书在版编目（CIP）数据

贾谊道论研究／闫利春著．—北京：中国社会科学出版社，
2017.3

ISBN 978 - 7 - 5161 - 9866 - 7

Ⅰ.①贾… Ⅱ.①闫… Ⅲ.①贾谊(前 200—前 168)—思想
评论 Ⅳ.①B234.25

中国版本图书馆 CIP 数据核字(2017)第 031385 号

出 版 人	赵剑英	
责任编辑	孙　萍	
责任校对	张依婧	
责任印制	王　超	

出　　版	中国社会科学出版社	
社　　址	北京鼓楼西大街甲 158 号	
邮　　编	100720	
网　　址	http://www.csspw.cn	
发 行 部	010 - 84083685	
门 市 部	010 - 84029450	
经　　销	新华书店及其他书店	

印　　装	北京君升印刷有限公司	
版　　次	2017 年 3 月第 1 版	
印　　次	2017 年 3 月第 1 次印刷	

开　　本	710 × 1000　1/16	
印　　张	16.5	
插　　页	2	
字　　数	262 千字	
定　　价	69.00 元	

序

贾谊（前200—前168），又称贾生，是汉初的一位重要人物，在中国思想史和文学史上都占有一席之地。司马迁曾为之作传，刘歆曾盛赞他道："汉朝之儒，唯贾生而已。"（《移让太常博士书》），不过，从人生来看，贾谊是一个悲剧性的人物。在中国士人的心目中，他占有非常重要的位置，历代悼念和感怀他的诗文颇多。在现代，毛泽东和鲁迅等曾有评论，前者甚至为之赋诗二首。

一

我很早即知道贾生其人，现在，我对贾生其人的了解更多，对其思想的理解更为深入了。

关于贾生其人，在读了《史记》《汉书》等书之后，我有两点看法。第一，造成贾生个人悲剧命运的原因是多重的。贾生肯定是一个才华十分出众，而又积极有为、企图成就一番功名的人物。不过，他个人积极有为的政治理想与汉初黄老思潮盛行的时代背景是不相协调的，这是导致其悲剧命运的宏观原因。年少而不谙官场权力游戏的规则，这是导致其悲剧命运的主观原因。而权臣们的集体阻挠和加害，是导致其悲剧命运的又一原因。其中，最后一个原因是主要的。这些原因，司马迁在《史记·贾生传》中或有明言，或有暗示。贾生二十余岁即被"文帝召为博士"，后又"超迁""一岁中至太中大夫"，但是他的这种快速升迁又几乎没有得到朝中重臣们的支持。实际上，这等于无视他们的存在，极大地冒犯了他们的权威和尊严。等到文帝提议"贾生任公卿之位"的时候，这些权臣们就自觉地联合起来，给贾谊强加了一个"专欲擅权，纷乱诸事"的罪名。

《史记·贾生传》曰:"绛、灌、东阳侯、冯敬之属尽害之,乃短贾生曰:
'雒阳之人,年少初学,专欲擅权,纷乱诸事。'"绛侯周勃、颍阴侯灌
婴、东阳侯张相如和冯敬,乃朝廷重臣和老臣,其中绛、灌二人还曾与陈
平"共立代王为孝文皇帝"(《史记·孝文本纪》《樊郦滕灌列传》等),
功劳尤大。在绛、灌等人的阻挠和加害下,放逐贾生就是铁板钉钉的事
情。从此,文帝也拉开了与贾生的距离。此外,梁怀王堕马而死一事,也
加重了贾谊个人命运的悲剧性。来自命运本身的不幸,也是造成贾谊人生
悲剧的一个原因。

关于贾谊被贬谪的原因,汉人有两种意见。一种认为,他之所以被贬
谪为长沙傅,主要是因为遭到一帮权臣的嫉妒和陷害。这首先见于司马迁
的《史记·贾生传》,刘向表示支持。刘向说,贾生"为庸臣所害,甚可
悼痛"(见《汉书·贾谊传赞》)。另一种认为,贾生被贬谪,乃由于未见
用于文帝。这种看法,是刘向首先在一个假设句中提出来的。刘向说:
"贾谊言三代与秦治乱之意,其论甚美,通达国体,虽古之伊、管未能远
过也。使时见用,功化必盛。为庸臣所害,甚可悼痛。"(见《汉书·贾
谊传赞》)在此暗中似有责备文帝之意。班固则明确反对这种暗示,为文
帝做了大力辩护。他说:"追观孝文玄默躬行以移风俗,谊之所陈略施行
矣。及欲改定制度,以汉为土德,色上黄,数用五,及欲试属国,施五饵
三表以系单于,其术固以疏矣。谊亦天年早终,虽不至公卿,未为不遇
也。"(《汉书·贾谊传赞》)一方面,班固责难贾谊"其术固以疏",未
必像刘向所说的那样"虽古之伊、管未能远过也";另一方面,他以文帝
"玄默躬行"、贾谊"未为不遇"而替人主做了巧妙的辩护。不过,在根
本点上,班固与司马迁、刘向的观点是一致的,他们都承认造成贾谊不幸
命运的主要原因在于绛、灌一班权臣的加害。站在客观的立场上来看,文
帝贬谪贾谊,在当时可以说是明智之举。从《吊屈原赋》及从梁怀王堕
马而死、贾生"哭泣岁余,亦死"来看,贾谊本人对文帝实际上是毫无
怨恨和怨言的,毕竟,文帝放逐他,乃是迫不得已做出的被动反应。

第二,贾谊的个人悲剧在身后所引发的巨大同情,其实也是中国古代
士人对其自身命运的一种关心。怀才不遇,是中国古代士人命运的共同写
照。在家天下的时代,"学而优则仕"的道路其实充满了许多的不确定
性,人们一夕从青云跌落泥涂的例子在历史上比比皆是。贾生是一个典

型。在历代咏怀贾生的众多诗文中，有两首唐诗特别著名。第一首为刘长卿的《新年作》（一说宋之问作）。诗曰："乡心新岁切，天畔独潸然。老至居人下，春归在客先。岭猿同旦暮，江柳共风烟。已似长沙傅，从今又几年？""已似长沙傅，从今又几年"，这其实是刘长卿借助贾谊被贬谪一事来抒发自己沦落天涯的离愁和苦闷。第二首是李商隐的《贾生》。诗曰："宣室求贤访逐臣，贾生才调更无伦。可怜夜半虚前席，不问苍生问鬼神！"本诗以"怀才不遇"为咏叹的主题，从古至今它引起了广大读者的共鸣。不过，贾生生前是否真的怀才不遇？这正是班固要质疑的一个问题。遇不遇，在古典语境中是一个特定的术语，表示某人受到人主或上级的赏识，他由此得到擢升或重用。从《贾生传》来看，文帝显然是重用贾生的：一者"召为博士"，二者"超迁至太中大夫"，三者提议"贾生任公卿之位"。被贬谪长沙三年之后，文帝又征见贾生，多次向他咨询方策，可见文帝仍然是很重视他的。其实，梁怀王堕马而死，贾生因此高度自咎，"哭泣岁余，亦死"，也未尝不是他对于文帝知遇之恩的一种曲折反映。这样看来，班固对于文帝的辩护是可以成立的。王安石《贾生》诗曰："一时谋议略施行，谁道君王薄贾生？爵位自高言尽废，古来何啻万公卿？"此诗针对李商隐诗而发，虽然别有理趣，但是跟班固同调则是无疑的。

二

关于贾谊的思想，一般人在读了《史记》《汉书》和《新书》等之后，容易形成这样三点看法：其一，贾谊的思想具有杂糅诸家，尤其是儒法两家的特点；其二，贾谊的思想围绕"治术"展开，在刑名法术之学上颇有推展和应用；其三，贾谊的思想在兼容儒家因素的基础上，又具有黄老道家的色彩。很显然，利春不满意于这种粗浅的见解。不仅如此，而且他不满意于人们对于贾谊的思想做拼盘式的理解。在他的博士学位论文及同名书稿中，利春提出了新的思路和新的观点。我读后，感觉有三点颇具价值，值得向读者推荐：

第一，"系统性"是《贾谊道论研究》一书的最大特点，而这一点又集中在"道论"上。在研读《新书》之初，利春在相当长的时间里难以真正找到进入贾子思想的路径，但他不愿重复老旧的套路，经过反复的研读和思考，他终于找到了一条通往贾谊思想的主导线索，而这条线索就是"道论"。"道论"即是贾谊思想的主题。我认为他以"道论"作为贾谊思想的主题，这是符合《新书》的文本实际的。在论文中，他首先对于贾谊的"道德说"，对于"道""德"概念及所谓"六理""六术"等做了仔细的梳理和辨析。这是其论文的立足点。在拜读了他的论文初稿后，我确实感觉到利春的思想分析水平有了很大的提高，他对于贾谊思想的论述是高屋建瓴的，各章之间贯通为一体，而不是杂拌和拼凑在一起的。应当说，他在贾生思想的重构上做出了巨大努力，具有积极的学术意义。

第二，在道论的视角下，利春对贾谊的政治哲学展开了深入的讨论，取得了一些独到的见解。在他看来，贾谊的政治哲学包含如下一些内容和观点：圣王的道治是贾谊讨论的主要对象，"仁""信"是圣王道治的基本原则，"慎""敬"是圣王实践其道治哲学的基本德性。关于贾生的民本思想，利春特别指出：贾谊用"瞑"来说明民的内在属性，认为民是贤愚皆具的群体；以"天命"来保证"民本"思想的有效执行；"道"是最高原理，而"民"是最后目的，且二者在根本上是一致的。此外，他又指出，贾谊的王道理想和王道政治还体现在以"礼"为中心的制度设计上。这些精彩的论断，无疑是利春熟读《新书》、好学深思的结果。

第三，利春在总体上将贾谊的思想定性为儒家，相对于流行意见来说，这是一种重大突破。此前，就贾谊的思想性质，有两种流行意见，一种认为贾谊属于杂家，他的思想属于杂拌性质，这是大多数人的观点。另一种则认为贾谊属于法家，且大致属于申、商一路，这是司马迁的说法。《史记·太史公自序》曰："自曹参荐盖公言黄老，而贾生、晁错明申、商，公孙弘以儒显，百年之间，天下遗文古事靡不毕集太史公。"这两种意见，利春都不同意，不过他特别批评了前一种观点。在他看来，不少学者之所以把贾谊定性为杂家，是因为他们仅仅看到了贾子思想中有先秦诸子特征的表象，而没有深入到贾谊思想的深处、实际地去发现贾子在融汇百家思想中所坚持的儒家原则；同时，这些学者没有意识到这种兼容并蓄的学术气象正是汉初儒学的一个典型特征，没有意识到先秦儒学正是通过贾谊等人的思想努力而发生转变的。就《新书》的篇章构成及内容来看，利春的观点是有充分根据的，是值得读者重视的。

应当说，在一篇博士学位论文中取得上述成绩是很不容易的。利春以"道论"为主题所做的重构，这对于我们重新认识贾谊的思想颇具意义。

三

在少年时代，我即读过李商隐的《贾生》诗，那时我对贾生的命运充满了同情。后来，在读过他的《过秦论》一文后，我十分叹服其个人才华和历史卓识。此外，我印象中似乎读过他的《论积贮疏》和《鹏鸟赋》二文。但可以肯定，那时我对贾生思想的理解是很肤浅的。当六七年前，利春打算研究贾谊的思想，特别是其哲学思想的时候，我感到非常高兴，贾生其人及其思想也借此机会一同回到我们的心中。

利春长期从事秦汉哲学和思想的研究，他的硕士论文是研究扬雄人性论的。在读博期间，除了重读扬雄的书籍外，他又认真研读过陆贾、贾谊、韩婴、董仲舒和刘歆等人的著作，其中贾谊的思想成为他的研究重点。在完成博士学位论文后，他自己已经成长为一名研究汉代思想的专家了。答辩之后，利春重新回到了洛阳，在河南科技大学从事中国思想与文化的教学和研究工作，再次行走在贾谊曾经行走过的这片土地上。毫无疑问，他对于贾谊的感情又增加了一分。如今，利春生活在研究河洛文化的浓厚氛围中。日后，除了汉代思想和经学之外，我希望他能够将自己的研究拓展到北宋时期，特别是邵雍、程颢、程颐三位的研究上。邵子和二程夫子是理学大家，他们曾长期生活在洛阳这片土地上，死后也安息在这片厚实的土地上。

自毕业以来，利春和我在珞珈山又见过两次面。第二次见面，他曾谈及他的博士论文的修改和出版问题。不料，当他再次写信给我、正式请求我为他的书稿写一篇简短的序言的时候，我已经离开了那座默默伫立在半山腰、散发着淡淡霉味的民国老楼，携妻负子，远赴千里之外的新单位工作了。

是为记。

丁四新

丁酉年惊蛰于清华大学新斋

目　录

引　言

贾谊（公元前200年—前168年）①，洛阳人士，《史记》《汉书》皆有传，有《新书》传世，《汉书·儒林传》载谊"有《左氏传训故》"，现已佚失。关于贾谊的思想归属，《史记·屈原贾生列传》云："以能诵诗属书闻于郡中。"又《太史公·自序》云："贾生、晁错明申、商。"《汉书·贾谊传》云："（谊）颇通诸家之书"，并将贾谊《新书》五十八篇列于儒家目下。刘歆云："在汉朝之儒，唯贾生而已。"② 清卢文弨云："西汉文武之世有两大儒焉，曰贾子，曰董子。"（抱经堂本《重刻贾谊新书序》）20世纪70年代以来，学界曾对贾谊是儒家还是法家有过激烈的争论，③ 最终以贾谊为儒者的观点略胜一筹。

无论将贾谊定性为儒家还是法家，都要从贾谊的思想实际出发。徐复观说："一切知识分子所担当的文化思想，都可以说是他们所生存的时代的反映。"④ 因此，如果想切实把握贾谊的思想，那么就要探索孕育贾谊思想的时代因素。贾谊的时代有三个突出的特征：1. 政治上，由分裂到一统的完成；2. 思想上，黄老大行，但未成统一之势；3. 士人的生存境遇较之先秦发生了很大的转变。

首先，关于影响贾谊思想的政治因素。钱穆说："统观国史，政制演进，约得三级：由封建而跻统一，一也。此在秦、汉完成之。由宗

---

① （清）汪中：《新编汪中集》，广陵书社2005年版，第425—426页。

② （汉）班固：《汉书·楚元王传》（第七册）（卷三十六），中华书局1962年版，第1969页。下引此书只注册、卷与页码。

③ 关于这场争论的始末，详参吴松庚《贾谊》，岳麓书社2008年版，第193—195页。

④ 徐复观：《两汉知识分子对专制政治的压力感》，载《两汉思想史》（卷一），台湾学生书局1987年版，第281页。

室、外戚、军人所组之政府，渐变而为士人政府，二也。此自西汉中叶以下，迄于东汉完成之。由士族门第再变而为科举竞选，三也。此在隋、唐两代完成之。"① 贾谊正处在我国政治制度由封建走向统一，由宗室、外戚、军人掌权走向士人掌权的过渡时期。这一时期的政治生态大致呈现出三个特点：（1）天下一统局面的出现。尽管天下之人心向一统，② 但自秦而来的一统局面给像贾谊这样去古未远的儒生带来了思想上的高度紧张感。这是因为：一方面，由秦始皇开辟的一统局面是以中央集权的形式出现的，这与孔、孟儒家的理想政治架构截然不同③；另一方面，在"元元之民冀得安其性命，莫不虚心仰上"（《新书·过秦下》）的情况下，出现的天子不是儒家所推尊的"王"者，而是"怀贪鄙之心，行自奋之智，不信功臣，不亲士民，废王道而立私爱，焚文书而酷刑法"（《新书·过秦下》）的"残虐"④ 之徒。这两方面的原因所造成的紧张感促使贾谊等一批儒生继续思考如何在大一统的专制政体中安顿儒家的王道理想。因此，反秦、过秦是他们思考的切入点。（2）政治制度由封建制变为封建、郡县相混制，执政者由先秦之贵族转变为刘氏之布衣。钱穆指出："秦之统一与其失败，只是贵族封建转移到平民统一中间之一个过渡阶段。"⑤ 又说："平民政府必然创建，殆为当时历史趋势一种不可抗之进程。然在平民政府创建的过程中，却屡次有'封建'思想之复活。"⑥ 贾谊批评秦始皇"不信功臣、不亲士民"的深层意思是："不信功臣"指秦始皇废封建行郡县的做法，"不能分尺寸之地，欲尽自有之耳"（《新书·疏远》），致使有功之人不能成为

① 钱穆：《国史大纲》，商务印书馆1994年版，第14—15页。
② 孔子作《春秋》是为了尊周尊王，主张能有"礼乐征伐，自天子出"（《论语·季氏》）的有力共主，实现政治上的一统。《孟子·梁惠王上》载孟子亦有"定于一"的思想。《吕氏春秋·谨德篇》云："乱莫大于无天子。"这从反面说明了士人对"定于一"的一统局面的追求。
③ 徐复观指出："儒家赞成一统而不赞成中央集权，这是与法家不同之点。"参见《两汉思想史》（卷一），台湾学生书局1987年版，第131页。
④ （汉）司马迁云："秦直其位，吕政（秦始皇）残虐。"载《史记·秦始皇本纪》（第一册）（卷六），中华书局1959年版，第291页。下引此书只注册、卷与页码。
⑤ 钱穆：《国史大纲》，商务印书馆1994年版，第127页。
⑥ 同上书，第128页。

天子的拱卫；"不亲士民"即钱穆所云的"役使民力过量，即是十足的贵族气味"①。因此，汉初封建、郡县兼用的政治制度在一定程度上缓和了儒生由秦朝中央集权的大一统所带来的第一个紧张感。在贾谊的思想中，他没有废除封建制的意思，反而怀有"古者天子地方千里……公侯地方百里……远方人安其居，士民皆有欢乐其土"（《新书·疏远》）的思古之情。贾谊之所以仍然怀此理想，正是因为汉初尚存的封建制给了他可能实现理想的希望之机。又因为汉初的平民执政者，对生民的疾苦有实际的认识，故而能在政策上"约法省禁，轻田租，十五而税一，量吏禄，度官用，以赋于民"，执政者自身亦能做到"躬修俭节，思安百姓"。② 这在一定程度上又缓和了汉初儒生由秦朝中央集权的大一统所带来的第二个紧张感，即并不是每一个皇帝都像秦始皇那样残虐成性，像高祖、文帝这样的皇帝是可以通过有效的培养而成为王道的担当者。也就是在此意义上，贾谊尤其重视太子教育，其根本目的无非是希望真正的儒者能够成为帝王之师，从而培养出合格的权位继承人。（3）汉初的清静无为之治。汉初的清净无为之治其实可以分为两个阶段，即自发的无为与自觉的无为。所谓自发的无为是指在"汉兴，接秦之弊，丈夫从军旅，老弱转粮饷，作业剧而财匮"③ 的情况下，朝廷实行"于民休息"的无为政策，这种自发的无为"代表一时民众之心理需求"。④所谓自觉的无为是指在经济好转的情况下，需要纠偏救弊之时，朝廷仍然选择无为的治理思想。以汉初的铸钱政策为例：高祖时"为秦钱重难用，更令民铸钱"⑤，这是自发的无为；文帝时"荚钱益多，轻，乃更铸四铢钱，其文为'半两'，令民纵得自铸钱"⑥，这是自觉的无为。因为自发的无为"不轨逐利之民"⑦，所以有文帝时"时民近战国，皆背本逐末"⑧ 的乱象。贾谊的政事疏就是为救治汉初自发的无为所导致的

---

① 钱穆：《国史大纲》，商务印书馆1994年版，第127页。
② 《汉书·食货志》（第四册）（卷二十四上），第1127页。
③ 《史记·平准书》（第四册）（卷三十），第1417页。
④ 钱穆：《国史大纲》，商务印书馆1994年版，第142页。
⑤ 《史记·平准书》（第四册）（卷三十），第1417页。
⑥ 同上书，第1419页。
⑦ 同上书，第1417页。
⑧ 《汉书·食货志》（第四册）（卷二十四），第1127页。

弊病而发的，其中就包括反对民间铸钱，他认为汉文帝继续纵容民间铸钱的政策是"召祸之事""起奸之法"（《新书·铸钱》）。贾谊所要救治的由无为带来的弊病除了有民间铸钱外，还包括诸侯国势力强大而形成的本细末大之势、对匈政策所引起的首尾倒悬之势、承秦之弊所导致的民俗败坏之势。救治无为之弊就意味着要放弃无为之政。这意味着只有将儒家的王道理想切实地贯彻到政治实践中去，才能得到真正的缓解汉初儒生由秦朝中央集权的大一统所带来的两个紧张感。

其次，贾谊时代的思想动态亦有三个特征。（1）承战国百家争鸣之余绪，思想多元并茂。钱穆指出："要论汉代学术，必推朔及于先秦"，"汉兴，学统未尝中断"。① 所谓学统未断，是指春秋末期以来的百家知识分子在汉初依然自由地活动。这对贾谊这种年十八即能诵诗属书的思想家而言，实为一大幸事。通观贾谊的思想，颇有百家的痕迹，但正如徐复观所言，"贾生所吸收的诸子百家，非仅供繁征博引以供加强自己的论点之资。最难得的是由斟酌取舍而融会贯通，以形成他的政治思想、哲学思想上的独特体系。"② （2）黄老学者中的高人不在庙堂而在民间。钱穆云："汉室初尚黄、老无为，继主申、韩法律，学问文章非所重，学问尚未到自生自长的地位。"③ 汉初崇尚黄老无为之学，这是汉初无为政治自觉选择的结果。虽然有政治力量的推动，但是黄老学者中真正精通"道术"的人却不在朝堂之上。《史记·日者列传》记载了这样一则事迹："宋忠为中大夫，贾谊为博士，同日俱出洗沐，相从论议，诵易先王圣人之道术，究遍人情，相视而叹。贾谊曰：'吾闻古之圣人，不居朝廷，必在卜医之中。今吾已见三公九卿朝士大夫，皆可知矣。试之卜数中以观采。'"于是二人同游卜肆中，拜谒司马季主，并为司马季主的一番言论所折服，于是问道："吾望先生之状，听先生之辞，小子窃观于世，未尝见也。今何居之卑，何行之污？"司马季主答曰："今公所谓贤者，皆可为羞矣"，并引老、庄之言以证明自己的高洁。这则材料表明：其一，在贾谊眼中，

---

① 钱穆：《国史大纲》，商务印书馆1994年版，第140—141页。

② 徐复观：《贾谊思想的再发现》，载《两汉思想史》（卷二），台湾学生书局1987年版，第121页。

③ 钱穆：《国史大纲》，商务印书馆1994年版，第142页。

三公九卿朝士大夫都是泛泛之辈，不足为论。其二，在司马季主眼中，三公九卿朝士大夫不仅是不通"道术"者，反而是"操白刃截人者""为盗不操矛弧者"，这些人虚伪欺诈、假公济私、背主枉法。其三，贾谊十分认同司马季主对朝廷权贵的评价，不然他不会为之折服。黄老道家的学者中真正懂得"道术"者不在朝堂之上，这从一个侧面也说明了汉初奉行的黄老之学并不能真正解决汉初的问题；那些因好黄老之学而留在朝廷的人的目的是"相引以势，相导以利"，他们不可能从学理上与其他学派进行争论。因此，黄老之学虽然有政治力量的推动，但并没有形成独尊之势。（3）战国末年思想界统一、综合各派思想的动向仍在继续。如《吕氏春秋·不二》在简明论述老子、孔子、墨子等十人的核心思想之后，主张统一它们。贾谊之后的《论六家要旨》《淮南子·要略》都企图将各家学派定位于道家之下，完成思想上的统一。贾谊也一样，他基于儒家的立场，涵化百家之学，并试图将他兼容并蓄的思想体系运用到大汉朝的治理实践中去。

最后，贾谊时代士人生存境遇的变化对贾谊的思想亦有影响。这里所谓的"士"是指怀道握德、志于道之"士"。先秦时期，"士"的生存环境十分宽松，来自政治上的压力尚小。《战国策·秦策一》云："夫贤人在而天下服，一人用而天下从。"一人可以兴国，一言可以覆邦，子贡一出，存鲁、乱齐、破吴、强晋而霸越，将士人的作用发挥到了极致。以此，战国时期大兴尊贤养士之风，士人也逐步培养起特有的自信，以天下自许，以道义自负，周游天下，游说诸侯，形成了特有的"游士"风气。这种"游"的环境，贾谊理解为"历九州而相其君"。因为能"游"，所以能发"生王之头，曾不若死士之垄"（《战国策·齐策》）之壮语。秦汉之后，"士"的这种能"游"的环境消失了，随之而来的，"士"的生存境遇也发生了改变。这主要表现在：（1）由于失去了"游"的环境，所以"士"与"君"之间的关系就由战国时的双向选择变成了"士"只能是单向性地被"君"选择。（2）这种单向性的选择关系决定了"君"的标准是唯一合法的标准，如此便摧残了"士"的个性，使"士"越来越趋向整体化、同一化，用现代话语来说就是体制化。（3）先秦士人由于有"游"的环境，所以此君不行，还有彼君，在这种情况下，怀揣理想的士子不会因为一君不用而萌生道之不行的无奈之感。相反，在失去了

"游"的环境之后，一君不用就意味着道之不行、理想颠陨，士人的压力油然而生。（4）汉初士人还有一个特殊的境遇，那就是承秦制而生的刀笔吏①的挤压使士人的生存空间变得更加狭小。贾谊云："加刀笔之吏，务在筐箧，而不知大体"，又云："夫移风易俗，使天下移心而向道，类非俗吏之所能为也"（《新书·俗激》）。尽管刀笔之吏不知大体、不以"道"为志，但是他们却占据特殊的位置。在这种情况下，士人施展的空间就受到了挤占。汉初士人的这种生存境遇对贾谊的思想也产生了深刻的影响。

对贾谊"道"论的研究，就是在这样一种思想背景下展开的。贾谊适逢一个文化复苏的时代，② 此时在经历了长期的证明、辩难与颉颃之后，各家学说、学派又开始相互吸纳、彼此兼容。这种吐纳百川的学术环境为贾谊的思想形成提供了直接的理论动力与思想资源。李维武认为汉代学术思潮气势恢宏，领域辽阔，英才辈出，著述甚丰，成就是多方面的，但其间又有一些具有涵盖性、贯通性的基本特点，规范和塑造了有汉一代学术发展的思维框架和整体风貌。他把这些基本特点归结为三点：（1）泛政治化倾向。（2）宇宙论构架。（3）天地人相统一的思维模式。汉代众多学者的具有个性化的学术创造，领域各异，思想不同，风格相别，但又都离不开这些基本特点的规范与塑造。③ 在文化学术资源的汲取上，贾谊可谓"参万岁而一成纯"④，得以"坐集千古之智，折中其间"⑤。贾谊在此基础上成就的自然是凝聚百家的"道"论，它既包括宇宙生成论的道，又包括生命境界的道；在"治道"思想中，它囊括并涵化了先秦道家"无为"的君人南面之术与法家的法、术、势的思想，并与当时的黄老道家思想互相激荡，还在一定程度上收摄了墨家"节"的

---

① 阎步克称之为文法吏，与儒生相对。参见《士大夫政治演生史稿》，北京大学出版社1996年版，第13页。

② 据载，孝惠帝四年"除挟书律"。参见《汉书·惠帝纪》（第一册）（卷二），第90页。

③ 李维武：《王充与中国文化》，贵州人民出版社2000年版，第23页。

④ 《庄子·齐物论》。

⑤ （清）方以智：《通雅》（卷首一）《音义杂论·考古通说》，中国书店1990年版，第21页。

思想。① 在治道的运用上，贾谊的"道"论不仅有着深远磅礴的学术渊源，而且着眼于当下的现实土壤。大一统的政治事实，以及汉初风云变幻的局势使得他的思想中体现出强烈的现实关怀。作为儒者的贾谊，在波谲云诡的政治风云中展现了敏锐的洞察力，从而提出了既具有时效性，又具有前瞻性的一系列"定立经制"的建议；当黄钟毁弃瓦釜雷鸣的"道之不行"之时，他的"道"论表现为对生命的觉解与体悟，体现了一个儒者的人格与情操；他的"道"论思想始终浸透着儒家的仁义精神，可谓兼取百家而归宗于儒。鉴于此，对贾谊"道"论思想的研究就试图解决以下问题：第一，贾谊作为去古未远的西汉初期的思想家对战国诸子的思想争鸣做出了如何反应？这种反应对西汉的学术发展产生了怎样的影响？第二，在帝制初建时期，面对大一统的政治格局，贾谊乃至西汉儒者是如何在思想层面做出回应的？贾谊的治道思想在中国政治思想史上有怎样的历史意义？第三，在大一统的政体之下，贾谊乃至士人本身的命运发生了怎样的改变？特定的历史境遇，赋予了士人怎样的生命实践？塑造了怎样的文化性格？

---

① 徐复观指出："庆刑赏罚，此法家之所谓二柄，即亦法家的骨干，贾谊加以完全的肯定，并吸收其用法的公而无私的精髓。但贾谊在此处认为'法者禁于已然之后'，又以'刑罚积而民怨背'，得不到政治社会的谐和团结，所以他便由法而通到'禁于将然之前'的礼……这便由法家通向儒家。……而在探求人生根源的地方，亦即在与文帝所谈的'鬼神之本意'的地方，则通向老子；在境遇挫折，自加排解的地方，则通向庄子。在提倡节俭，重视礼而事实上并不重视乐的地方，则吸收了墨子的思想。《新书》中引用了不少《孟子》、《荀子》的语句，而在教化上重'渐'重'积'，在言礼时，把礼应用到经济生活方面，则受了《荀子》的影响为更大。在主张'色上黄，数用五'，受了《吕氏春秋》的影响。其他《髡子》、《粥子》等不一而足……而作为他的诸子百家的绲带的，当是《管子》……"参见《贾谊思想的再发现》，载《两汉思想史》（卷二），台湾学生书局1987年版，第120页。

第 一 章

"德"以"道"为本，"道"因"德"而生变的"道德"论

　　"道德"论是贾谊哲学思想的逻辑起点。深入分析贾谊对"道"与"德"的论述，是全面、精确把握他的哲学思想的前提条件。贾谊对"道"的总论深刻而浑厚，海纳百川，吞吐众理，从形上的角度论及"道"向世间万有的落实，既包括治国、平天下的外王之论，又旁及安身立命的人性修养论。而在贾谊看来，"道"的这些属性与功能都是潜在的，"道"的内涵只有通过"德"才能完成现实性的转变。因此，在贾谊的"道德"论中，"德"的意义空前凸显，这是他的哲学创发之处，也是他的思想迸发的起点。

第一节　贾谊论"道"：本末皆道

一　道者所道接物也：本虚而术末

　　无论在先秦时期，还是在汉初，言必称道是诸子思想的一大特征。然而，众道纵横，无所适从。司马谈称百家殊途，务为治也，以道出政，需先阐明什么是道。贾谊论"道"亦无外乎是。《新书·道术》载：

　　　　曰："数闻道之名矣，而未知其实也，请问道者何谓也？"

　　"道"之名由来已久，先秦经、子典籍中俯拾即是，然而"道"的实质究竟是什么？诸家的论述可谓众说纷纭、莫衷一是。张舜徽认为周秦诸

子典籍中的"道"多指君人南面之术，并以"道论"特指道家的治道理论。① 然而，即便如张先生所说的"道"是指帝王之术，这与先秦诸子的治道思想仍有根本的分歧，实在难以契合。贾谊所处的时代正值大乱初定、文化解禁之后，各种学说相继呈现，混乱不正的汉朝初建之际。这个时期的思想家皆以道的代言人自居，都认为自己的学说才真正道明了"道"的真谛。因此，诸家各以其"道"呈之于上，希望能够施之于政，用之于民。如此一来，在冠以"道"之名的各种学说面前，统治者难究其实，就不免会一头雾水，不知所从。② 因此，虽然"道"之名不绝于耳，但是对于"道"之实，人们却难以裁夺。所以，确定"道"的实质是什么，就具有正本开源的意义。

贾谊是如何理解"道"的实质的呢？他说：

> 道者所道接物也，其本者谓之虚，其末者谓之术。（《新书·道术》）

"所道"之"道"训为"由"，从也③；"接物"，《淮南子·原道》云："物，事也。接，交也。"钟夏认为，物兼指事、物，相对于道而言。④ 其实，在先秦典籍中，物还可以指人，如《孟子·告子上》云"物交物，则引之"中的前一个"物"指的就是人的精神。⑤ 综合而言，"道者所道接物也"是为了说明道是人们所由以处理人、事、物的凭借。可以看出，贾谊对"道"的实质探究有以下三个特点：第一，与先秦道家

① 张舜徽云："'道论'二字，可说是'道家理论'的简称。它的具体内容，便是'人君南面之术'。"又云："这种术（君人南面之术——引者注），周秦古书中，名之为'道'；古代有人把这种术的体与用，总结出了一套有系统的理论，便是'道论'，宣扬这种理论的，便是'道家'。"参见《周秦道论发微》，中华书局1982年版，第2、9页。

② 据《史记·曹相国世家》载："孝惠帝元年，除诸侯相国法，更以参为齐丞相。参之相齐，齐七十城。天下初定，悼惠王富于春秋，参尽召长老诸生，问所以安集百姓，如齐故（俗）诸儒以百数，言人人殊，参未知所定。"可见，当时对治国安民之道的认识，可谓见仁见智，让人难以判断何者为治之正道。

③ 《尔雅·释诂》云："迪、繇、训，道也。"迪、繇、训这三个字都可以训为道，繇即今所谓"由"。

④ 阎振益、钟夏校注：《〈新书〉校注》，中华书局2000年版，第305页注二。

⑤ 参见（清）焦循《孟子正义》，中华书局1987年版，第793页。

用"不可道"的否定陈述方式不同，① 贾谊对"道"的诠释是直接的、正面的。在一定程度上，道不是什么的言说方式无法显现道的本质，而直接说明道是什么则道的真谛遽然显豁。第二，以正面、肯定的方式界说"道"的实质，就意味着"道"与现实世界的肯定关系，即不是通过对现实世界的损之又损以达到对"道"的把握，而是通过"道"与现实世界交接，通过"用道"而使现实世界的各种关系有合理的归属。第三，既然"道"之用是为了建构现实世界合理秩序，那么此"道"就没有儒、道、墨、法等某一学派的标签，也就是说一切能够使现实世界合理化的都是属于"道"的。在这种意义上，不仅现实世界要以实现"道"的理想为依归，而且"道"也必须要运转到现实世界中去，现实世界也决定着"道"的运作方式。这显示了贾谊的"道论"涵化百家的理论气象。

贾谊在点明"道"之"所道接物"的特性之后，进而指出"道"的另一特性，即"道"以"虚"为本，以"术"为末。如何理解以虚为本呢？贾谊说道：

> 虚者，言其精微也，平素而无设诸也。（《新书·道术》）

"平素"，《淮南子·诠言》曰："去载则虚，虚则平，平者道之素也，虚者道之舍也。"《吕氏春秋·上德》云："虚素以公。"高诱《注》曰："素，质也。"② "诸"，《释名·释饮食》曰："桃诸，藏桃也。诸，储也。"

首先，贾谊这种以"虚"为"道"之本的观点，显然受到先秦道家思想的影响。《老子》第五章云："天地之间，其犹橐龠乎？虚而不屈，

---

① 《老子》第一章指出"道可道，非常道；名可名，非常名"，这样的"道"玄妙高远，视之不见，听之不闻，搏之不得，令人难以捉摸，只能用"不可道"这一否定的陈述方式权且界说。不仅《老子》的道拒斥言说，《庄子》的道也是如此。甚至在《庄子》看来，言或者不言（默）都不是把握大道的方式，如《则阳》说道："或使则实，莫为则虚。有名有实，是物之居。无名无实，在物之虚。可言可意，言而愈疏……吾观之本，其往无穷。吾求之末，其来无止。无穷无止，言之无也，与物同理。或使莫为，言之本也，与物终始。道不可有，有不可无，道之为名，所假而行。或使莫为，在物一曲，夫胡为于大方？言而足，则终日言而尽道，言而不足，则终日言而尽物。道物之极，言默不足以载，非言非默，议其有极。"

② 许维遹：《吕氏春秋集释》，中华书局2009年版，第518页。

动而愈出。"正因为有"虚"的本质，所以"道"的展开才能源源不竭，从而有生生不息的发动效用。又《老子》第十六章说："致虚极，守静笃，万物并作，吾以观复。"只要将"致虚"和"守静"的工夫做到极笃的境地，就能认知"道"的往复循环之理。《庄子·人间世》曰："唯道集虚，虚者，心斋也。"指出真道集于虚心。①先秦道家虽然没有直接表明"虚"就是"道"之本，但无疑蕴含了这一思想，而贾谊直接指出"道"之本就是"虚"，则是将"道"与"虚"的关系进一步揭示出来。

其次，"道"以"虚"为本，不是说"道"是空无一物的绝对的虚无，而是为了强调"道"的精微特性。"道"之"虚"的这种精微特性是对《老子》"道"的精神的继承。《老子》第二十一章云："道之为物，惟恍惟惚。忽兮恍兮，其中有象；恍兮忽兮，其中有物。窈兮冥兮，其中有精；其精甚真，其中有信。"《老子》认为"道"虽然恍惚幽深玄冥，不能通过经验去感知，但其中仍有形象，有可以信验的精质。不同之处在于，贾谊以"虚"为"道"之本，并不承认"虚"之中有精微的物象存在，只是为了说明"精微"是"道"之"虚"的特性。②

再次，正因为"精微"是"道"之"虚"的特性，而不是"虚"中有精微的物象存在，所以"虚"的本质就是"无设储"。这用《淮南子·诠言》的解释就是"去载"，即"道"以"虚"为本就是指"道"不事先设定任何准则，也不藏储任何东西。

最后，贾谊以"虚"为"道"之本的观点，是汉初思想家对"道"的一种普遍性的理解。司马谈《论六家要旨》指出道家"以虚无为本，以因循为用，无成执，无常形"③，同样认为虚无是"道"之本。而"道"的"无成执，无常形"特性，也就是贾谊所说的"无设储"的意思。不过，西汉初期对"道"与"虚"的关系还有不同的理解。如《黄

---

① （清）王先谦：《庄子集解》，载《诸子集成》（三），中华书局1954年版，第212页。

② 罗光指出："虚字是道家的名词，以道为虚，乃是老庄一贯的思想。老庄所讲的'道'是一实有体，他们称这实有体之'道'为虚。贾谊称他自己所讲的'道'在本体上称为虚，可是他马上加以解释，以为自己所讲的虚，指着'道'的精微，也指着'道'的平朴诚实。因此，他讲的虚，是说接物之道很精微，很诚朴。"参见《中国哲学思想史》，台湾学生书局1979年版，第155页。

③ 《史记·太史公自序》（第十册）（卷一百三十），第3292页。

老帛书·道法》① 云: "虚无形,其裻冥冥,万物之所从生",则认为"虚"是"道"的无形状态,而不是用来说明"道"的精微特质。

贾谊以"虚"为"道"之本,就是为了说明"道"无所执藏的精微特性。在此基础上,又该如何理解"其末者谓之术"呢?《新书·道术》说:

> 术也者,所从制物也,动静之数也。凡此皆道也。

"术"其实就是用来治理、裁度事物的道理。② 无所执藏的精微之"虚"是"道"的本体,而"术"则是"道"裁制事物、使事物动静各宜的大用。③ "道"的意义在于"所道接物也","道"要与物相接,就不能停留在虚之舍的层面,而是要在"虚"的基础上通过"术"来完成。从这方面来说,"道"是虚,"术"是实。"术"虽然是"道"之末,但有切实的大用。因此,从"道"的虚无本体而言,"术"不能称为"道",但如果就"道"必然要落实到具体的事物上而言,那么"术"也是"道"的一种,贾谊所谓的"凡此皆道也",也正是在"用"的意义上言"道"的。也就是在这个意义上,祈玉章认为贾谊"本虚术末"的思想是"从实用上立论,将精微莫测之道,形诸乎虚,动静有常之数,名之于术,内外兼备,体用合一。"④

不难看出,贾谊对"道术"概念的使用较之于先秦时期已经发生了很大的改变。贾谊是在本末关系上使用"道术"概念的,而这种本末

---

① 本文对 1973 年于长沙马王堆三号汉墓出土的《老子》乙本卷前四篇古佚书的命名,采取萧萐父先生的说法,称为《黄老帛书》。参见萧萐父《黄老帛书哲学浅议》,载《道家文化研究》(第三辑),上海古籍出版社 1993 年版,第 265 页;又载萧萐父《吹沙二集》,巴蜀书社 2007 年版,第 173 页。

② "制"有裁度、治理之义,《说文》:"制,裁也";《新书·过秦论》中的"制其兵"即"治其兵"之意。"数"乃理之义。参见阎振益、钟夏校注《〈新书〉校注》,中华书局 2000 年版,第 306 页注八。

③ 徐复观指出:"虚乃道在人心中的本来面貌,术乃道在人生中所发生的具体作用。若使用后来的体用两词,则就道体现于人心而言,虚是体而术是用。"参见《两汉思想史》(卷二),台湾学生书局 1987 年版,第 154 页。不过贾谊似乎并没有将虚与心联系在一起,在贾谊的思想中,"心"的观念并不突出。

④ 祈玉章:《贾子探微》,台湾三民书局 1970 年版,第 51 页。

关系又通过以"虚"为体，以"术"为用的方式进一步揭示出来，这
在先秦时期并没有先例。① 因此，贾谊"本末皆道"的思想在学理上扩
展了"道"的内涵，体现了西汉初期兼容并蓄的学术气象。关于这点，
祈玉章说道："贾子论道术，盖本乎体用，而体用之关系，又复用根于
体，末源于本，所谓成体达用，振叶寻根。其兼内外，合心物之说，颇
能揉各家之长而绌其短。"② 至于"揉各家之长而绌其短"，徐复观有具
体的说明："道以虚为体，心以虚为体，这当然是道家的思想。但站在
道家的立场，是用消解在体中，亦即消解在虚之中，而不要求有什么
用，有什么术。法家则以虚为术之所藏的深渊，为运用术的枢纽。而所
谓术，指的是以赏罚为骨干，由申不害所发挥发展出来的法术之术。贾
谊接受了道家之所谓道，所谓虚；接受了法家以虚为人君运用统治之术
的枢纽；但在术的具体化中，却在儒家思想上落脚。但其中包含了若干
法家的思想。"③

二 论道之接物：虚之接物与术之接物

贾谊论"道"，既认为"道"有形而上的本体意义（虚），也强调
"道"在现实中的实际效用（术），没有"术"，"道"就缺乏向外显豁的
依凭，没有"虚"，"术"就丧失了向内的根本。因此，"道"之接物也
必然包括"虚之接物"和"术之接物"两个层面。

---

① 先秦文献中，《庄子》中的"道术"概念是一个典型用法。《天下》篇有"古之所谓
道术者，果恶乎在？""道术将为天下裂"，又《大宗师》篇有"鱼相忘于江湖，人相忘于道
术"，这里的"道"与"术"其实是一个意思。庄子并没有在本末关系上将二者区分开来。此
外，"道术"在先秦其他文献中也常有使用，如"博乎道术者"（《墨子·尚贤上》），"今贤良
之人，尊贤而好功道术"（《墨子·非命下》），"道术智能，不为爱官职"（《管子·制分》），
"是故道术德行出于贤人"（《管子·君臣下》），"道术之士不得用矣"（《晏子春秋·问上》），
"所谓士者，虽不能尽道术，必有率也；虽不能遍美善，必有处也"（《荀子·哀公》），"此十
数人者，皆世之仁贤忠良，有道术之士也"（《韩非子·难言》），"人之情不能亲其所怨，不能
誉其所恶，学业之败也，道术之废也，从此生矣"（《吕氏春秋·孟夏纪》）。这些文献中的
"道术"一般指的是"君人南面之术"，这与贾谊论"术之接物"的观点十分相似（下文将有
论述）。

② 祈玉章：《贾子探微》，台湾三民书局 1970 年版，第 51 页。

③ 徐复观：《贾谊思想的再发现》，载《两汉思想史》（卷二），台湾学生书局 1987 年
版，第 154 页。

（一）虚之接物

既然"道"是由以接应人、事、物的根据，那么作为"道"之本的"虚"如何与物相接呢？《道术》记载道：

> 曰："请问虚之接物何如？"
>
> 对曰："镜义而居，无执不臧（藏），美恶毕至，各得其当；衡虚无私，平静而处，轻重毕悬，各得其所。明主者南面而正，清虚而静，令名自命，令物自定，如鉴之应，如衡之称。有釁和之，有端随之，物鞠其极，而以当施之。此虚之接物也。"

"镜义"与"衡虚"相应，义者，平也[1]；衡者，"衡之于左右，无私轻重，故可以为平。"[2]"有釁和之"的"釁"，《广韵》曰："釁，俗衅字。"朱骏声云："衅，杀牲以血涂坼罅。"《集韵》曰："衅，罅坼也。""和"，《广韵》曰："和，谐也。""物鞠其极"的"鞠"，《广韵》曰："鞠，推穷也。"

据此，贾谊对"虚之接物"的解释可以从以下三个角度给予说明。首先，"虚之接物"就如同平放着的镜面，无所执着，也无所藏匿，令物来自应。[3]之所以用平放着的镜子设譬，是因为平放的镜子最稳固，不会因为晃动而改变镜像，也不会因为立着或倾斜着而产生角度，从而造成视觉上的假象。所谓"美恶毕至，各得其当"，指平放着的、无所执藏的镜子事先没有美恶的观念预设其中，因此不会因为是美的而大力欢迎，也不会因为是丑的而坚决拒斥。当美恶毕至时，只是让美恶按照其本来面目呈现出来。其次，"虚之接物"就如同平静而处的天平，虚以待物，无私于轻重，使轻重之物按照其本来的分量悬之于左右。"衡"有两个特性，一是指左右两个托盘都是虚的，正因为是虚的，所以才能承载物体；二是指

---

① 钟夏引《管子·水地》："唯无不流，至平而止，义也。"《孔子家语·执辔》："以之义则国义。"王肃《注》曰："义，平也。"详见阎振益、钟夏校注《〈新书〉校注》，中华书局2000年版，第306页注九。

② 《淮南子·主术》。

③ 关于虚之接物，无执无藏，《庄子·应帝王》也有相似的说法，"尽其所受乎天，而无见得，亦虚而已。至人之心若镜，不将不迎，应而不藏，故能胜物而不伤。"

当虚处之时，"衡"呈现出"静"的状态，"静"与"动"相对，当"衡"动荡不定之时，就不能精准地衡量物体的轻重，从而也不能达到真正意义上的最终平衡。而只有以虚静为始，才能做到真正的无执无藏，才能衡于轻重，使事物各得其所。最后，以"镜"为喻，以"衡"设譬，更多地说明了"虚之接物"所表现出的"物来自应"的特点，从这个意义上而言，"虚之接物"其实就是"物与虚接"，物是主动体，虚是受动体。但是，能动的道体必然要通过虚而发用，因受动而主动。如此，平、虚、静的本体在"物来自应"的基础上转而发用，谐和事物之间的罅隙，追随事物显现出的端倪，推极事物之理。这显然是道体由虚而实，由静之动的显用。"道"不是无原则、无目的地胡施妄为，而是一切地作为都以"当"为准则。所谓"以当施之"，就是使万事万物都达到当然而应然的状态。可以看出，"当"的裁夺权在于"道"，而不是在于"物"，"道"因循于"物"，但"道"不胶着于"物"。如此，"道"就超拔于物之上，而不会陷溺于"物"之中，"道"的理想性不会因"物"而泯灭，而"道"因"物"施当，则"道"就不会高悬在云端，"道"的理想就会有实际的依托。

美恶各得其所，是就价值的当然与否而言，轻重各得其所，是就是非的裁夺而言，虚之接物，就是秉"道"之虚，无心于美恶是非，则美恶是非自有当所。贾谊对"虚之接物"的这种解释完全是义理性地演绎，最直接地说明莫过于将这种思想体现在君人南面之术上，令君王如鉴、衡一样清虚守静，不巧立名目以淆乱视听，不"以人助天"① 以扰乱事物本来的自在安定。"鉴"的作用是使事物呈现本来的面貌，其特点是物来自照，而不是人为地去照察万物。"衡"的作用是使事物之间达到自然的平衡，而不是通过主观的因素强行地平衡事物。

在明主以虚接物的南面之术的意义上，可以从两个方面进一步分析贾谊"虚之接物"思想的理论渊源。

一方面，贾谊的这种观点来源于庄子所谓的圣人"虚静恬淡"的思

---

① 《庄子·大宗师》云："是以谓不以心捐道，不以人助天，是之谓真人。"

想，《庄子·天道》① 曰：

> 圣人之心，静乎天地之鉴也，万物之镜也。夫虚静恬淡、寂漠无为者，天地之平，而道德之至。故帝王圣人休焉，休则虚，虚则实，实则伦矣。虚则静，静则动，动则得矣。静则无为，无为也，则任事者责矣……夫虚静恬淡、寂寞无为者，万物之本也……静而圣，动而王。

这里，圣人以虚静恬淡、寂漠无为之虚，镜鉴天地万物，自然会实至名归，实至名归则万物井然有伦，从而万物之理得矣。因此，就"虚静恬淡"而言，贾谊的思想与《庄子》如出一辙。虽然二者之间有思想上的继承关系，但贾谊论"虚之接物"在君人南面之术上的运用与庄子的圣人"虚静恬淡"思想仍有需要分辨的地方，从中可以进一步发现贾子关于"虚之接物"思想的特点。首先，庄子是从圣人之心的角度谈论"虚静恬淡"，而"心"作为一种哲学观念在贾谊的思想中几乎没有任何体现。其次，除"虚静恬淡"外，《庄子》这里还提到了"寂漠无为"，且这种无为是静而动，无为而有为，并且涉及臣下的责任（任事者责），不过这并非法家所宣扬的君逸臣劳的理论。② 从"有謷和之，有端随之，物鞠其极，而以当施之"来看，贾谊摒弃了《庄子》的"寂漠无为"，而用随物之理、尽物之性的有为精神充实"道"之虚本。不仅如此，在有为的实施中，还介入了"当"的价值判断，这是贾谊与先秦道家歧出的

---

① 刘笑敢根据包括《天道》在内的《庄子》外杂篇所体现的以道家立场吸收融合儒墨法各家，及其以天为宗等思想特色，论证《天道》等诸篇为黄老之学的作品。此说被丁原明采纳，并把《天道》等篇的黄老思想纳入战国南方黄老学派加以考察。分别参见刘笑敢《庄子哲学及其演变》，中国社会科学出版社1988年版，第299—317页；丁原明《黄老学论纲》，山东大学出版社1997年版。笔者目前尚不能赞成这种观点，据《史记·老子韩非列传》，庄子"其学无所不窥，然其要本归于老子之言"，收摄各家思想是必然之事。另外，虽然黄老思想的源头可追溯到战国早期，但把《天道》等篇纳入黄老学派的框架之下，总有牵强之嫌。

② 《庄子·天道》在论及无为与君臣的关系时说："夫帝王之德，以天地为宗，以道德为主，以无为为常。无为也，则用天下而有余；有为也，则为天下用而不足。故古之人贵夫无为也。上无为也，下亦无为也，是下与上同德，下与上同德，则不臣。下有为也，上亦有为也，是上与下同道，上与下同道，则不主。上必无为，而用天下，下必有为，为天下用，此不易之道也。"这显然与法家君逸臣劳的旨趣大相径庭。

地方，也是他的思想创发之处，即用儒家的有为精神改造道家的虚静本体。最后，庄子以"静而圣，动而王"来区别由虚而静，由静之动所塑造的人格内涵，显示出内圣而外王的贯通性。① 而在贾谊的思想中，人主虚静的内圣之性并不是他着力的重点，虽然他依然坚持内圣外王的理想性，但他更是从现实的角度着眼，试图通过后天的制度设定以克服君王人性上的缺陷对王道政治的影响。

另一方面，贾谊的这一思想还受到了盛行于当时的黄老之学的影响。这主要表现在以下四个方面：第一，帛书《道法》云："应化之道，平衡而止。轻重不称，是谓失道"，帛书也同样以"衡"设譬，指出"道"之用的最终目的是使现实世界达到自然的平衡，如果轻重不相称，就是失道的做法。贾谊的思想与此颇为相似，只是贾谊是在"虚之接物"的层面上讨论的。这比帛书以"道"笼统论之更加细致深入，也更加能够呈现"道"之用的特点。帛书《称》关于"道无始而有应。其未来者，无之；其已来，如之"的思想，与贾谊论"虚之接物"十分相似。"其未来者，无之"就是事先"无设储"之义，"其已来，如之"与"如鉴之应、如衡之称"是一个道理。第二，又帛书《道法》云："故执道者之观于天下也，无执也，无处也，无为也，无私也。"这与贾谊所谓的"明主南面而正，清虚而静……如鉴之应，如衡之称"正可以相互发明，前者是抽象地概括人君如何用"道"来观察天下，后者是形象地说明人君如何方能做到"虚之接物"。第三，贾谊"令名自命，令物自定"的思想，是"虚之接物"思想的自然延伸，这与帛书中的相关思想同源于先秦法家的形名思想。如帛书《经法·论》云："凡事无小大，物自为舍。逆顺死生，物自为名。明形已定，物自为正"，又云"物自正也，名自命也，事自定也。"《韩非子·主道》指出："故虚静以待，令名自命也，令事自定也。

---

① 这里有一个问题需要指出，就是关于"内圣外王"的所指问题。"内圣外王"语出《庄子·天下》"内圣外王之道，暗而不明，郁而不发，天下之人，各为其所欲焉以自为方"，说的是天下诸子，百家众技，各执一理，使大道分崩离析，黯而不彰。不难看出，"内圣外王之道"是老庄闻其风而悦之的道家之道，张舜徽曾特意论证"内圣外王"专指道家的理论，但是张先生的证据几经辗转，却没有注意到《庄子·天道》中"静而圣，动而王"这个有力的内证。尽管"内圣外王"的原始意义指的是道家思想，但这并不妨碍用它来阐释儒学，先秦儒、道、墨三家的政治哲学都可以用"内圣外王"来概括。张舜徽关于"内圣外王"的论证，参见《周秦道论发微》，中华书局1982年版，第64—66页。

虚则知实之情，静则知动者正。有言者自为名，有事者自为形。形名参同，君乃无事焉，归之其情。"关于这一点，徐复观评价道："贾谊言虚之接事一段，融合道法两家思想，并由此可知法家如何援道家以为其法术之根据。"① 此论并没有提及黄老道家的思想，其原因可能在于作者并没有机会研究《黄老帛书》。② 第四，贾谊所论虚之接物时"当"的原则在帛书中也有所论说。《经法·国次》云："过极失当，天将降殃。人强胜天，慎避勿当"。又"故唯圣人能尽天极，能用天当。"虽然如此，但是二者论"当"所依托的原理是不同，帛书强调人对于天的因循，即"凡论必以阴阳（明）大义"（《黄老帛书·称》）。而贾谊论"当"则表现为"有靁和之，有端随之，物鞠其极"，即以顺应事物之理为依托。

（二）术之接物

"虚之接物"强调的是"道"与物相接时，一方面如同"鉴之应""衡之称"一样表现出无执、无私、无为的特性；另一方面本着"当"的原则顺应事物之理而有所施为。而如何拿捏"当"的标准？如何才能将顺应事物之理的"有为"实现出来，完成"道之接物"由虚到实、由潜在到现实的转化呢？贾谊认为，"道之接物"最终是由"道之末"，即"术之接物"来完成的。③ 何谓"术之接物"呢？《新书·道术》说：

> 曰："请问术之接物何如？"
> 对曰："人主仁而境内和矣，故其士民莫弗亲也；人主义而境内理矣，故其士民莫弗顺也；人主有礼而境内肃矣，故其士民莫弗敬也；人主有信而境内贞矣，故其士民莫弗信也；人主公而境内服矣，故其士民莫弗戴也；人主法而境内轨矣，故其士民莫弗辅也。举贤则民化善，使能则官职治；英俊在位则主尊，羽翼胜任则民显；操德而

① 徐复观：《贾谊思想的再发现》，载《两汉思想史》（卷二），台湾学生书局1987年版，第155页。

② 徐复观写成《贾谊思想的再发现》的时间是1975年3月8日，而马王堆《黄老帛书》的出土时间是1973年，鉴于当时的种种原因，作者在写作此文时可能尚无缘阅读帛书文本。

③ "道是一种思想、见解、主张的原理，是理论，要讲的完全是玄渺的、空虚的话"，"术是方法，是帮助把理论付之实践的具体的步骤"。参见柳存仁《道家与道术》，上海古籍出版社1989年版，第1页。

固则威立，教顺而必则令行；周听则不蔽，稽验则不惶，明好恶则民心化，密事端则人主神。术者，接物之队（隧）。① 凡权重者必谨于事，令行者必谨于言，则过鲜败矣。此术之接物之道也者。其为原无屈，其应变无极，故圣人尊之。夫道之详，不可胜术（述）也。"

这里贾谊仍然是用人主如何将"道"运用到治国、平天下的政治实践中来阐明"术之接物"的思想。首先，在贾谊看来，仁、义、礼、信、公、法六者，就是"道"在政治行为中的体现，人主按照这六个原则治理国家，就是"术之接物"在政治实践中的表现形式。这六者之中，仁、义、礼、信是儒家思想的必然要求，公是先秦各家的共同追求，法是儒法两家共有的思想。公、法思想在《黄老帛书》中体现得也十分明显。如《道法》云："至公则明。"《称》云："有仪而仪则不过，恃表而望则不惑，案法而治则不乱。"以往研究者一般认为贾谊的思想是综合儒、道、法三家思想而成的，而很少论及盛行于汉初的黄老道家思想对贾谊思想的影响。可以看出，贾谊在先秦儒家所普遍提倡的仁、义、礼、信的基础上，增进了公与法两个价值向度以防止统治者可能出现因私废公、以一己之好恶代替通常之法度的行为，这在当时有着极为切实的意义。在大一统的政体之下，人主的权力可谓空前隆盛，如果人主确实能够依据仁、义、礼、信的原则治理天下，勉力行之，那么从理论上而言，这种理想的君王必然能够实现"公"的愿望，也就不需要"法"的约束。而如果仁、义、礼、信在人主那里黯而不彰，或者说人主的无限私欲驾驭了人主的隆盛之权的话，那么这种情况就不是理想的治道所喜闻乐见的。而现实的政治实践中充满了这种非理想的情况。因此，为了避免人主的权力助长人主私欲，从现实主义的立场来看，"公"与"法"的要求势在必需，"公"偏重于从内在要求上对人主的提斯，"法"倾向于从外在限制上约束人主私欲的宣发。帛书《道法》云："（故）执道者，生法而弗敢犯殹（也），法立而弗敢废殹（也）。"也正是强调法一旦创生之后而相对于人主的独立性，法的绝对独立性是对人主之特权的消解，贾谊所强调的"人主法"

---

① "对"，陶鸿庆曰："对，读为隧。隧，道也，与术同意。"参见阎振益、钟夏校注《〈新书〉校注》，中华书局2000年版，第306页注九。

就是要求人主要遵循法制，也正是在用法规范或消解人主的特权的意义上而言的。

其次，人主除了自身要内修德性，外行公义之外，还要举贤使能，使英俊在位，羽翼胜任。人主要时刻意识到一己之能力的有限性，而避免刚愎自用，一意孤行。基于此，"举贤使能"就是必然之义，举贤就是要采纳民智，这也是"虚之接物"在"术"上的表现，即人主只有"虚"才能做到不固守己见，广开言路，汲取民智。"英俊在位"强调的是身为人主应当使英俊之才显发出来，而不是使贤人隐匿、愚者当道。贤人的显发与隐匿与否完全取决于人主是否施行有道之政。"羽翼胜任"则强调人主要量才任位，其潜在的要求是人主用人的标准是"才"，而不是人主一人的喜好。这种尚贤的思想是先秦以来除道家以外，① 包括黄老道家在内的各学派的共同思想。不仅如此，人主还要掌握一定的权术，如立威、周听、稽验、密事、谨于事言等，这显然是受到了法家"术""势"思想的影响。不过，可以看出，贾谊认为人主是依据"操德"而获得"威严"的，是通过教化而使命令得到执行，而不主张单纯地凭借人主之势而获得威严，② 也不主张"势不足以化则除"③ 的严酷做法。因此，贾谊关于人主之"术"的思想是对法家思想的化用，而不是直接地挪用。汉初的道治思想都在某种程度上吸收了法家的理论，④ 这主要是因为秦始皇采用商、韩之术结束了多年的诸侯纷争局面，这使思想家看到了法家思想的某种切于现实的作用。贾谊在总结秦亡的教训时，也没有采取绝对否定的态度，而是用批判的眼光肯定了秦王朝立法度、务耕织的策略。⑤

---

① 《老子》第三章曰："不尚贤，使民无争。"这显然是对尚贤思想的一种反叛。

② 《韩非子·爱臣》云："主威之重，主势之隆也。"又《韩非子·外储说下·经二》曰："恃势而不恃信。"贾谊在仁、义、礼、信的基础上谈论人主之威的思想，显然与法家的思想大相径庭。

③ 《韩非子·外储说右上·经一》。

④ 汉初的治术思想也有可能是受到了黄老思想的影响，1973 年于长沙马王堆出土的《黄老帛书》，埋葬的年代就是汉文帝时期，正与贾谊同时，汉初奉行的无为之治正是受到了黄老思想的影响，贾谊身逢其时，对此难免有所吸纳。不过，通观《黄老帛书》的思想，其中亦在很大程度上吸收了"法"的思想，这也是黄老思想不同于《老子》思想的显著特点。

⑤ 贾谊在《过秦上》中指出："秦孝公据崤函之固，拥雍州之地，君臣固守，以窥周室，有席卷天下、包举宇内、囊括四海之意，并吞八方之心。当是时也，商君佐之，内立法度，务耕织，修守战之具；外连衡而斗诸侯。于是秦人拱手而取西河之外。"

再次，就如同"衡之称"的目的是使左右达到最终的自然平衡一样，人主之用"术"也是为了实现天下和顺的大治目的。人主通过"仁"而使境内和洽，士民亲附；通过"义"而使境内合理，士民顺从。在贾谊看来，民化、官治、主尊、教顺、令行等理想结果其实就是要求人主在体"道"的基础上，通过"术"的施行，而使政治架构中君、臣、民的关系达到平衡、协调。先秦法家寡恩少义，一味地追求权术的运作，固然有需要深刻批判的地方，但这并不意味着"术"就不足为取，因而对其大加挞伐、绝对摒弃。贾谊对"术"的这种正面的规定是建立在他对先秦儒法两家思想的深刻反省基础上的。儒家提倡圣人在位的德治主义，但在现实的政治运作中，由圣人在位到天下大治，中间尚有很多的曲折之处，这中间的曲折之处正是儒家思想着力不足的地方，也恰是儒家进一步发展的空间；法家主张抱法、处势、用术，造就的是"无教化、去仁爱、专任刑法"的政治氛围，这导致圣人、君子的个体生命价值无所寄托，也致使权力来源的依据缺乏价值合理性的说明。贾谊在儒家仁义之治的理念中吸纳法家"术"的思想，可以说不仅填补了先秦儒家着力不足的曲折之处，而且将法家所提倡的无原则之"术"纳入仁义的价值规范之中。

最后，贾谊用人主治理国家来阐释"术之接物"，无非是为了说明"术者，接物之隧"的道理，即"术"其实就是接物之道，"术"是连接"道"与物的桥梁。在这种意义下，就不仅是治国有"术"，而且可以说修身有"术"，与人交往有"术"，只要能够促成事事融通、物物平衡的都可以称作"术"，也因而属于"道"的范畴。由于"道"之本是虚，虚而不屈，所以说"为原无屈"，[①] 又因为现实世界的事事物物是无穷无尽的，是不断向人同时也是向"道"敞开的，所以接物之"术"也必然是精彩纷呈、不一而足的。就与敞开的世界相交接而言，"术"始终处于未尽的状态，"道"也因此而没有凝滞之时，所以贾谊说"夫道之详，不可胜述也。"在接物的意义上，如果只有"道"之虚本，虚无为，那么"道"就只能是被动地与物相接，而"术"有为，"术"保证了"道"与物相接之时的主动性，也就是说"虚本"之"道"只有通过"术"才能介入到实存世界的运转中去。在这个意义上，萧公权认为"'虚'无为，

---

① 《老子》第五章云："天地之间，其犹橐龠乎！虚而不屈，动而愈出。"

'术'有为，二者似相冲突"① 的疑问就可以得到解决了。

三 品善之体：社会人伦的价值根据

可以看出，贾谊主要从治道的角度解释"虚之接物"与"术之接物"的内涵。而在对"术之接物"的阐释中，贾谊又指出人主之仁、义、礼、信、公、法等就是接物之"术"在政治实践中的表现。如此，我们便需进一步追问何谓仁、义、礼、信、公、法等。关于对"术"的众多表现形式（众善）的界定，先秦诸子各执一词，使这些概念混乱不正，这显然十分不利于合理人伦社会秩序的建构。因此，就有必要对先秦以来的各种观念进行一个全面的整合与界定，贾谊是完成这项整合的第一人。《新书·道术》载：

> 曰："请问品善之体何如？"
>
> 对曰："亲爱利子谓之慈，反慈为嚚。子爱利亲谓之孝，反孝为孽。爱利出中谓之忠，反忠为倍。心省恤人谓之惠，反惠为困。兄敬爱弟谓之友，反友为虐。弟敬爱兄谓之悌，反悌为敖。接遇慎容谓之恭，反恭为媟。接遇肃正谓之敬，反敬为嫚。言行抱一谓之贞，反贞为伪。期果言当谓之信，反信为慢。衷理不辟谓之端，反端为防。据当不倾谓之平，反平为险。行善决菀谓之清，反清为浊。辞利刻谦谓之廉，反廉为贪。兼覆无私谓之公，反公为私。方直不曲谓之正，反正为邪。以人自观谓之度，反度为妄。以己量人谓之恕，反恕为荒。恻隐怜人谓之慈，反慈为忍。厚志隐行谓之洁，反洁为汰。施行得理谓之德，反德为怨。放理洁静谓之行，反行为污。功遂自却谓之退，反退为戟。厚人自薄谓之让，反让为冒。心兼爱人谓之仁，反仁为戾。行充其宜谓之义，反义为懵。刚柔得道谓之和，反和为乖。合得密周谓之调，反调为擊。优贤不逮谓之宽，反宽为阨。包众容易谓之裕，反裕为褊。欣熏可安谓之煴，反煴为鸷。安柔不苛谓之良，反良为啮。缘法循理谓之轨，反轨为易。袭当缘道谓之道，反道为辟。广较自敛谓之俭，反俭为侈。费弗过适谓之节，反节为靡。□银勉善谓

① 萧公权：《中国政治思想史》（二），辽宁教育出版社 1998 年版，第 269 页。

之慎，反慎为怠。忠恶勿道谓之戒，反戒为傲。深知祸福谓之知，反知为愚。亟见窕察谓之慧，反慧为童。动有文体谓之礼，反礼为滥。容服有义谓之仪，反仪为诡。行归而过谓之顺，反顺为逆。动静摄次谓之比，反比为错。容志审道谓之偄，反偄为野。辞令就得谓之雅，反雅为陋。论物明辩谓之辩，反辩为讷。纤微皆审谓之察，反察为旄。诚动可畏谓之威，反威为圂。临制不犯谓之严，反严为□。仁义修立谓之任，反任为欺。伏义诚必谓之节，反节为罢。持节不恐谓之勇，反勇为怯。信理遂悇谓之敢，反敢为拚。志操精果谓之诚，反诚为殆。克行遂节谓之必，反必为怚。凡此品也，善之体也，所谓道也。"

贾谊的这些论述，不仅对"慈""孝""忠""惠""友""悌""恭""贞""信""清""公""正""度""恕""仁""义""和""调""宽""轨""节""慎""智""礼""雅""辩""威""节""勇""诚"等道德条目的基本内涵，予以明确界说，而且对它们的对立面"嚚""蘖""倍""困""齮""敖""嫚""伪""慢""鲛""私""邪""荒""忍""怨""污""冒""戾""懦""乖""鳌""阨""易""靡""傲""愚""滥""陋""讷""圂""罢""怯""殆"等也给予明确的界定。

首先，贾谊以此五十六品为善之体，为接物之道。祈玉章云："观贾子品善之体，论道之用，实是就人我、物己、实际行为上出发，将个人之行为总分善恶两类，善类五十六，恶类五十六，其于善恶两类中，将人之内外、显微、精粗、大小、公私条分缕析，极尽精密，作为判善判恶之准则。"[①] 贾谊从正反两个方面界定善的名目，很有可能是受到正名思想的影响，[②] 即要使人修善向善，必须首先知道什么是善；要使人避恶惩恶，也必须首先知道什么是恶。

其次，从贾谊对善体的这些规定中可以判断他的思想立场。在这五十

① 祈玉章：《贾子探微》，台湾三民书局 1970 年版，第 54 页。
② 章太炎认为："贾生引用左氏内外传极多，不得谓贾生不修《左传》耳。贾书中《道术篇》《六术篇》《道德说篇》，正是训诂之学，有得于正名为政之意者也。其作《左氏训诂》，又何疑乎？"这种说法是有道理的。参见章太炎《春秋左传读叙录》，载《章太炎全集》（二），上海人民出版社 1982 年版，第 842—843 页。

六品的善体之中，以父慈子孝开其端，紧随忠、惠之论，再继之友、悌之德，足见贾谊是根据儒家的伦理本位来统摄此五十六品善体。由伦理本位伸进到政治领域，继而普及社会的方方面面，这是儒家的教义。

再次，贾谊对善的德目的规定继承了先秦儒家的精神，同时吸纳了其他各家的相关思想，① 如他以"爱利"作为慈与孝的判定依据，在一定程度上吸收了墨家"利"的思想，② 而他以"费弗过适"来规定"节"，则又是对墨家用"节"的主张非议儒家用、葬之礼的回应。

最后，这些德目遍及个人修持陶养、家庭伦常、与人为接、语默出处各个方面，可谓近取诸身，日用常行，也属于"道"的范畴。徐复观指出："此段所陈述的价值首重在建立人与人的合理关系，如父慈子孝等五伦的关系，即亦是建立一种合理的社会。其次则是人生的修养，要求每一个人合乎这里所提出的标准。个人的修养，与合理的社会，本身分不开的……贾生在此处加以综合，纳入道的观念之内，使其成为一种完善的系统。"③

第二节　贾谊的"德"论："德有六理"与"德有六美"

在人的生命世界中，"道之详，不可胜述"。虽然匹夫匹妇浸润于这难以数计的道术世界里常用而不自知，但是志于道者的君子必然要超拔这庸常的"术"的世界，升进于实存世界的终极之处。在贾谊的"道"论中，"道"既是实存世界的存在条件，也是实存世界之间彼此关联的凭借。然而"道"如何能够与物相接？"术"如何能够见用？这是"道"之"虚"所不能彻底回答的问题。为解决这些本源性的问题，贾谊在讨论"道虚"的基础上，引进"德"的概念，继而借"德有六理"与"德

---

① 蔡廷吉指出："此五十六品目，不但融合了儒家之众德，并且又从正反两方面推阐。所论德目实超出传统儒家格局，方法上也揉和了道、法二家。"参见《贾谊研究》，台湾文史哲出版社 1985 年版，第 131 页。

② 先秦儒家是高举仁义，而慎言利的，如《孟子·梁惠王上》载："孟子见梁惠王。王曰：'叟！不远千里而来，亦将有以利吾国乎？孟子对曰：'王！何必曰利？亦有仁义而已矣。'"

③ 徐复观：《贾谊思想的再发现》，载《两汉思想史》（卷二），台湾学生书局 1987 年版，第 156—157 页。

有六美"两个命题说明"道"在天地间的扭转、运作方式。

一 "德有六理"说疏辨

《新书·道德说》云:"德有六理,何谓六理?道、德、性、神、明、命,此六者德之理也。诸生者,皆生于德之所生。"贾谊明确指出,"德之六理"具体指道、德、性、神、明、命六者,实存世界的一切事物皆是此"六理"展开流行的结果。"六理"中的每一个概念在汉初以前都有丰富的讨论,贾谊在前人讨论的基础上又有其独到之处。他说:

> 而能象人德者,独玉也。写①德体六理,尽见于玉也,各有状,是故以玉效德之六理。(《新书·道德说》)

尽管"诸生者,皆生于德之所生",但是人作为天地中的最灵者,才是最需要关注的,所以贾谊的思想着力点在于"人德"。他认为玉最能象征人的德性,所以就以玉设譬初步对"六理"作了形象的说明。这种以玉象德的思想在先秦是一种通论,如孟子以金声玉振来形容孔子的集大成气象,② 荀子直接以玉比喻君子之德,"夫玉者,君子比德也。"③《管子》认为玉有九德。④ 虽然同是以玉象德,但当贾谊以玉来说明道、德、性、神、明、命时,内容与以往又有所不同。⑤ 这在他对"六理"的疏释中表现得十分明显。

(一)道:道之神与通达空窍

关于"道"的本根性,贾谊汲取了先秦思想家的观点。《新书·道德

---

① 写,《周髀算经》上云:"笠以写天。"《注》曰:"写,犹象也。"参见阎振益、钟夏校注:《〈新书〉校注》,中华书局 2000 年版,第 329 页注三。

② 《孟子·万章下》云:"孔子之谓集大成。集大成也者,金声而玉振之也。金声也者,始条理也;玉振之也者,终条理也。"

③ 《荀子·法行》。

④ 《管子·水地》曰:"夫玉之所贵者,九德出焉。夫玉温润以泽,仁也;邻以理者,知也;坚而不蹙,义也;廉而不刿,行也;鲜而不垢,洁也;折而不挠,勇也;瑕适皆见,精也;茂华光泽、并通而不相陵,容也;叩之其音清搏彻远、纯而不杀,辞也。"

⑤ 这里以玉色象德,主要是就德之在内而言。内在之德为玉色,几乎是一种通说。如郭店楚简《五行》曰:"亲则爱,爱则玉色,玉色则形,形则仁。"这里的爱与仁都是指人性的内在禀赋。《韩诗外传》第十六章云:"在内者皆玉色,在外者皆金声。"

说》云："物所道始谓之道，所得以生谓之德。"万物都是由道所创生，得之于己谓之德。这些观点无疑都是承续先秦而来。在此基础上，贾谊进一步指出"道"之生物的神妙性：

> 泽者，鉴也，谓之道。……鉴生空窍，而通之以道。
> 道者无形，平和而神。道有载物者，毕以顺理适行，故物有清而泽。泽者，鉴也。鉴以道（导）①之神。揲贯物形，通达空窍，奉一出入为先，故谓之鉴，鉴者，所以能（态）也。见者，目也。道德施物，精微而为目。是故物之始形也，分先而为目，目成也形乃从。是以人及有因之在气，莫精于目。目清而润泽若濡，无毳秽杂焉，故能见也。由此观之，目足以明道德之润泽矣，故曰："泽者，鉴也"，"生空窍，通之以道"。（《新书·道德说》）

"泽"，《说文》水部云："泽，光润也。""载"，《说文》车部云："乘也。"段玉裁《注》曰："乘者，覆也，上覆之则下载之。"②"揲贯物形"的"揲"，当与《太玄·玄摛》中"关神明而定揲"的"揲"同义，《说文》手部云："揲，规也。"段玉裁《注》曰："规者，有法度也。以法度度之亦曰规。"③即"揲"乃法度之义，引申为法则、法式。"贯"，《说文》毌部曰："贯，钱贝之毌也。""毌"，《说文》云："穿物持之也。"因此，穿钱的绳子是贯的本义，引申义如《诗经·猗嗟》："射则贯兮。"《传》云："贯，中也。"钟夏案道："中，符合也。"④"空窍"，根据《说文》穴部，空与窍互释。"奉一"，"奉"，《说文》曰："奉，承也"，段《注》曰："手部曰：承，奉也，受也。"⑤"一"，《说文》云："一，惟初太极，道立于一。"仍是说"道"之出入万物，皆顺理而行。

---

① 关于"鉴以道之神"，徐复观理解为"鉴因道而神"。钟夏训道为导，今从导训。分别参见《贾谊思想的再发现》，载《两汉思想史》（卷二），台湾学生书局1987年版，第162页；《〈新书〉校注》，中华书局2000年版，第333页注三六。

② （清）段玉裁：《说文解字注》，上海古籍出版社1988年版，第727页。

③ 同上书，第607页。

④ 参见阎振益、钟夏校注《〈新书〉校注》，中华书局2000年版，第333页注三七。

⑤ （清）段玉裁：《说文解字注》，上海古籍出版社1988年版，第103页。

"鉴者,所以能也"的"能",刘师培认为是古文"态"字,指姿态、形态之义。① "濡",《说文》水部云:"濡水,出涿郡故安,东入涞。"

首先,贾谊用玉的光亮润泽、清澈如鉴来形容"道"的特性,② 这与先秦以玉的光泽温润如仁的譬喻略有不同。③ 此处用鉴来说明道体正与前论《道术》中"镜义而居"相吻合,是就"道"之虚的本然质朴状态而论。"鉴生空窍"就如同"道"之虚本。④ 所不同的是,《道术》篇在论"道"之虚本时,是就"道之接物"如"鉴之应"而言,而此处则以"鉴生空窍"来说明本根性的"道"创生万物的神妙性。因此,虽同是以鉴为喻,但对"道"的说明上则由"接物"的功能意义转化为本体的创生意义上来。

其次,贾谊之所以用鉴来说明创生意义上的本根之"道",是因为他认为"鉴生空窍,而通之以道。"而如何理解"鉴生空窍,而通之以道"呢?就"道"体而言,"道"是一种无形无象,宁静、平正、和谐,而又难以猜度的神妙之物。"道"之所以神妙难测,是因为"道"虽然无形无象,平静和谐,却能够载于万物,即道之于物,能够完全依据万物之理而恰当地施行。需要说明的是,此处论"毕以顺理适行"不是就"道"之接物时"物来自应"而言,而是就"道"依据万物之理使万物呈现出来而言。在物之理与物之间,理也是无形无象的,而物是有形的,"道"的神妙性就在于无形无象的道体能够把握到无形无象的物之理,从而呈现出有形有象的物。"道"不仅能够顺理适行使万物呈现出来,而且还与物一体,即物中有"道","道"载于物,贾谊也就是在这个意义上说"物有清而泽"。物之清明的光润能够鉴照事物之理,因此说"泽者,鉴也。"进一步而言,"鉴"就是"道",这是因为,一方面,就能照察事物之理从而顺理适行而言,"鉴"就如同"平和而神"的道体;另一方面,

---

① 参见阎振益、钟夏校注《〈新书〉校注》,中华书局 2000 年版,第 333 页注四〇。

② 徐复观认为以"泽者,鉴也"来比拟于道,是就玉泽之清而言的。参见徐复观《贾谊思想的再发现》,载《两汉思想史》(卷二),台湾学生书局 1987 年版,第 162 页。

③ 温润如玉是一种通说,如《礼记·聘义》云:"(玉)温润而泽,仁也。"《管子·水地》亦云:"玉温润以泽,仁也。"

④ 徐复观指出贾谊在此"要把落实于人生命中之虚,说得较为具体,于是以'泽'、'鉴'来形容。他所说的泽,与庄子所说的'清'同义。清、鉴,都是形容'唯道集虚'的虚。"参见《贾谊思想的再发现》,载《两汉思想史》(卷二),台湾学生书局 1987 年版,第 162 页。

"鉴"，也就是物之泽，不仅能够使万物符合各自的理则，从而呈现万物的形态，而且能够超越万物的形体之外而通达空窍，即能够通达"道"的神明所在，① 与"道"为一。可以看出，贾谊对"鉴"的设定已经超越了"鉴"的本义。关于"鉴"的本义，《说文》金部云："鉴，大盆也。"即"鉴"最初指的是一种盛水的容器，徐灏《段注笺》指出"因其可以照形而监察之义出焉。其后范铜为之，而用以照形者，亦谓之鉴，声转为镜。"② 虽然"鉴生空窍"与"鉴"作为容器的意义有关，但此处显然是从物之理与"道"的关系上言"鉴"的，这更偏重"鉴"与"道"之神的关联。因此，同是用"鉴"来说明道体，《道术》篇凸显的是"道"之虚的侧面，而此处则侧重"道"之神。

最后，"道"落实于物，则物因而有清有泽，"泽"就是物之中最精微的地方。泽能鉴察，目能明视。因此，"道"之于人，则"精微而为目"。在贾谊看来，在"道"的分化过程之中，目最先形成，目成之后，其他形体才从而成之。从"人及有因之在气"③ 看来，贾谊是在气化的哲学背景中讨论"道德施物"的，只是这里并没有进一步明确交代"道"与"气"的关系问题。不过，在气化成人的过程中，目与"道"最为接近，也最先得"道"，因此也最为精微。之所以人身之中目是最先得"道"的精微者，是因为目之光润就如同濡水一样清净明亮，没有任何细微的污秽之物混杂其中。正是此清净、明澈、纯粹之目可以感通、显明道德之润泽。贾谊以目为人体最精微的所在从而能够通达道体的思想，与他"鉴生空窍，而通之以道"的思想是一致的，同时也受到当时医学知识的影响。《黄帝内经·素问·阴阳应象大论篇》（卷二）指出："其在天为玄，在人为道，在地为化……在窍为目。"又《黄帝内经·素问·解精微论篇》（卷二十四）云："夫心者，五藏之专精也。目者，其窍也。华色者，其荣也。是以人有德也，则气和于目。"可见，在当时的医学理论中，不仅有"在窍为目"的常识，而且还承认目的精微特性，并且认为

---

① 关于"空窍"，《韩非子·喻老》解释道："空窍者，神明之户牖也。"

② 参见汤可敬《说文解字今释》，岳麓书社1997年版，第2010页。

③ 钟夏指出此句颇为费解，或当改为"人之有因之在气"。参见阎振益、钟夏校注《〈新书〉校注》，中华书局2000年版，第333页注四一。

目与道之间有紧密的转换关系。在此医学背景下，目的精微特性是从心的精微性中转化出来的，因此在这个意义上，我们可以重新审视徐复观对贾谊此种思想的评价。徐先生指出："儒家到了孟子，道家到了庄子，把由天命之性，道赋之德，都呈现于人生命内之心；而贾生则认为是呈现于人之目"，贾谊的这种思想"可能是由《庄子》以镜为喻而直接想到'见'，由'见'以言'知'的缘故，这也是前无所承而后无所继的特见。"① 这表明徐复观认为贾谊的这个观点是受到庄子的影响，并由联想而获得的。而如果联系当时的医学知识，就不难得知在古人的身体观中，心主内，目主外，目与心二者是相互贯通的。不仅如此，"道"与目之间的关系不是通过联想建立起来的，而是二者确实紧密相关。因此，贾谊认为"道"呈现于目这一思想更有可能是受到医家思想的影响。

综上分析，"道"作为"六理"中最初的（逻辑意义上的）一理，贾谊通过玉之光泽将其形象地揭示出来。"道"在物为泽，"泽者，鉴也"，"鉴"能通达"道"之神，奉道为先；"道"在人为目，"见者，目也"，目能明晓道德之精微。在此基础上，就有必要进一步追问：作为"六理"之一的"道"与作为以"虚"为本的"道"有什么不同呢？从根本上讲，二者并没有区别，只是从不同的侧面将"道"显发出来。就"虚"而言，它是说明"道"之本，说明道体精微之至，"虚者，言其精微也"，进而引申出"道"与物相接时具体表现为"虚之接物"与"术之接物"两个方面。就"六理"之一的"道"而言，"道"是生物之一理，"道"是生物之"道"，这正是"道"的神妙之处，"道"之所以有生物之神，是"道"之"虚"的缘故。因此，"虚"与"神"是"道"之一体相关的两个特性。"虚"而能"神"，"神"而能动，"道"之生物，转进为"德之六理"就是以"虚"为本的"道"不断落实、下贯的结果。

（二）德：六理所以为变而生也

"道"之顺理适行，进一步落实于万物，万物得"道"于己，则必然经过"德"的历程。"六理"中，"德"是重要的一理，那么贾谊赋予了

———————————

① 徐复观：《贾谊思想的再发现》，载《两汉思想史》（卷二），台湾学生书局1987年版，第162—163页。

"德"哪些含义呢？他说道：

> 腒如窃膏谓之德。……德生理，通之以六德之毕离状。六德者，德之有六理。理，离状也。

> 德者，离无而之有。故润则腒然浊而始形矣，故六理发焉。六理所以为变而生也。夫变者，道之颂（容）也。道冰而为德，神载于德。德者，道之泽也。道虽神，必载于德，而颂乃有所因，以发动变化而为变，变及诸生之理，皆道之化也，各有条理以载于德。德受道之化，而发之各不同状。德润，故曰："如膏，谓之德"，"德生理，通之以六德之毕离状。"（《新书·道德说》）

"腒"，《说文》肉部云："腒，北方谓鸟腊腒"，大约指的是干缩成腒的肉，比较精细。① "窃"，《广雅·释言》曰："浅也。" "膏"，《周礼·大司徒》有"其植物宜膏物。"司农《注》曰："谓杨柳之属，理致，且白如膏。"② 朱骏声曰："在人曰膏，在物曰脂。"膏与脂可以互释，朱氏指出，"窃脂"的"窃"当与"窃元、窃蓝、窃黄、窃丹及虎窃毛"的"窃"同为"浅"字之借。③《大戴礼记·易本命》云："无角者膏而无前齿，有羽者脂而无后齿。"卢辩《注》云："凝者为膏，释者为脂。"④ 冰者，凝也，这正与下文"道冰而为德"相应。根据上述疏释，则"腒如窃膏谓之德"可以理解为"德"是由"道"凝聚而成的，就如同玉之中凝聚成如膏状浅白色的东西。

此处，贾谊对"德"的讨论蕴含着三个问题："德"与"道"有什么关系？什么是"理"？"德"与"理"是什么关系？

关于"德"与"道"的关系问题。首先，就以玉设譬而言，"道"

---

① 关于"腒"的字面意思，《汉语大字典》列了四种：第一，干鸟肉；第二，干鸡肉；第三，久；第四，央。央、久是引申义，据《说文》"央"亦有"久"的意思，根据段玉裁的注释，"不必专谓雉，许概言腊鸟为长。"段《注》可取，王充《论衡·语增》云："尧如腊，舜如腒。"腊、腒对文可证。

② （清）阮元校刻：《十三经注疏·周礼注疏》，中华书局1980年版，第702页。

③ （清）朱骏声撰：《说文通训定声·履部第十二》，武汉市古籍书店影印1983年版，第582页。

④ （清）王聘珍：《大戴礼记解诂》，中华书局1983年版，第258页。

是无形之虚,精微之至,像玉之清泽。玉之清泽的进一步凝聚则成为极其精细的浅白色的膏状物,也即玉之润。玉的清泽无形无象,润则始有形象,但仍极其精细。因此,"道"是纯粹之精,"德"是浊而始形,用"浊"来说明"德",并不是说"德"本身的浑浊性,而是指"德"是"道"进一步抟聚、凝结的结果,就如同润是玉之泽凝聚、集中而形成的一样。润是玉之泽由无形转化为有形的初级阶段,则"德"亦是"道"由无形向有形生化的初始阶段,因此说"德者,离无而之有","德"是"始形",即形之始。那么如何理解"有"与"形"呢?这是就现象界的"有"与"形"而言,还是另有所指呢?关于这一点,徐复观有精到的辨析。他认为这里的"有"并非成形之有,"道"之凝缩为"德",是就"道"之无而言,则"德"是有;就"道"的变化神妙无形而言,则"德"是凝定而有形。但就实存事物而言,则"德"仍是无,仍是无形,即"德是将形而未形,在形与无形之间,虚与实之间的存在"①。

其次,在"以虚为本""平和而神""顺理适行"等特点的基础上,贾谊进一步点明"道"之"变"的特性,"变"就是"道"的呈现方式。"道"本虚以接物,不变则不能容纳不可胜述的"术";"道"无形无象,不变则不足以呈现其"神";"道"之生化,顺应万物之理,而凝定、不变之道则当然不能创生事事物物之理。有变就有不变,"道"之创生万物必须由"变"转化为"不变"才能完成,贾谊认为"德"就是"道"相对不变的创生环节,即"德"是"道"向下的凝定。"道"凝定为"德",则"道"之神就载于"德"中。在贾谊看来,"道虽神,必载于德","道"的神妙功能只有通过凝聚成"德"才能够发挥出来。这是因为,与"道"之变相比,"德"是相对不变的,绝对变化之"道"只有依托于相对不变之"德"(颂乃有所因)才能完成其创生历程。因此,在"变"的意义上,可以将"道"的创生历程简化为"道"(变)——"德"(不变)——"变"的程式。关于这个程式,徐复观指出:"道以变化创生天地万物,但必通过凝聚之德,在德的凝聚点上变化,这种变化始是创生的变化。否则变化于空虚旷荡之中,'不载于德',与创生一无

---

① 徐复观:《贾谊思想的再发现》,载《两汉思想史》(卷二),台湾学生书局 1987 年版,第 163 页。

关涉。"① 在"德"之前的"道之变"只是无所承载的"空变",而只有因"德"而后的"道之变"才能够发挥创生万物的效力,才是创生之变。那么"德"如何能承载"道"之神呢?贾谊认为,"德者,道之泽也"。从前文"物有清而泽"来看,物之泽也就是物之理,能够"奉一(道)出入为先","道"顺理适行就能呈现万物的形态。由此可以推知,"道之泽",也就是说"德"是"道"之理,是能够使"道"由无之有,呈现于现象世界的东西。

最后,由创生之变生发的是"诸生之理",由"道"所生成的万物都有各自的"理",而万物之"理"又都蕴含在"德"之中,是"德"载动"道"而施化,从而创生出"各不同状"的现实世界的依凭。因此,一方面,"道者无形","德者,离无而之有","道"只是流转于"无"的领域,而"德"则充盈于"实"的世界。另一方面,"道"变化所生之理都"载于德","德"是载"道"施"理"的枢纽。因此,虽然创生的历程是由"道"之"德","道"为根本,但是可以说无"德"也就无法行"道"。尽管如此,"德"又必须以"道"为根本,所以"道"仍涵摄在"德之六理"之中。

贾谊对"道"与"德"之关系的讨论可能受到《老子》的影响,但又有根本的不同。《老子》第五十一章曰:"道生之,德畜之,物形之,势成之。是以万物莫不尊道而贵德。""道"生成万物,"德"蓄养万物,然后万物才有各自的形态。可见,"道""德"仍是就物之有形而言的。所不同的是,《老子》尊道而贵德的旨趣在于"莫之命而常自然"②,凸显出"道法自然"的原则性,而贾谊的"德"论虽然仍是以"道虚"为本,指出"诸生之理,皆道之化",但是他明显的更强调"德"之于"理"的直接生成意义,贾谊以玉为喻之目的也在于此。他在《道德说》中指出:"夫玉者,真德写(象)也。六理在玉,明而易见也。是以举玉以喻,物之所受于德者,与玉一体也。""道"之顺理适行,也是顺应由"德"所生的"理"而施行作为。贾谊对"德'的强调很可能是他用儒家仁义精神改造道

---

① 徐复观:《贾谊思想的再发现》,载《两汉思想史》(卷二),台湾学生书局 1987 年版,第 163 页。

② 《老子》第五十一章。

家之"道"的一种表现。^① 如此,则"德"是如何生"理"的呢?"理,离状也","理"就是众理分离于"德"而成各物之理。关于"理"之义与"德""理"二者的关系,需要作进一步的说明:

首先,"理",《说文》玉部云:"治玉也。"段《注》引《战国策》曰:"郑人谓玉之未理者为璞,是理为剖析也。玉虽至坚,而治之得其腮理以成器不难,谓之理。"又引戴震《孟子字义疏证》云:"理者,察之而几微必区以别之名也,是故谓之分理。"又引《乐记》郑《注》曰:"理者,分也。"^② 可见,撇开义理层面的引申义不谈,而仅就训诂学的意义而言,^③"理"的本义是沿着玉的纹理而治玉,其有"分"的意思。而贾谊对"理"的说明却是"理,离状也"。需要指出的是,"离状"的"离"并不是分离的意思。《方言》(七)云:"离,谓之罗。"《诗·王风·兔爰》传云:"鸟网为罗。"又俞樾称:"理离状,即毕离状。毕误作里,又误作理。"钟夏认为"理,离状也"当作"理,毕离状也"。^④《说文》:"毕,田网也。"毕、理同义。"毕离状",钟夏解释道:"网之状,诸缕分离又皆系于纲,即如'德生理','各有条理以载于德'之状。"^⑤ 由此可见,一方面,贾谊以"网状"训"理"与汉代学者对"理"的其他训释有很大的区别,"理,离状也"这种声训的训解方式在贾谊的著作中很常见,如《新书·大政下》云:"君者,群也""吏者,理也""民者,瞑也"。另一方面,贾谊训"理"为"网状"是为了说明"理"与"德"的关系,"理"是丝缕,"德"是纲,即如同网一样,虽然丝缕分

---

① 这从贾谊对"德有六美"的论述可以更清晰地看出,"德"之六美指的是道、仁、义、忠、信、密,这显然是儒家思想的典型特征。

② (清)段玉裁:《说文解字注》,上海古籍出版社1988年版,第15—16页。

③ 汉儒对"理"的疏释,除了《说文》从本义着眼外,还有义理性的解读。据陈澧《汉儒同义·理字条》(卷三)载,对"理"的义理性的解读有:"赵氏《孟子章句》曰:'理者,得道之理'(《告子章句上》)。《白虎通》曰:'理者,得道之理'(《情性》)。郑氏《礼记注》曰:'理,义也'(《丧服四制注》)。又《祭义》:'理发乎外而众莫不承顺。'《注》曰:'理,谓言行也。'又《乐记》:'理发乎外而众莫不承顺。'《注》曰:'理,容貌之进止也。'又曰:'理,犹性也'(《乐记注》)。《尔雅》:'明明斤斤察也。'孙氏《注》曰:'明明,性理之察也'(《邢疏》)。《韩诗外传》曰:'圣人何以不可欺也?'曰:'圣人以己度人者也,以心度心,以情度情,以类度类,古今一也。类不悖,虽久同理,故性缘理而不迷者也'(卷三)。"

④ 阎振益、钟夏校注:《〈新书〉校注》,中华书局2000年版,第330页注一六。

⑤ 同上书,第330页注一四。

明，但都系之于纲，众"理"虽殊，而都载之于"德"。

其次，贾谊的"德"论，一方面强调"道"之神必载之于"德"，"道"因"德"而实现创生之变；另一面又强调"德生理"，进而指出"德有六理"。所谓"德生理"，是指"德"分化为"六德"，"六德"就是"德之六理"，具体指的是"道""德""性""神""明""命"六者。"道"因"德"而实现创生之变，则必然分化到"六理"之中，而"六理"又是"德之六理"，"德之六理"又必然要分化于万物之中。既然如此，又如何理解"变及诸生之理，皆道之化也"呢？徐复观指出："道与德只是一事，道与德之分，乃生化历程中之分；极其究，德之理，即是道之理，所以说'诸生之理，皆道之化也'。"① 这种理解建立在"道"与"德"本无二致的基础之上。虽然"德"是"道"下贯、凝聚的结果，但是二者在创生的功用上是不同的，正因其不同，所以才能相辅相成以实现生化的目的。而作为二者生化结果的"理"必然因"道"与"德"在生化功能上的不同而有不同的意义。在贾谊看来，"六理"是由"德"而发，"为变而生"的。"理"由"德"而发，因此无"德"则无"理"；"理"为变而生，"变者，道之容也"，也即"理"为"道"而生，因此无"道"则"理"无存在的意义。所以，"德之理"强调的是"德"对于"理"的直接生成意义，"道之理"强调的是"道"之于"理"的根源意义。就"道"的根源性而言，"德之理""诸生之理"无一不是"道之理"，贾谊之所以如此强调"德之理"，主要还是因为他试图用儒家所一贯主张的生生之德充实"道"的虚本。②

最后，要进一步地分析贾谊关于"德之理""道之理"的思想，就必然要与《韩非子》的相关思想作出比较。关于"道""德""理"三者之间的关系，《韩非子》云：

> 道者，万物之所然也，万理之所稽也。理者，成物之文也。道

---

① 徐复观：《贾谊思想的再发现》，载《两汉思想史》（卷二），台湾学生书局 1987 年版，第 164 页。

② 徐复观指出，贾谊"在'德润，故曰如膏谓之德'的语言中，也把'恩德'的意味含在里面。《易传》'天地之大德曰生'，此德本有'作用'与'恩德'二义"。参见《贾谊思想的再发现》，载《两汉思想史》（卷二），台湾学生书局 1987 年版，第 164 页。

者,万物之所以成也,故曰:道,理之者也。物有理不可以相薄,物有理不可以相薄,故理之为物之制。万物各异理,而道尽稽万物之理。故不得不化,不得不化,故无常操。……故理定而后可得道也。……而常者,无攸易,无定理。无定理,非在于常所,是以不可道也。……理定而物易割也。……凡道之情,不制不形,柔弱随时,与理相应。(《解老》)

道有积而积有功;德者,道之功。……故静则建乎德,动则顺乎道。(《解老》)

夫道者弘大而无形,德者覆理而普至。(《扬权》)

第一,与贾谊论"道""德""理"三者关系不同,韩非子的思想更加偏重"道"与"理"的关系。"道"是万物的本源,万物由"道"而出。"理"是"物之文""物之制",是万物的具体性质。"理"有定,而"道"无定,通过有定之"理"可以把握无定之"道"。"道"虽然不定,但却不得不依托有定之"理"而展开生化效用,即"道""不得不化"。"道"也是通过已定之"理"而宰制万物。即"理"以"道"为最终根据,而"道"在具体事物中与"理"相合,即"理"是"道"在具体事物中的表现。韩非子之所以如此强调"道"与"理"的关系,是因为他试图说明法纪在政治、社会生活中的重要性。① 第二,韩非子在论"道"与"理"的关系时虽然涉及"德"的概念,但是一方面他在论述"德"与"理"的关系时显得不够深入,另一方面他在"道"与"理"的基础上讨论"德"与"理"的关系,其目的还是说明"道"与"理"的关

① 关于引文中"道者,万物之所然也"段,顾广圻注曰:"按自上文'道者万物之所然也'以下不见所解何文。详老子第十四章有云'是谓道纪',此当解彼也。纪,理也。"(《韩非子集释》)王先慎曰:"顾说是也。道字逗。纪、理义同。古《道经》作纪,韩子改为理。"(《韩非子集解》)归结二者之说,提出了两个问题:一是纪的含义就是理;二是纪就是理。那么韩非子这种解释的目的何在呢?陈奇猷对此提出了综合性的说法并将其限定在韩非的法治学说的范围内,他说:"顾、王说皆是也,盖韩子多以理为法纪之义,下文'物有理不可以相薄',《难一篇》'桓公不能领臣主之理',《制分篇》'实故有所致而理失其量',理字皆当训为法纪。"然后又引《主道篇》云:"'道者万物之始,是非之纪也,是以明君守始以知万物之源,治纪以知善败之端',纪与此文理义同。理既是法纪,故下文曰'物有理不可以相薄'。故老子作纪,韩子作理,其义一也。"(《韩非子集释》)综上所述,纪就是理。韩非以理释道的过程是道→纪(理)→法纪。由此可见,韩非以理释道之目的是强调法纪在社会生活中的重要性。

系。因为"凡道之情……与理相应",所以"德"(守道、循道)就表现为"覆理而普至","覆理"就是要周遍地审察众理。因此,"德"在韩非子那里是执行循道守礼的功能,而不是生发六理,更不是"道"因之而实现创生之变的"德"。第三,综合上述两个方面可以看出,贾谊关于"道""德""理"的思想势必受到韩非子的影响,但又有根本的推进。这主要表现在:一方面,贾谊在事事物物之理中析出"道""德""性""神""明""命"六者作为"德之理",这六个概念在先秦诸子哲学中曾被广泛讨论,而贾谊在学理上对这些概念集中讨论,表现出了他兼容并蓄的学术气象。另一方面,贾谊在韩非子"道理"的意义上引进"德理",这也意味着他要从学理上改变秦朝有法无德的执政思想,而主张一切治国思想都要在"德"的规范之下,一切"道理"只有因"德"才能得行。

(三)性:气集谓性与性生神气

"道"因"德"而成创生之化,"德"发"六理","六理"散之于万物,万物秉德而成"性"。万物得"道德"之理,则各正性命。"性"是"道"的创生历程中紧随于"德"的一环。那么贾谊是如何界定"性"的内涵的呢?《新书·道德说》云:

> 湛而润、厚而胶谓之性。……性生气,而通之以晓。
>
> 性者,道德造物。物有形,而道德之神专(抟)而为一气,明其润益厚矣。浊而胶相连,在物之中,为物莫生,气皆集焉,故谓之性。性,神气之所会也。性立,则神气晓晓然发而通行于外矣,与外物之感相应,故曰:"(湛而)润,厚而胶谓之性","性生气,而通之以晓"。

"湛",《楚辞·九章·悲回风》朱熹《注》云:"湛,厚也。"[1] 从凝定的状态来看,以玉作譬,"道"之泽清,"德"如浅膏、润而始形,"性"则是湛厚而如胶,是"道"更加深厚状态的凝结。因为"道"要实现创生之变必须有"德"的依托,又加之"六理"是"德之六理",所以在"六理"之中,自"性"始,就不仅仅是"道"之变的结果,其

---

① (宋)朱熹:《楚辞集注》,上海古籍出版社 2001 年版,第 99 页。

中也有"德"的功用。因此，贾谊说："性者，道德造物。""性"就是道德命之于物者。根据上文的分析，"德生六理"，散于万物，则万物之性又是万物之理，万物之理又都系于道德之理，从这个意义上而言，则"性"即是理。贾谊在此提出了"性生气"的命题，也是我们需要详加辨明的问题。这个命题蕴含三个问题：第一，什么是"性"？第二，"性"与"气"是什么关系？第三，何谓"性立"？

首先，关于什么是性的问题。如何理解"性者，道德造物"呢？这是指"性"是道德所造之物呢？还是指道德通过"性"而造物呢？从前文的分析可以看出，"性"作为"德"之一理，无疑是道德所造之物。然而贾谊在此更加强调"性"作为道德造物之凭借的意义。既然如此，那么道德如何通过"性"来造物呢？"道"平和而神，而神又载之于"德"，"道"因"德"而成其神化，合而言之，即"道德之神"。"道德之神"的进一步抟聚凝结就形成了"气"。之所以称为"气"，是因为"德"之润更加厚实。如果说较之于有形有质的实物，"道"与"德"是无形无质的话，那么"气"就是无形而有质的。"道德之神"如果不抟聚成"气"的话，那么就不能进入物的形体之中，因而也不能成为物的主宰。相反，"道德之神"只有具体化到物的形体之中，才能完成造物的功能。可见，"道德之神"是在物的形体没有产生之前而凝聚成"气"的，即"为物莫生，气皆集焉"①之谓也。因此，贾谊所谓的"性"，其实就是"道德之神"汇聚而成的"气"。所以又可以说"性者，神气之所会也"。既然由"道德之神"汇聚的"气"，也就是"性"，在物的形体产生之前已经存在，那么就需要进一步追问：物的形体是如何产生的？这就涉及"性"与"气"的关系问题。

其次，关于"性"与"气"关系，徐复观认为"'性生气'的句法，

---

① 关于"为物莫生"，朱骏声云："莫，假借为无。"（朱骏声撰：《说文通训定声·豫部第九·莫》，武汉市古籍书店影印 1983 年版，第 416 页）王引之曰："无，未也。"（王引之撰，黄侃、杨树达批：《经传释词》卷十"无毋亡忘妄"条，岳麓书社 1984 年版，第 237 页）而徐复观则将"浊而胶相连，在物之中，为物莫生，气皆集焉"改为"浊而胶相连在物之中为物（性），莫（性）生气，（气）皆集焉"（参见徐复观《贾谊思想的再发现》，载《两汉思想史》（卷二），台湾学生书局 1987 年版，第 165 页）。徐先生的改动颇大，且完全是根据义理而推测，因此此处以原本为上。

有如'德生理'的句法；德生理，实际德即是理。性生气，实际性即是气，而非由性来生气。"① 当然，根据对"性"的分析，在"道德之神专（抟）而为一气"的意义上可以肯定"性"即是"气"的判断。徐先生的理解也正是建立在"气集谓性"的基础之上。虽然贾谊关于"性生气"的命题中蕴含有"性是气"的意思，但并不能因此而认为"性生气"就等同于"性是气"。这是因为，一方面以"A是B"来理解"A生B"的释例在先秦文本中尚无前例，相反，《老子》第四十二章"道生一，一生二，二生三，三生万物"中的"生"都是生化的意思；另一方面，如果以"性是气"来解释"性生气"，从而否定"性"对于"气"的生成意义的话，那么就不能进一步解释物的形体是如何产生的问题。既然如此，"性生气"又如何能说明这一问题呢？"道德之神"结聚成"神气"，也就是"性"，"性"在物还没有具体形状之前就已经存在。然而，一旦物之"性"形成之后，就能集聚"非神之气"，如此万物才得以成形。因此，在贾谊的"性生气"命题中，"性"在逻辑上是先于"气"的，而"气"在层次上又可分为"神气"与"非神之气"。在"神气"的意义上，可以说"性是气"，而在"非神之气"的意义上，则只能是"性生气"。"非神之气"是生命成形的质料因，如《淮南子·原道》中"气者，生之充也"之气就是"非神之气"。据此钟夏说："是知'生气'之性，已具有生命性质而尚未成形。"② 可以看出，贾谊论"气"既是将"气"与"性"联系在一起，又是将"气"与"形"联系在一起，可谓是以"气"贯通上下。贾谊的这一思想，可以说上承《庄子》，下启来者，具有汉代气化哲学的典型特征。因此，徐复观先生的相关评价值得商榷。③

最后，关于"性立"的问题。何谓"性立"呢？"性立"指的是"道德之神"抟而为"气"，"神气"汇聚成"性"，"性"在物中，而成

---

① 徐复观：《贾谊思想的再发现》，载《两汉思想史》（卷二），台湾学生书局1987年版，第165页。

② 阎振益、钟夏校注：《〈新书〉校注》，中华书局2000年版，第331页注一七。

③ 徐复观认为贾谊论气，是将气与性联系在一起，而无涉气与形的关系。详见徐复观《贾谊思想的再发现》，载《两汉思想史》（卷二），台湾学生书局1987年版，第166页。

为物的主宰。徐复观称为"性显"则更为明晰。① 而"性"如何才能"立"呢?贾谊说:"性,神气之所会也。"简单来说,"神"与"气"二者的会聚就是"性立"。而又如何理解"神气之所会"呢?王兴国指出,"贾谊说性是'神气之所会',实际上也是道德之所会,是道与德相结合的结果。"② 在贾谊的"道"论中,虽然"性"是"道"因"德"进一步下贯、凝聚而形成的,虽然"道之神,必载于德",但并不能因此就将"神气"理解为"神是道","气是德"。关于"神气"的含义,徐复观的理解极其贴切:"此气是道德之神(精微)所抟集,气中有神,所以说'性,神气之所会'。无气则神无所附丽;无神,则气只是冥冥之质,没有理性。"③ "气"虽然是由"道德之神"所抟聚,但"气"并不完全等同于"道德之神"。如果要对"气"作进一步的分析的话,那么则可以将"气"具体分为"道德之神气"与"非道德之神气",而"道德之神气"则有主宰意义。而所谓"性立"也就是使"道德之神气"显发出来,即"神气晓晓然发而通行于外"。"性"在"为物莫生"之时,只是处于潜隐状态,此时的"性"与外在世界并没有什么干涉,而"性"只有"在物之中",从潜隐状态中发动、显发出来,才能彰显其主宰性,从而能够"与外物之感相应",成就意义世界。"晓",《说文》云:"明也。"贾谊称:"性生生气,而通之以晓"也正是强调"性立"的重要意义,即"性"必须要通过气显明出来,成为人、物的主宰与根据。从这个意义出发,"道"因"德"而实现创生之化,也必须要使"性立"才能完成。否则"道德"就无所附丽,因而也无"主宰"可言。可见,"性立"是"道德造物"的必然要求。

既然"性立"是使"性"显明出来,那么就人而言,"性立"就是要使人性彰显,即要使人自身的"道德之神气"显发出来,成为人"与外物之感相应"的根据。如此,我们就有必要进一步讨论贾谊的人性思想。

---

① 徐复观:《贾谊思想的再发现》,载《两汉思想史》(卷二),台湾学生书局1987年版,第166页。

② 王兴国:《贾谊评传》,南京大学出版社1992年版,第246页。

③ 徐复观:《贾谊思想的再发现》,载《两汉思想史》(卷二),台湾学生书局1987年版,第166页。

关于贾谊的人性思想，学界一直争论不休。有的学者将其概括为"人性有善有恶"论，① 并认为是"开董仲舒'性三品'之先河"；② 有的学者认为贾谊的人性思想既有性善论，又有性三品论。③ 这个观点受到了后来研究者的批判与更正，即认为贾谊的思想中，圣贤与平民的本性是一样的，但是贾谊并没有断定人的本性是善的或是恶的。④ 既然如此，又该如何正确判定贾谊的人性思想呢？这需要对上述不同观点的文本依据作细致的辨析方能回答。

首先，贾谊主张人性有善有恶论及性三品论的主要依据是《新书·连语》中的一则材料。贾谊说道：

> 有上主者，有中主者，有下主者。上主者，可引而上，不可引而下；下主者，可以引而下，不可引而上；中主者，可引而上，可引而下。故上主者，尧舜是也，夏禹、契、后稷与之为善则行，鲧、驩兜欲引而为恶则诛。故可与为善，而不可与为恶。下主者，桀纣是也，虽侈、恶来进与为恶则行，比干、龙逢欲引而为善则诛。故可与为恶，而不可与为善。所谓中主者，齐桓公是也。得管仲、隰朋则九合诸侯，任竖貂、易牙则饿死胡宫，虫流而不得葬。故材性乃上主也，贤人必合，而不肖人必离，国家必治，无可忧者也。若材性下主也，邪人必合，贤正必远，坐而须亡耳，又不可胜忧矣。故其可忧者，为中主耳，又似练丝，染之蓝则青，染之缁则黑，得善佐则存，无善佐则亡，此其不可不忧者耳。

所谓"材性乃上主也""材性乃下主也"，意思是说上主的人性是善的，下主的人性是恶的。不仅如此，上主之善、下主之恶是先天已经定然，后天的导引不能使其走向反面。因此说上主"可引而上，不可引而下"，下主"可引而下，不可引而上"。即上主在后天的表现是扬善惩恶，

① 王兴国：《贾谊评传》，南京大学出版社1992年版，第248页。
② 姜国柱、朱葵菊：《中国人性论史》，河南人民出版社1997年版，第236页。
③ 廖其发：《先秦两汉人性论与教育思想研究》，重庆出版社1999年版，第280—283页。
④ 李沈阳：《汉代人性论史》，齐鲁书社2010年版，第41页。

纯任善的流淌;下主在后天的表现是扬恶灭善,完全坠入恶的深渊。介于上主、下主之间的是"可引而上,可引而下"的中主,中主之性在后天的表现是可以为善也可以为恶的。因此,从这则材料出发,则不免得出贾谊持三品性论的结论。

其次,贾谊持性善论的依据在于贾谊的"道德"论。即贾谊认为道德是万物本原,实存世界的一切都是由"德"而生,而"德"以"道"为本,由于"德"有"六理""六美",因此"与德相通的人性也具有仁、义、礼、智信等六行"①,故而贾谊又有性善论的观点。

最后,贾谊的人性论是圣贤与平民同性,且贾谊没有设定人性是善还是恶的观点的理论依据与认为贾谊是性善论者的依据相同。如果从"德"之生物的角度立论,那么"性"是"道德造物"的结果,人性也理所当然是以"德"为根本,而在贾谊的"德"论中,"德"之"六美"所标示的价值取向显然是儒家特色的。在这个意义上,说贾谊有性善论的思想亦未尝不可,而从道家自然主义的立场认为贾谊的人性论无关善恶的观点则是难以成立的。

综上分析可知,贾谊的人性论既有性三品的特征,又有性善论的依据,这是否意味着贾谊的人性论存在前后矛盾之处呢?抑或是性三品论与性善论是他的人性思想的两个层次?这是需要进一步辨析的问题。

除上述材料之外,贾谊关于人性的论述还有:

> 殷为天子,二十余世,而周受之。周为天子,三十余世,而秦受之。秦为天子,二世而亡。人性非甚相远也,何殷、周之君有道之长,而秦无道之暴也?其故可知也。(《新书·保傅》)
>
> 孔子曰:少成若天性,习贯如自然。(《新书·保傅》)
>
> 其(秦)俗固非贵辞让也,所上者告讦也;固非贵礼义也,所上者刑罚也。使赵高傅胡亥而教之狱,所习者非斩劓人,则夷人之三族也。故今日即位,明日射人,忠谏者谓之诽谤,深为之计者谓之妖言,其视杀人若艾草菅然。岂胡亥之性恶哉?其所以习道之者非理故也。(《新书·保傅》)

---

① 廖其发:《先秦两汉人性论与教育思想研究》,重庆出版社1999年版,第281页。

　　　舜何人也？我何人也？夫启耳目，载心意，从（纵）立移徙，与我同性。而舜独有贤圣之名，明君子之实；而我曾无邻里之闻，宽徇之智者，独何与？然则舜傀傀而加志，我僵僵而弗省耳。（《新书·劝学》）

　　可以看出，"人性非甚相远也"、尧舜与我同性的思想是贾谊人性论的重点所在。所谓"人性非甚相远也"其实是对孔子"性相近也，习相远也"（《论语·阳货》）思想的继承。关于"性相近也"的"性"，朱熹解释道："此所谓性，兼气质而言者也。气质之性，固有美恶之不同矣。然以其初言，则皆不甚相远也。但习于善则善，习于恶则恶，于是始相远耳。"① 如果我们赞同朱子的观点，那么贾谊关于"人性非甚相远也"的思想则是就气质之性而言的，这从尧舜之所以与我同性是由于"启耳目，载心意，从（纵）立移徙"的原因可以得到进一步的确证。正因为气质之性在后天的表现是"习于善则善，习于恶则恶"，所以贾谊引孔子曰："少成若天性，习贯成自然"② 以强调"习"对于气质之性的改造意义。

　　就气质之性而论，一方面，"以其初言，则皆不相去甚远也"；另一方面，通过"习"的工夫可以改变初始气质。既然如此，又当如何理解贾谊关于"上主""中主""下主"分别呢？这需要还原到具体的语境中加以说明。贾谊将人主分为三个等级，其目的在于说明"材性乃上主也，贤人必合，而不肖人必离，国家必治，无可忧者也。若材性下主也，邪人必合，贤正必远，坐而须亡耳，又不可胜忧矣。故其可忧者，为中主耳，又似练丝，染之蓝则青，染之缁则黑，得善佐则存，无善佐则亡，此其不可不忧者耳"。因为上主不可以引下，下主不可以引上，所以无论现实中的人君是上主还是下主，后天之"习"都不能改变其先天的气质之性。而只有占绝大多数、可上可下的中主是需要切实担忧的，这种担忧主要体现在如何选择可以导引人主的得力大臣上，《新书·连语》篇的主旨是选

―――――――――

　　① （宋）朱熹：《四书章句集注》，中华书局1983年版，第175—176页。
　　② 此语未见于《论语》，亦未载于先秦其他典籍，但并不能因此而否认这是孔子的原话。从《新书》征引《老子》《管子》的文献在现存的典籍中皆有印证来看，贾谊对此句"孔子曰"的征引并非无稽之谈。

择贤能作为君主的左右近臣，即贾谊所说的"练左右为急"①。

因此，贾谊在气质之性的意义上讨论"人性非甚相远也"、尧舜与我同性，其目的是说明"习"在人性养成中的重要意义，即"少成若天性，习贯成自然"。而从贾谊关于上主、中主、下主的分别来看，他又有性三品的观点，如此则性岂非相去甚远？如果是这样，那么贾谊的人性论就存在前后相左之处。其实不然。贾谊的人性论深受孔子人性思想的影响，孔子一方面认为"性相近也，习相远也"，另一方面又说明"唯上智与下愚不移"（《论语·阳货》），但这并不意味着孔子人性论的自相矛盾。关于"唯上智与下愚不移"，朱熹说道："人之气质相近之中，又有美恶一定，而非习之所能移者。"② 可见，所谓"性相近也""人性非甚相远也"，指的是人人都具有气质之性，即朱熹所谓的"才说性，便带着气"（《朱子全书》卷四十九）。然而在同具气质之性的基础上，人性的表现仍有善不可移、恶不可移及善恶相混可移三个大的方面。而贾谊关于上主、中主、下主的区分正是对孔子"唯上智与下愚不移"思想的更加形象的解释。因此，贾谊关于上主、中主、下主的论述与"人性非甚相远也"的思想并不矛盾，那种认为贾谊既是性善论者，又是性三品论者的观点其实是尚未对贾谊的人性论作全面考察而得出的结论。

用气质之性解释的贾谊的人性论虽然带有鲜明的宋儒解释特色，但这无疑能够更加清晰地揭示贾谊人性论的内涵。在宋儒的人性话语系统中，在气质之性之上，还有天理之性作为人性的根本规定。那么贾谊是径直以气质之性作为人性论的全部内涵呢？还是在气质之性之上设定一个类似于天理之性的概念呢？从贾谊把"性"作为"德"之一理来看，气质之性当然不是他人性论的全部内容。"性"作为"德"之一理，是"道德造物"的结果。在这个意义上，"性"是直承"道德"而来，"道德"是"性"的本质规定。在"道"的创生历程中，"性"是人物的内在规定。但是仅有"性"还不能成就人物，而只有"性"落实到"气"中，才能转化出具体的人物。因此，"性生气"是"道"之创生历程中的一个关键

---

① 《新书·连语》。"练"，训为"选"。参见阎振益、钟夏校注《〈新书〉校注》，中华书局 2000 年版，第 204 页注四○。

② （宋）朱熹：《四书章句集注》，中华书局 1983 年版，第 176 页。

环节。这里的"气"是笼统"道德神气"与非"道德神气"而言。"气"的这种双重属性就决定了在"生"的意义上,人性的表现必然是气质之性。而在气质之性之上,仍有类似于天理之性的"道德"之性存在。因此,在贾谊的人性论中,"性"在未落入"气"之前,是道德性,在落入"气"之后,则兼具道德性与气质性之义。

(四)神与明:神生变化与明生识智、神明关系

"性"立之后,"神气晓晓然发之于外","晓"即是"明"的意思。在"德之六理"之中,"神"与"明"是紧随于"性"而又密切相关的两个环节。同时鉴于"神""明"在典籍中又经常连用,所以这里将"六理"中的"神""明"二理放在一起讨论。何谓"神"呢?《新书·道德说》云:

> 康若乐流谓之神。……神生变,而通之以化。
>
> 神者,道、德、神、气发于性也,康若乐流不可物效也。变化无所不为,物理及诸变之起,皆神之所化也,故曰:"康若乐流谓之神","神生变,通之以化"。

关于"康若乐流谓之神",诸本皆作"康若泺流",惟建本作"康若乐流"。徐复观认为"康若泺流"语义难解,故当为"康若乐流",且训"康"为虚、静,而"康若乐流"的意思是说精神的活动,既虚且静,犹如音乐的流动。① 关于"康若泺流"又有两种不同的解释:其一是"康",朱骏声曰:"借为㶊。"《说文》水部云:"㶊,水虚也。"钟夏案道:"此盖以玉色虚莹闪烁为喻。"② "泺",《说文》水部云:"齐鲁间水也。"其二是《贾谊集校注》将"康"训为"安",即是说"神"就如同水自由自在地流淌。③ 这两种解释都有问题,应以徐复观的解释为准,但是徐先生似乎没有注意到"康"与"乐"之间的关联。"康",甲骨文、

---

① 徐复观:《贾谊思想的再发现》,载《两汉思想史》(卷二),台湾学生书局1987年版,第166页。

② 阎振益、钟夏校注:《〈新书〉校注》,中华书局2000年版,第330页注一〇。

③ 王洲明、徐超:《贾谊集校注》,人民文学出版社1996年版,第320页。

金文分别作：

"康"本义为和乐，艸象一种乐器，灬象乐器发出的声音。①《礼记·乐记》云："乐者敦和。"因此，"康若乐流"意思就是说"神"就象大乐流行一样，可以协和万物。

可以看出，首先，什么是"神"呢？贾谊认为"神"就是"道""德""神""气"凝聚为"性"，而由"性"发出的神妙功用。如何理解作为"六理"之一的"神"与"道、德、神、气"中的"神"二者之间的关系呢？"道、德、神、气"中的神，也就是"道德之神"，"道德之神"的功用在于集气而生"性"。而作为"六理"之一的"神"则是在"道德之神"的基础上又加入了"气"的元素，并通过"性立"而彰显出精神气质的神妙功用。正因为"神"是一种精神气质的彰显，所以说"神"不可以"物效"，即"神"不是具体的事物，也不能用具体的事物来仿效。这一点与《易传》的思想略有不同。《系辞上》云："蓍之德圆而神。"韩康伯《注》曰："蓍以圆象神。"②《易传》认为龟蓍乃效神之物，但这并不妨碍贾谊论述"神"之大化功能与《易传》"穷神知化，德之盛也"的思想二者之间的一致性。其次，"神"的特点表现在哪些方面呢？贾谊认为"神"的特点就在于"生变"与"通化"。贾谊将"变"分为三个层次，其一为"道之变"，指的是"道"在虚阔中的变；其二为"道因德而变"，指的是"道"因"德"而由虚阔之变转化为创生之变，并因变而生发"六理"；其三为"神生变"，指的是"道德之神"集气为"性"后，由"性"裹挟"道、德、神、气"而产生的变化。在"德"的层次，"六理所以为变而生也"，而在"神"的层次，"变化无所不为，物理及诸变之起，皆神之所化也"。可见，"变"在逻辑层次上分而为三，其实仍是一。在功用的显发上，"变"历经了三个层次而使"道"变得愈来愈具体，愈来愈迫近现实世界。这与贾谊在《道术》中通过"本末皆道"表达的"道"以现实世界为归依的思想是一致的。如何理解"通之

---

① 参见汤可敬《说文解字今释》（上），岳麓书社 1997 年版，第 960 页。

② （清）阮元校刻：《十三经注疏·周易正义》，中华书局 1980 年版，第 81 页。

以化"呢？关于"化"，《周礼·春官·大宗伯》云："以礼乐合天地之化、百物之产。"郑玄《注》云："能生非类曰化。"① 即"化"是强调"神"之变虽然能够产生事事物物之理，但是"神"并不执着于某一理，不以此"理"妨害彼"理"，而是协同万理，使"道"之行一致而百虑，殊途而同归。最后，从"神者，道、德、神、气发于性也"可以看出，"神"其实就是"性"的作用，这与先秦哲学，尤其是孟子、庄子哲学中以"神"作为"心"的作用的思想有很大的区别。这一点已被徐复观明确地指出。② 经先秦哲学发展起来的"心"的哲学，在贾谊这里却暗而不彰。不仅在贾谊这里如此，甚至整个西汉时期，关于"心"的哲学都没有达到先秦时期的高度。③

在先秦哲学中，"心"作为能动的主体，具有兼知兼行、打通内外的功能。不同的是，在贾谊的思想中，"心"的这些功能是由"性"之"明"来显现的。关于"明"，贾谊在《道德说》中解释道：

> 光辉谓之明。……明生识，而通之以知。
>
> 明者，神气在内则无光而为知，明则有辉于外矣。外内通一，则写得失，事理是非，皆职于知，故曰："明生识，而通之以知"。

---

① （清）阮元校刻：《十三经注疏·周礼注疏》，中华书局 1980 年版，第 763 页。

② 徐复观指出："性是道德凝聚于人形之内，而为神与气之所会，此在孟子、庄子，则称之为心。神即是庄子所说的'精神'；'精'指的是心，'神'指的是心的作用。贾生则以神为性的作用。"参见《贾谊思想的再发现》，载《两汉思想史》（卷二），台湾学生书局 1987 年版，第 166—167 页。

③ 尽管西汉时期对"心"的讨论没有达到先秦时期的高度，但却是经由暗而不彰到渐渐崛起的发展，在西汉初年贾谊的哲学中，几乎没有"心"的空间。而在西汉中期董仲舒的哲学中，"心"的哲学已然抬头，不过董子论"心"是从"栊众恶"（《春秋繁露·深察名号》）的消极功能层面说的，对此徐复观评价说："没有从认知的方面显示出来，也没有从道德方面显示出来，较之孟、荀，都缺乏主宰的力量。"参见《两汉思想史》（卷二），台湾学生书局 1987 年版，第 400 页。而到了西汉末年，扬雄对"心"的讨论继承了先秦儒学的相关思想，可谓是兼及外在的认识心与内在的道德主宰心两层意思，如《太玄·玄告》云："玄者，神之魁也。天以不见为玄，地以不形为玄，人以心腹为玄。"又《法言·问神》："或问神，曰：心。请问之，曰：潜天而天，潜地而地。天地神明而不测者也，心之潜也，犹将测之，况于人乎？况于事伦乎？敢问潜心于圣，曰：昔乎仲尼潜心于文王矣，达之。颜渊亦潜心于仲尼矣，未达一间而。神在所潜而已矣。"

以玉来比喻,"明"就是玉所焕发出的熠熠光辉。贾谊对"明"的设定有两层意思:一方面,道德智慧深藏于内为"神",德性之光照察于外则为"明"。贾谊在论"性"时指出,"性立,则神气晓晓然发而通行于外矣,与外物之感相应",即在"性立"的基础上,"神气"势必要实现由内向外的突破,如此才能打通内外、人我,使实存世界在"道、德、神、气"的基础上发生联系。而当未发之时,则"神气"只能是未晓无光的状态。尽管无光,但是"神气"却具备能够通达于外的"智",只是"神气"未发时的"智"处于隐而未显的状态。而当"神气"晓然发之于外、与外物相接之时,则隐而无光的"智"就转化为显而有辉的"明"。因此,"明"是"神气"向外的显豁。另一方面,当"性立""神气"发于外时,就能够实现"外内通一"。所谓"外内通一",是在人之性、物之性显立的基础上,通过"神气"建立起来的。人性的显立,就是"道德之智"显发为"道德之明",物性的显立,就是物之理的呈现。"道德之明"照察众物之理,则能够衡定得失,鉴别是非,使内外通达无碍,从而能实现"外内通一"。由此也可以看出,人性如果要显立,要实现更高层次的觉解,就必须要通过"道德之神气"与外在的世界交接。在这个意义上,外界的事事物物并非是与"我"直接对立的,而是通过自性的显立,自我的敞开可以建立"外内通一"的一体关系。需要说明的是,这里的"知",当训为"智",指的是内在的智慧,"识"则是智慧与外界接触而形成的判断、智识。而徐复观则认为贾谊是将知识分为"知"与"识",以识为识见,为有意义的判断;而以知为认知。① 这种观点显然是以"知识"的现代语义来解读贾谊对"知"与"识"的理解,这是不能成立的。

"神"是"道""德""神""气"发之于"性"而生变化,即"神"不仅是"道"向下落实、贯注的重要环节之一,而且还表现为"性"的作用。"神生变",事事物物之理都是由"神"而生。在"道"的创生环节中,"明"是仅次于"神"的环节。"明生识","明"能够打通内外,形成智识,实现主体在人性上更高层级的觉解。"明"所识见的事理都是

---

① 徐复观:《贾谊思想的再发现》,载《两汉思想史》(卷二),台湾学生书局1987年版,第167页。

由"神"之变化而成之理。就人而言,"神"所变生的事事物物之理虽然在"道、德、神、气"的基础上是通一的,但是外在于人的事事物物与人之间毕竟有明显的界限与分别。而这种界限只有通过内在于人的"道德神气"显发于外,与物相接,即通过"智"而明察事事物物之理才能突破,实现真正的"外内通一"。因此,同"神"一样,"明"不仅是"道"之凝聚、集结的一个重要环节,而且是"性"的作用之一。综合而论,"神明"在贾谊的哲学中有两层意思:其一,"性""神"与"明"是"道"创生万物的三个环节,这表明"神""明"有本体的意义;其二,"神"与"明"均表现为"性"的功用,这说明"神""明"又有本体之用的意义,在"用"的意义上,二者可以合用为"神明"。

根据"神"与"明"的这两层含义,可以进一步分析贾谊"神明"观的哲学史意义。

首先,如何定位作为"道"之创生序列中的"神"与"明"呢?"神明"的概念在先秦典籍中不胜枚举,丁四新曾将"神明"的语义内涵归纳为五点:一是指外在于人的神灵实体。二是指人物内含的作为生命力或灵性根源的东西,简单说即精神。三是指就其功能而言其神妙的作用。四是指境界层面的灵通透达与仙化。五是指作动词用时,神明乃以神性发明德性之谓。同时,在他看来,这些语义在文本中常常交互在一起,不可分析太过。① 尽管"神明"的语义十分丰富,但是像贾谊这样将其作为

---

① 对"神明"的语义归纳是建立在对"神明"的考源基础之上的。今古文《尚书》"神"字凡25见,"明"字凡118见,其中神明组词仅1见。《尚书·君陈》云:"至治馨香,感于神明。"《左传·昭公七年》记子产之言曰:"人生始化曰魄,既生魄,阳曰魂。用物精多,则魂魄强,是以有精爽,至于神明。"《国语·楚语》云:"昔殷武丁能耸其德,至于神明。"帛书《经法·明理》言"神明"凡三见:"道者,神明之原也。神明者,处于度之内而见于度之外者也。……神明者,见知之稽也。"《易传》神明组词有多例,《系辞》云:"圣人以此斋戒,以神明其德夫";"神而明之存乎其人";"于是始作八卦,以通神明之德";"以体天地之撰,以通神明之德"。《说卦》云:"幽赞于神明而生蓍。"帛书《易之义》此句作"□赞于神明而生占也",又云"则文其信于,而达神明之德也"。帛书《缪和》云:"天之道□高神明而好下。"《庄子》一书"神明"凡6见,《天道》云:"天尊地卑,神明之位也。"《知北游》云:"今彼神明至精,与彼百化。"《天下》云:"配神明,醇天地……寡能备于天地之美,称神明之容……淡然独与神明居……天地并与,神明往与。"《管子》一书"神明"多见,如《心术上》云:"独则明,明则神矣。"又云:"洁其宫,开其门,去私勿言,神明若存。"如《内业》云:"神明之极,照乎知万物。"其他如《礼记》《荀子》《鹖冠子》等书皆有所见。参见丁四新《郭店楚墓竹简思想研究》,东方出版社2000年版,第105—106页。

"道"由无形之虚向下落实的两个环节的用法则不多见。类似的材料仅见于新出土文献郭店楚简中的《太一生水》。[①] 该篇描述宇宙创生历程是:

> 太一生水,水反辅太一。是以成天。天反辅太一,是以成地。天地(复相辅)也,是以成神明。神明复相辅也,是以成阴阳。阴阳复相辅也,是以成四时。

一方面,在《太一生水》篇中,"神明"是由"太一"演化的宇宙生成体系中仅次于天地的一环。而这里所谓的"相辅",不是就天与地、神与明、阴与阳之间的相互作用而言,而是就天地、神明、阴阳作用于太一而言。[②] 而由于"天地""阴阳"都是异质并列作用于"太一",所以"神明"也应该是两个异质的概念。[③] 虽然"神明"实质上是两个异质的概念,但是在"太一"的演化历程中却是一个阶段,而不是像贾谊一样将"神""明"设定为"道"之创生历程的两个环节。并且,在贾谊的哲学思想中,"神""明"虽然代表着"道"之生化历程的两个不同环节,但是"神"与"明"并不是两个异质相对的概念。

---

① 丁四新指出《庄子》《礼记》《鹖冠子》等书中的相关材料与此有暗合之处。如《庄子·天下》云:"神何由降,明何由出?皆原于一。"神明原于一,一为太极否?理所当然,然证据不直接。《礼记·礼运》云:"是故夫礼,必本于大一,分而为天地,转而为阴阳,变而为四时,列而为鬼神。其降曰命,其官于天也。"这是典型的儒家说法,然其中亦缺"神明"一环。不过,在丁四新看来,"神明"与鬼神有相通的一面。参见丁四新《郭店楚墓竹简思想研究》,东方出版社 2000 年版,第 107 页。

② 丁四新指出,"相辅与反辅,其所辅者主要是就太一的作用而言,太一的作用总是需要物之辅佐才能发生或维持其作用的,太一即物而存在。"又丁在注释中指出:"相辅"与"反辅",是两种宇宙生成论的作用形式。"反辅"的语义学术界没有争议,但"相辅"的内涵恐与时论相左。"相"有互相、辅助及表动作的偏向作用三义,有一种意见认为简书"相辅"之"相"即是"互相"义,恐有误。仔细推敲简书,似应作后二义解较当。所谓"相辅"亦是针对太一的作用而言的。参见《郭店楚墓竹简思想研究》,东方出版社 2000 年版,第 88 页、第 120 页注⑦。

③ [美]艾兰认为"神、明是一对,而不是一个词。"见氏著《太一·水·郭店〈老子〉》,载武汉大学中国文化研究院编《郭店楚简国际学术研讨会论文集》,湖北人民出版社 2000 年版,第 527 页。许抗生指出"神明应指神和明,与天地、阴阳相对应"。见氏著《初读〈太一生水〉》,载陈鼓应主编《道家文化研究》(第十七辑),生活·读书·新知三联书店 1999 年版,第 312 页。[法]贺碧来也认为"因为是一对,应该读为'神'和'明'。"载陈鼓应主编《道家文化研究》(第十七辑),生活·读书·新知三联书店 1999 年版,第 334 页。

另一方面,《太一生水》对于"神明"的内涵究竟是什么没有作进一步的说明,①由于该篇提供的语境不足,因此也难以深究。不过,可以确定的是,《太一生水》中"太一、水、天地、神明、阴阳、四时"的宇宙生成论模式与贾谊哲学中"道、德、性、神、明、命"的"道"的创生模式显然是两条不同的路径。《太一生水》中"神明"更加偏重于外在于人的神灵实体的含义,而贾谊《道德说》中的"神"则更加侧重于人物内含的作为生命力或灵性根源的意义,"明"则侧重于"神"性的显发,"神明"同为"性"的作用。因此,可以说在《太一生水》中,"神明"是宇宙生成论模式中的一个环节,而在贾谊的《道德说》中,"神"与"明"则是本体向下落实、贯注的两个环节。

其次,在先秦哲学中,认知、识道的功能都由"心"来承担,在孟子、庄子、荀子的哲学中都是如此。而在荀子的哲学中,"神明"与"心"的关系才被直接揭示出来。《荀子·解蔽》云:

> 人何以知道?曰:心。心何以知?曰:虚壹而静。……人生而有知,知而有志;志也者,臧也;然而有所谓虚;不以所已臧害所将受

① 关于楚简《太一生水》中"神明"含义,众说纷纭。大致有以下六种观点:一、认为"神明"是指神祇或神灵。以李零、邢文为代表。分别参见李零《读郭店楚简〈太一生水〉》,载陈鼓应主编《道家文化研究》(第十七辑),生活·读书·新知三联书店 1999 年版;邢文《论郭店〈老子〉与今本〈老子〉不属一系——楚简〈太一生水〉及其意义》,载《中国哲学》编辑部、国际儒联学术委员会编《中国哲学》(第二十辑郭店楚简研究),辽宁教育出版社 2000 年版。二、认为《太一生水》之"神明"是指"道神妙作用"或"天地的功能"。持这种观点的学者最多,也可以说,这是对《太一生水》之"神明"最普遍的解释。以庞朴、彭浩等为代表。见庞朴《"太一生水"说》,载《中国哲学》编辑部、国际儒联学术委员会编《中国哲学》(第二十辑郭店楚简研究),辽宁教育出版社 2000 年版;彭浩《一种新的宇宙生成理论——读〈太一生水〉》,载武汉大学中国文化研究院编《郭店楚简国际学术研讨会论文集》,湖北人民出版社 2000 年版。三、认为《太一生水》的"神明"是指"精气"。以许抗生、魏启鹏为代表。见许抗生《初读〈太一生水〉》,载陈鼓应主编《道家文化研究》(第十七辑),生活·读书·新知三联书店 1999 年版;魏启鹏:《〈太一生水〉札记》,《中国哲学史》2000 年第 1 期。四、认为《太一生水》之"神明"是指日月。以王博为代表。见氏著《美国达慕思大学郭店〈老子〉国际学术讨论会纪要》,载陈鼓应主编《道家文化研究》(第十七辑),生活·读书·新知三联书店 1999 年版。五、认为《太一生水》之"神明"指的是"昼夜"。参见赵卫东《〈太一生水〉"神明"新释》,《周易研究》2002 年第 5 期。六、认为《太一生水》之"神明"是"天地之德",其本质是"生机"。参见郭静云《先秦易学的"神明"概念与荀子的"神明"观》,《周易研究》2008 年第 3 期。

谓之虚。心生而有知，知而有异；异也者，同时兼知之；同时兼知之，两也；然而有所谓一；不以夫一害此一谓之壹。心卧则梦，偷则自行，使之则谋；故心未尝不动也；然而有所谓静；不以梦剧乱知谓之静。未得道而求道者，谓之虚壹而静。……心者，形之君也，而神明之主也，出令而无所受令。

　　由此可以看到荀、贾二子关于"何以知"问题的不同观点。其一，就"知"的主体而言，荀子以"心"为识道的主体，这是对先秦"心"哲学发展、总结的结果。而贾子则以"性"为认知的主体。其二，在荀子哲学中，"心"之所以能够识道，是因为"心"具备"虚""壹""静"三个基本特质。而在贾子哲学中，认知的形成是由于"道德之神气"由内及外发动的结果。其三，荀子在论"心"与"神明"的关系时指出，"心者，形之君也，而神明之主也"。而问题是，此处"神明"的含义是什么？"神明"在《荀子》别处一般指外在于人的一种灵性的实体。① 而从"心""形""神明"的关系来看，这里的"神明"应该指内在于人的一种精神。"心"是"神明"的主宰，是否就意味着"神明"是由"心"发出的呢？② 或者说"神明"是"心"的作用呢？可以确定的是，在荀子的思想中，通过"心壹"的工夫可以做到"神明自得"，但不能断定"神明"就是"心"的作用。而在贾子的哲学中，"道德之神气"的晓然显发与"神气"明而有辉于外，与物相接，都是在"性立"前提下产生的。并且在贾子的哲学中，人之所以能够认识外物形成智识，其根本原因在于万物之理都是"神生变"的结果，即万物都是"道、德、神、气"之发的结果。因此，在"性立"的前提下，在万物皆有"神气"的基础上，人之智识的形成就略去了"心"的参与作用，而问题是"性"之显

---

　　① 除《解蔽》外，《荀子》论及"神明"的文本还有，《劝学》："积土成山，风雨兴焉；积水成渊，蛟龙生焉，积善成德，而神明自得，圣心备焉。"《儒效》："并一而不二，则通于神明，参于天地矣。"《王制》："圣王之用也：上察于天，下错于地，塞备天地之间，加施万物之上，微而明，短而长，狭而广，神明博大以至约。故曰：一与一是为人者，谓之圣人。"《议兵》："谨行此六术、五权、三至，而处之以恭敬无圹，夫是之谓天下之将，则通于神明矣。"《强国》："百姓贵之如帝，高之如天，亲之如父母，畏之如神明。"

　　② 《黄帝内经·素问·灵兰秘典论》云："心者，君主之官也，神明出焉。"

立是通过什么表现出来的呢？这在贾子的哲学中并没有得到进一步的阐明。

再次，就"性"之作用表现为一种智识功能而言，可以进一步将贾子关于"神明"的思想与《黄老帛书》的相关思想进行比较。帛书《经法·名理》篇云：

> 道者，神明之原也。神明者，处于度之内而见于度之外者也。处于度之（内）者，不言而信。见于度之外者，言而不可易也。处于度之内者，静而不可移也。见于度之外者，动而不可化也。静而不移，动而不化，故曰神。神明者，见知之稽也。

可以看出，帛书界定了"神明"的三个特性：其一，"神明"以"道"为本原。其二，"神明"有"处于度之内"和"见于度之外"之别。其三，"神明"是认识的基础。就第一、三两个特性而言，贾谊与《黄老帛书》的观点基本相近。而第二个特性则最能代表帛书作者的思想特色。如何正确理解"度"的含义是切实把握帛书"神明"之第二个特性的关键。关于"度"，余明光以心释之。① 此论不妥。因为《经法·名理》篇接着说道：

> 莫能见知，故有逆成，物乃下生，故有逆刑，祸及其身。养其所以死，伐其所以生，伐其本而离其亲……三者皆动于度之外而欲成功者也，功必不成。

这里的"三者"具体指哪三者，不甚明晰，但结合上下语境来看，此"三者"必然与违反人物自然之性的行为相关。因此，"度之外"就可以理解为"性之外"，"度"即是"性分"的意思。在这个意义上，第一，帛书论"神明"的作用就表现为性内与性外两个方面。所以，就"性"与"神明"的关系而言，帛书与贾谊的思想有相似之处。第二，帛书认为当"神明"处于性分之内时，是不会被外物扰乱和动摇的，当

---

① 余明光：《黄帝四经今注今译》，岳麓书社1993年版，第79页。

"神明"见于性分之外时,就会随物而动,但不会被物所化。"神明"之"神"也就体现在"静而不移,动而不化"。而在贾谊的思想中,"神生变,通之以化"却是"神"的特性之所在。第三,帛书所谓"神明者,见知之稽也"是就"神明"认识到"性分"之所在,从而通达道体而言的。贾谊的思想则表现为,在"自性"显立的情况下,通过"神明"认识万物之理,从而形成智识,实现"内外通一"。不难看出,帛书的"神明"思想是为坚守"性分之内"的工夫服务的,而贾谊的"神明"思想则表现为在"自性"显立之后的外扩与通达,由此也可以看出,贾谊的道德思想虽然受到黄老道家思想的影响,但二者的分际也十分明显。

最后,虽然与荀子、楚简《太一生水》及同时期的黄老道家的相关思想相比,贾谊的"神明"观表现出他独特的思想个性,但并非是特立独行、无所承继的。只不过贾谊之后的儒者在论"神明"时已经将"神明"的作用恢复到"心"的功能之下。如董仲舒《春秋繁露·天地之行》云:"至贵而无敌,若心之神无与双也……亲圣近贤,若神明皆聚于心也",又《人副天数》云:"心有哀乐喜怒,神气之类也"。只是董子所谓的"神气"与贾子所谓的"道德神气"在内涵上有所不同。

(五)命:礜乎坚者谓之命与命生形

"六理"之中,"命"是"道"最后的凝定状态,也是"道"之创生历程的最后环节。《新书·道德说》云:

> 礜乎坚者谓之命。……命生形,而通之以定。
>
> 命者,物皆得道德之施以生,则泽润;性、气、神、明及形体之位分、数度,各有极量指奏矣。此皆所受其道德,非以嗜欲取舍然也。其受此具也,礜然有定矣,不可得辞也,故曰命。命者,不得毋生,生则有形,形而道、德、性、神、明因载于物形,故曰:"礜坚谓之命","命生形,通之以定"。

"礜",石名。"极量",限量之义。"指奏",《淮南子·原道》有云:"趋舍指凑。"高诱《注》曰:"指,所之也;凑,所合也。指凑,犹言行止也。"① 钟夏分析道："极量应上数度，指奏应上位分，此谓位分举措之度。"② 据此，所谓"命"即是：首先，"六理"之中，虽然"道"之泽，"德"之润，"性"如胶，"神"不可物效，"明"有光辉，但是这五者毕竟是无方所、无定形的。而"道"之创生历程的最终完成，必须要由确定的形体来承载"道"的特点，现实世界必然是有形的世界。在贾谊的思想中，形上之"道"向有形世界的落实是由"命"来完成的。但是"道""德""性""气""神""明"之散于万物，并不是一视同仁、等量布施的，而是按照万物形体的位分、数度的不同而有相应的度量。"位分"是就事物的种类而言，"数度"则是就同类事物的不同体貌而论。如此，则万物不仅有类的不同，而且同类物体之间又有不同的呈现状态。现实世界的一切都会按照一定的位分、数度各得道、德、性、气、神、明之宜。其次，万物的位分、数度都是由道德分化而成，所生成之物无法根据自身的好恶嗜欲而有所取舍，这就是所谓的"命定"。由此可见，贾谊所谓的"命定"蕴含两方面的意思，一方面指形体的位分与数度是特定的，另一方面指"道德"施化于万物的位分与数度是"道德"自然流行的结果，万物不能有所取舍或推辞，即在"受命"的意义上，万物无法让自身的意志参与其中。否则，使一己之好恶掺杂其中，就是不知命的妄为，就是庄子所谓的"不祥"③ 之兆。最后，"命"是生命呈现的关键。无"命"，则"道、德、性、神、明"只能在无形的世界中扭转；有"命"，则"道"方能开显有形世界。在贾谊的思想逻辑中，有"命"则有"生"，有"生"则有形，有形则"道、德、性、神、明"之理尽载于物之形体。因此，万物皆有"德"之"六理"，但是万物又因各自的数度、位分的不同，又各有其自身之理。万物顺应自身之理，通神明之化，得道德之原，则能各正其性命。

在此基础上，可以进一步分析贾谊"命"论的特点。

第一，与先秦儒家将"命"的存在根源追溯于天的传统不同，贾谊

① 《淮南子》，载《诸子集成》（七），中华书局1954年版，第9页。
② 阎振益、钟夏校注：《〈新书〉校注》，中华书局2000年版，第335页注五四。
③ 《庄子·大宗师》载："今之大冶铸金，金踊跃曰：'我且必为镆铘！'大冶必以为不祥之金。今一犯人之形而曰：'人耳！人耳！'夫造化者必以为不祥之人。"

对"命"的界定始终与"道德"相连,"命"的根源在"道"。将"命"与"道"联系在一起,说明贾谊的思想受到了道家思想的深刻影响。然而,贾谊认为"命者,皆得道德之施以生",即他将"道德"与万物的生命紧密地关联在一起。这表明他将"命"与"道"相联系的思想虽然在表象上类似道家的思想性格,但在实质上,他摒弃了"道"之"天地不仁,以万物为刍狗"(《老子》第五章)的特征,而肯定"道德"之于"生"的根本意义。

第二,通过厘清"道""命""生""形"四者之间的关系,能够更加清晰地呈现贾谊"命"论的特点。万物皆有"命","命"得道德的施化而"生",有"生"之物必有各自的形体。因此,在贾谊的"命"论中,他不仅通过"命"肯定了"道德"之于"生"的意义,而且试图解答为什么世间万物各有其形的问题。即万物之间形体的差异是由于所得道德之施的位分、数度的不同造成的。先秦哲学很少有对万物差异性原因的追问,儒家一般只涉及人、物之别,其目的在于凸显人的道德性与使命感,道家虽有"道生一,一生二,而生三,三生万物"的宇宙生成论,但是其目的不在于解释世界的多样性,而是强调"归根""道通为一"的意向。与贾谊时代相仿的《大戴礼记》试图追问万物不同的原因,《易本命》云:"子曰:'夫易之生人、禽兽、万物、昆虫,各有以生。或奇或偶,或飞或行,而莫知其情,惟达道德者,能原本之矣。'"可见,《易本命》的作者虽然追问了万物不同的原因,但其追问之目的仍在于"原本"。"原本""达道"可谓诸家思想的一致追求,而问题在于如何通过"原本"而使"道"落实到现实世界?对现实世界的肯定无疑是将"道"融进现实世界的前提条件。在贾谊的思想中,"道"必须要落实于现实世界才能开显"道"之用,而"道"向现实世界的落实必须经过"命"的环节,而"命"又是导致现实世界"吹万不同"的原因所在。

第三,通过与《庄子·天地》的"命"论及汉代"三命"思想的比较,可以更加深入地探究贾谊"命"论的思想渊源。

> 泰初有无无,有无名;一之所起,有一而未形。物得以生谓之德;未形者有分,且然无间谓之命;留动而生物,物成生理谓之形;形体保神,各有仪则,谓之性。性修反德,德至同于初。(《庄子·

天地）

　　人始生有大命，是其体也。有变命存其间者，其政也。（《春秋繁露·重政》）

　　命有三科以记验，有寿命以保度，又遭命以遇暴，有随命以应行。（《白虎通·寿命》）

　　《庄子·天地》的思想逻辑是"一"—"德"—"命"—"形"—"性"。"一"就是"道"，万物得"道"而生。当万物尚未成形之时，已经有各自的位分，并且慜然无间，不能改变。①贾谊的生成论与此十分相似。不同之处在于，贾谊的生成序列表现为"道"—"德"—"性"—"神"—"明"—"命"—"形"。即《庄子》的生成论显示为由"道"经"德"到"命"的直接过渡，"性"在"命"定"形"成之后，"命"对"性"有决定意义。而贾谊的生存论则在由"道"经"德"至"命"的过程中，嵌入了"性""神""明"三个环节，"性"在"命"先，"性"对"命"有某种程度的决定作用。"命"对"性"有决定意义，进而表现为"安命"而"达性""反德"。"性"对"命"的决定意义则表现为"有性焉，君子不谓命也"（《孟子·尽心下》）的思想内涵。

　　贾谊之后，汉代的思想家对"命"有广泛的讨论，《白虎通·寿命》之"命有三科"的思想是汉代"命"论的成熟观点。所谓"命有三科"指"命"有寿命或正命、随命、遭命三种表现形式。寿命或正命是最理想的表现形式，随命主要与主体后天的修养工夫有关，可上可下，可长可短，遭命则主要与后天的客观条件相关。董仲舒所谓的"大命"也就是正命，而"变命"则主要就随命与遭命而言。可以看出，无论是董仲舒的"大命""变命"思想，还是《白虎通》"命有三科"的观点，都是就"命"的实践结果而言的。这与贾谊的"命"论显然有层次上的不同。贾谊是在"道"得以实现、万物得"生"、成"形"的意义上立论的，"命"是形上意义的，而对"命"在后天的实现形式没有具体地讨论，但他并不否认形上之命对"命"的后天表现形式的制约作用。董仲舒所谓的"变"、《白虎通》所谓的"随""遭"都是指后天的表现形式相对于

----

① （清）郭庆藩：《庄子集释》，载《诸子集成》（三），中华书局1954年版，第190页。

形上之"命"的偏离。因此可以说，贾谊是在生存论的意义上论"命"，而董仲舒与《白虎通》对"命"的讨论则是在反思"命"的后天表现形式的基础上展开的。

（六）小结："六理"之间的关系

"德有六理"是贾谊哲学的一个重要命题。"六理"充分展现了"道"由无形到有形、由虚到实的创生历程。这个创生历程虽然由"道"展开，但却通过"德之六理"表现出来，并且"道"也是"德"之一理。对"德"的强调意味着贾谊虽然以"道"作为实存世界的形上根据，但他更加注重"道"在现实世界中的应用，因此他认为"道虽神，必载于德"，即"道"如果没有凝聚为"德"，那么"道"的神妙功用就没有着落，因而也不能实现创生之变。《老子》第三十八章云："失道而后德。"即认为在文明的进程中，对"德"的强调其实是"道"之失落的表现。而在贾谊的思想中，"德"在生成论意义上是"道"向下的凝结，而在生存论的意义上，"道"也必须下贯，即"道"必须要通过"德"才能在现实世界中扭转。那么什么是"德"呢？在贾谊看来，"德"是使"道"由无到有的存在，"道"的创生之变皆是因为有"德"才得以实现。"德之六理"是"道"逐渐凝结、形成生化之效的必然环节。"六理"之中，"道通空窍"，"道"在凝聚为"德"之前，以"虚"为本，正因为"道"虚，所以才有生"实"的可能。"德生理"，"道"要实现创生之化，必须要分化到"德之六理"之中，而"德之六理"又分化到万物之中。"性生气"，"性"是"道德神气"的集聚，道德造物必须要经过"性立"的环节。"神生变"，"神"是"道""德""神""气"发于性的结果，也是"性"的作用，由"德"而生"六理"，由"性"而化及诸生之理。"明生识"，"明"是"道德神气"外显的结果，也是"性"的功用之一。由"神"所变及的诸生之理，只有通过主体内在之智显发于外，与物相接，才能形成主体的智识，以成"外内通一"之效。"命生形"，"道"之创生历程的最终完成，必须要有确定的形体来承载"性""气""神""明"之理，"命"就是万物得"生"成"形"的最后环节。贯通来看，"德之六理"中的每一理在"道"的创生链条上都有各自的功用，并且从"道"以后，每一理的功用都是集合此前之理而成的，即"德生理"是由于"道"之神载于"德"促成的，"性生气"是"道德之神"抟聚的结果，"神生变"因"道""德""神""气"发于"性"而成，"明生识"是"神气"有辉于外使然，"命生形"乃是"道德"之施，"性""气""神""明"按照形体的位分、数度自然分配的结果。因此，"德之六理"中每一理都不是孤立的一理，而是彼此联系、相因相成的；每一理的功用也不是独立施展的，而是"德之六理"并用以成生化之功，也就是在这个意义上，贾谊说："诸生者，皆生于德之所生。"

二 "德有六美"说论析

贾谊"德有六理"的思想是从生成论的角度阐发"道"的创生历程，即"道"的创生历程是通过"德"之"六理"展开的。因此，"德"之"六理"是天地、人、物存在的内在理则与条件，这是在"道"之创生事实的意义上立论的。在贾谊的思想中，"道"的生化历程还表现出特定的价值原则，这是通过"德有六美"的命题揭示出来的。

（一）分论"六美"

在贾谊的道德论中，"德有六理"是他的创发之处。虽然先秦诸子关于六理中的个别概念都有论述，但是贾谊是将六理整合在一起并详细论述的第一人，因此可以说贾谊扩大了道德性命论的范围。其实，贾谊道德论的创新之处并不止于此，他关于"德有六美"的论述亦富有新意。《新书·道德说》云：

> 德有六美，何谓六美？有道、有仁、有义、有忠、有信、有密，此六者德之美也。道者，德之本也；仁者，德之出也；义者，德之理也；忠者，德之厚也；信者，德之固也；密者，德之高也。
> 物所道始谓之道，所得以生谓之德。德之有也，以道为本。故曰："道者，德之本也"。德生物又养物，则物安利矣。安利物者，仁行也。仁行出于德，故曰"仁者，德之出也"。德生理，理立则有宜，适之谓义。义者，理也。故曰："义者，德之理也"。德生物，又养长之而弗离也，得以安利。德之于物也忠厚，故曰："忠者，德之厚也"。德之忠厚也，信固而不易，此德之常也。故曰："信者，德之固也"。德生于道而有理，守理则合于道，与道理密而弗离也，故能畜物养物。物莫不仰恃德，此德之高，故曰："密

者, 德之高也"。

所谓"德有六美"指的是"德"所内涵的道、仁、义、忠、信、密六种特性, 即"德"以道为本, 以仁为出, 以义为理, 以忠为厚, 以信为固, 以密为高。何谓"道者, 德之本"呢? 贾谊说: "物所道始谓之道, 所得以生谓之德。德之有也, 以道为本。"万物皆始于"道", 所谓"德", 是就得"道"以生而言。"德"虽有"六理""六美", 是现实世界的存在依据, 但是如果没有"道"作为"德"的根本, 那么"六理""六美"的创生价值也就无从开显。"道"为万物之本, 这是古已有之的通识。在贾谊的"道德"论中, "道"的功用都是通过"德"来实现的, 因此他思想的重点集中在"德"的特性上面, 但他并不能因为对"德"的凸显就否定"道为万物的本源"这个中国哲学的基本命题。不过, 贾谊论"道"的意义似乎也仅限于此①, 即通过"道"的根源性来确认"德"之"六理""六美"的普适性、贯通性。

何谓"仁者, 德之出"呢? 贾谊解释说: "德生物又养物, 则物安利矣。安利物者, 仁行也。仁行出于德。""道"之所以是"德"之一美, 是因为"道"保证了"德"的有根性。虽然"归根"是"德"之作用的一个目的, 但在贾谊的思想中, "德"的主要意义乃在于生养万物, 而不是向"道"的复归。"德"生养万物, 使万物各安其命, 各利其行, 这是因"德"行"道"的必然之义。由此也可以进一步确认, 贾谊的"道德"论没有停留在"天地不仁, 以万物为刍狗"的思想层面, 而是在生成论的基础上反思出"利用安身, 以崇德也"② 的崇德之行及"以美利利天下"③ 的仁行之美。因此, 贾谊将"仁"作为"德"之行的思想标志着他的"道德"论的儒家性格。在"德"之"六美"之中, "仁"是"德"向外显发的关键环节, 其他四美的价值都是依托于"仁"而彰

---

① 贾谊的哲学思想融摄儒道, 而归宗于儒, 但是他又无法回避"道"的本源特性。因此, 他对"德"尤其重视, 虽然道家也尊道贵德, 但是道家崇尚德是道之无为属性, 而贾谊则凸显"德"之有为特性。所以, 在他的"道德"论中, "道"凝定成"德"后, "德"的意义遽然彰显, 而"道"的意义反而隐匿了。

② 《易传·系辞上》。

③ 《易传·文言》。

显的。

关于"义者,德之理也",贾谊指出:"德生理,理立则有宜,适之谓义。义者,理也。"可见,贾谊是在"德生理"的基础上讨论"义"的。"德有六理","六理"是万物的生成条件。因此,万物皆有"德"之"六理","六理"得立,次序井然,不相紊乱,则能裁制事物,使之合宜,顺理适行。合宜就是"义"。因为是在"理立"前提下的合宜,所以又可以说"义者,理也"。"德"之生物养物、安利万物,这是仁行之美。"德"之仁行的展开必然要根据万物自身的理则而实现生养安利之功。依据万物自身的理则使万物各正性命就是"义"。

关于"忠者,德之厚也"与"信者,德之固也",贾谊分别指出:"德生物,又养长之而弗离也,得以安利。德之遇物也忠厚","德之忠厚也,信固而不易,此德之常也"。可见,"忠"蕴含两方面的意思:一方面"德"要忠于自己的仁德之行,生养万物,健行不已;另一方面"德"要忠于所生之物,厚德载之,不离不弃。而忠厚之德常行不易,就是"信"。

如何理解"密者,德之高"呢?贾谊说道:"德生于道而有理,守理则合于道,与道理密而弗离也,故能畜物养物。物莫不仰恃德,此德之高也。"此处"密"有两层含义:一是密切,指"德"与"道理"的密切关系,二者不相分离;二是崇高、高贵。《说文》山部曰:"密,山如堂者。"段《注》曰:"土部曰:'堂,殿也。'释山曰:'山如堂者,密。'郭引尸子:'松柏之鼠不知堂密之有美枞。'按:密主谓山,假为精密字而本义废矣。"① 可见,"密"之本义指如同殿堂一样的山,有像山一样崇高的意思。② 综合此二义来看,"德"由"道"而生,又有"六理"作为生养万物的依据,"德"的这种上达于"道"下通于"理"的特性,是畜养万物的根本原因。"德"以仁义生养万物,万物仰恃仁义之德得以安利。因此,"密"是就"德"与"道理"的关系而言,而"高"是就万

---

① (清)段玉裁:《说文解字注》,上海古籍出版社 1988 年版,第 439—440 页。
② 关于"密"的注释,钟夏认为,"《说文》:'密,堂也。'《释名·释宫室》:'堂,犹堂堂,高貌。'"参见阎振益、钟夏校注《〈新书〉校注》,中华书局 2000 年版,第 336 页注六五。虽然此处的"密"有崇高的意思,但钟夏的结论是误引《说文》而得出的。

物与"德"的关系而言。"德"与"道理"密而弗离的关系，不仅是"德"覆育万物的原因，而且这可以与《系辞》"利用安身，所以崇德也"相互发明。

（二）"六美"之间的关系及"六美"与"六理"的关系

从上面的分析可以看出，"德"之"六美"，由"道"至"密"层层相因、彼此相连，是"德"之行所展现的品德之美。"六美"之中的道、仁、义、忠、信五者与先秦儒家的"德"论基本一致，而将"密"作为"德"之一美，是贾谊"德"论的特殊之处，也是颇为费解的地方。关于这一点，徐复观认为，"此篇（《道德说》）所说的六美，实等于《六术篇》的六行；惟《六术篇》以仁义礼智圣及乐（音洛）为六行，而此处则以道德仁义忠密为六义①，且导入密的观念；由此可以推测，这一体系，尚在贾生构造之中，并未完全成为定案。"② 这虽是推测之语，但也有值得商榷的地方。一方面，《道德说》的"德"之"六美"与《六术》的"六行"并不是对等的关系。因为，"德有六美"与"德有六理"一样，是就"德"与万物的关系而论，而"六行"是就人的修养而言，并且，人之"六行"是"德"之"六理"与"六美"共同作用的结果。因此，徐氏认为"六美"实是"六行"的观点有欠妥当。另一方面，贾谊关于"命者，德之高也"的命题，涉及"道""理""仁"等概念。而从他的阐释中可以看到，"密"之美其实是为了表达具备"道""仁""义""忠""信"之美的"德"所具有的一种崇高的特性。因此，"密"概念的使用是为了通过说明"德"与"道理"的密切关系而表达"崇德"的思想，这与贾谊凸显"德"的思想有着内在的一致性。

在此基础上，我们可以进一步分析"德"之"六理"与"六美"二者之间的关系。这仍然可以从辨析徐复观的观点入手。徐先生指出："德

① 徐先生以道德仁义忠密为"德之六美"，这是因为他以明正德十年吉府本为底本，该本关于"德有六美"的记载是："德有六美，何谓六美。有德、有道、有仁、有义、有忠、有密。"即在"有道"之上是"有德"，而无"有信"。不过，据后文对"六美"的解释来看，"有德"当为衍文，而"六美"之中当有"有信"。参见阎振益、钟夏校注《〈新书〉校注》，中华书局2000年版，第331页注二二。

② 徐复观：《贾谊思想的再发现》，载《两汉思想史》（卷二），台湾学生书局1987年版，第169页。

的六理，皆为创生所必须之条件与性格"，而"德"之"六美""便与人的行为、价值，有不可分的关系。人成形以后，具备了德的六理，也便具备了德的六美，以成就人的行为。"①徐先生关于"六理"的判断是没有问题的，但是他对"德"之"六美"的判断则因为限定"六美"与人的关系而缩小了"六美"的内涵。他认为"六美"即"六行"的观点，无疑也是把"六美"限定为人的行为表现。在贾谊的生成论中，"德"之"六理"是"道"由无形逐步落实凝定的结果，"六理"即是创生所必须的条件与性格，也是"道"的创生历程，在这种意义上，"德有六理"更接近于事实性的陈述。因此，"德有六理"可以说是"道德生物"的表现形式。与《老子》思想不同，贾谊秉承儒家的立场认为这种生物之德就是仁德。"德"生物养物就是仁行之美的表现。"仁"是"德"之"六美"的轴心所在，"六美"中的其他五美都是围绕"仁"展开的。正是"仁"才使得"德"与"物"之间建立了必然的联系，也正是"仁"才使得"德"之"六理"能够环环相扣，实现生化之功。因此，如果说"德"之"六理"是就生成论事实而言，那么"德"之"六美"则是就生成论所蕴含的价值而言，即"德"的变化之理尽显于"德"之"六美"。在这种意义上，"六美"与"六理"只是从不同的侧面显明"德"的功能，二者之间没有本质的区别。贾谊在《道德说》中指出："六理、六美，德之所以生阴阳、天地、人与万物也。"即"德"之"六美"与"六理"并用而为功是天地、人、物得以存在的所以然。由此也可以进一步确认徐复观将"六美"限定在人的行为上，进而与"六行"对等的观点是不妥的。

第三节 "六理生六法"与贾谊的用"六"思想

在贾谊的"道德"论中，"道"是根本，"德"是"道"能够运转的唯一条件。因此，贾谊"道德"论的重心最终落实在"德"上。"德"为什么能够促成"道"的开展呢？这是因为"德"有"六理""六美"

---

① 徐复观：《贾谊思想的再发现》，载《两汉思想史》（卷二），台湾学生书局1987年版，第168页。

这套析而为二、实而为一的生成法则。这套生成法则的内涵具体通过"六理生六法"及"六则备矣"两个命题充分地揭示出来。

一　六理生六法

在贾谊的道德形上学中,"道"是万物的根本,"德"是"道"创生的凭借,"道"通过"德之六理"完成由无到有、由虚到实的创生历程。关于"六理",贾谊说道:

> 德有六理,何谓六理?道、德、性、神、明、命,此六者德之理也。六理无不生也,已生而六理存乎所生之内。是以阴阳、天地、人尽以六理为内度,内度成业,故谓之六法。六法藏内,变流而外遂,外遂六术,故谓之六行。是以阴阳各有六月之节,而天地有六合之事,人有仁、义、礼、智、信之行,行和则乐与,乐与则六,此之谓六行。阴阳、天地之动也,不失六律,故能合六法;人谨修六行,则亦可以合六法矣。(《新书·六术》)

实存世界的一切都是由"德"之"六理"所生的,"德"生成万物之后,不是"为而不恃,长而不宰"(《老子·第十章》),而是散为"六理"作为万物内在的主宰根据。"六理"存于所生万物之中,作为阴阳天地人的内度,这是人物感而遂通的先天依据。因此,"德"之"六理"为人参赞天地以化育万物提供了形上的可能性,这是"德"赋予人的内在属性,因此也是人不可推辞的责任。"内度成业"的"业",《说文》丵部曰:"大版也。所以饰悬钟鼓。捷业如锯齿,以白画之。象其鉏铻相承也。""业"是用来装饰横木、悬挂钟鼓的东西。参差排比像锯齿,用白颜料涂画它,像两层版参差不齐而又互相承接的样子。因此,钟夏训"业"为"次"的观点是可以成立的。[①]"六理"于内,界度分明,次序井然,不相淆乱,并用有功则可以成为内在的生成法则。内在的法则形之

---

① 阎振益、钟夏校注:《〈新书〉校注》,中华书局 2000 年版,第 319 页注五。

于外，则成为"所从制物"的"术"①。可以看出，"术"是"德"之"六理"外显的结果，从根本上说，"术"即是"道"的外显，这从一个侧面也说明了贾谊本末皆道思想的内在一致性。"术"之为物，不可胜述，极而言之，皆源于"德"之"六理"行之于外的"六术"，百变不离其宗，"六术"通行无碍，所以又称为"六行"②。

贾谊在《道德说》中指出"六理、六美，固为所生者法也。""德"之"六理"是万物内在的生成法则，内在的生成法则显豁于外，则形成"六术"，"六术"通行于天、地、人、物，则为"六行"。在此理论基础上，贾谊以"六"为度数，将实存世界的一切事物都纳入他的"道德"论之中。因此他说："阴阳各有六月之节，而天地有六合之事，人有仁、义、礼、智、信之行，行和则乐与，乐与则六，此之谓六行。"

在贾谊看来，一年十二月，阴阳各主六月，天地有四方及上、下六个向度，人有仁、义、礼、智、信、乐六行。阴阳、天地的运动变化只有不失六律，人谨勉地修习六行，使之顺理而行，才能合乎内在的生成法度。不仅阴阳、天地、人如此，宇宙间的一切事物都是依据"六"的律则而动。宇宙大化以"六"为度数，则无不恰到好处，没有缺陷，所以贾谊说道"六者备矣"。贾谊在《新书·六术》中详细罗列了实存世界中"以六为法"的事例。见下表：

六理	道	德	性	神	明	命
六法	道	仁	义	忠	信	法
六合（天地）	东	南	西	北	上	下
六行（人）	仁	义	礼	智	信	乐
六艺	《书》	《诗》	《易》	《春秋》	《礼》	《乐》
阳律（六）	一月	三月	五月	七月	九月	十一月
阴律（六）	二月	四月	六月	八月	十月	十二月

---

①　前文已经引出贾谊在《道术篇》说道："道者所道接物也，其本者谓之虚，其末者谓之术。……术也者，所从制物也，动静之数也。凡此皆道也。"

②　"行"，《周礼·地官·师氏》："一曰至德以为道本，二曰敏德之为行本。"郑玄注曰："德行，内外之称。在心为德，施之为行。"见（清）阮元校刻《十三经注疏·周礼注疏》，中华书局1980年版，第730页。

续表

声音之道 (声与音六)	宫声	商声	角声	徵声	羽声	音
六亲①	父	昆弟	从父昆弟	从祖昆弟	从曾祖昆弟	族兄弟
丧服②	斩衰	齐衰	大红	细红	缌麻	
数度	毫	发	厘	分	寸	尺

事之以六为法者,不可胜数也。此所言六,以效事之尺,尽以六为度者谓六理,可谓阴阳之六节,可谓天地之六法,可谓人之六行。

虽然"事之以六为法者,不可胜数也",但是贾谊似乎也意识到了"六"不能涵盖天地间的一切事物,因此他说"此所言六者,以效事之尺,尽以六为度者谓六理,可谓阴阳之六节,可谓天地之六法,可谓人之六行"。可见,之所以以"六"为度数,也是因为通过对以"六"为法度之事事物物的观察得来的。因此,贾谊"六则备矣"的哲学理论是通过不完全归纳法总结出来的。然而,由于世间万物在某种意义上都无所逃于阴阳之六节、天地之六法、人之六行,"六合之外,圣人存而不论",③ 所以这种不完全归纳并不妨碍这种哲学进路的可行性。

二 六行与六艺

在《六术》篇中,贾谊指出阴阳、天地、人都是以"六理"作为内在的生成法度,这就是"六法"。"六法"外显为"六术",就是"六行"。可见,"六行"之说建立在"六法"行之于外的基础之上。在这种意义上,"六行"是一个一般性的概念,适用于"六理"生成的一切事物。不过,在此基础上,贾谊进一步指出"人有仁、义、礼、智、信之

---

① 关于"六亲"的说法,历来传述不一,谊之所言与他说或不尽同。如《老子》第十八章云:"六亲不和,有孝慈。"王弼《注》曰:"六亲:父、子、夫、妇、兄、弟也。"又如《史记·管晏列传》云:"上服度则六亲固。"张守节《正义》云:"六亲谓外祖父母一,父母二,姊妹三,妻兄弟之子四,从母之子五,女之子六也。王弼云:'父、母、兄、弟、妻、子也'。"由此可见,即使张守节所引"王弼云"与王弼《老子注》仍略有不同。

② 钟夏指出,谊所列丧服计五种,即后代所谓五服,未审何以言"备六"。参见阎振益、钟夏校注《〈新书〉校注》,中华书局 2000 年版,第 323 页注三七。

③ 《庄子·齐物论》。

行，行和则乐与，乐与则六，此之谓六行。"即人之仁、义、礼、智、信之行与由此五行顺和而达到的"乐"一并也叫做"六行"。这样一来，由"六法"外遂形成的"六行"与人之"六行"二者之间有什么联系呢？"德"之"六理""六美"是天地、人、物的生成根据。在"德"的生成物中，具有"神明"之性的人无疑最能体察"六理""六美"，实现天地、人、物的"外内通一"。既然如此，"德"之"六理""六美"是如何体现在人的生命实践中的呢？因为人禀受"道德"之施而生，所以"德"之"六理"与"德"之"六美"又必然要落实于人，从而通过行为主体的修养工夫而实现内外通一之境。在贾谊看来，这种内外通一之境只有通过修习"六行"才能达成。同阴阳之六节、天地之六合一样，人之"六行"的内在基础也是"德"之"六理"与"六美"。而人作为有"神明"的主体，能够体察到"六法"的存在而有相应的践行工夫。这种践行工夫有两方面的含义：一方面以"德"之"六理""六美"观照人的生命实践，另一方面要求主体超越当下的境遇而勉力使主体之行合于"六法"。正因为人是可以体察"六法"，并能够使自身的行为合于"六法"的能动主体，所以当人通过修习仁、义、礼、智、信、乐之"六行"而合于"六法"时，就不仅仅是人的行为合于主体的内在法则，而且是人通过主体的修习工夫通达了"德"之"六理""六美"，即通达了万物的生成之理，也因此通达了由"德"之"六理"流变出的"六行"。在这个意义上，作为由"六理"流变出的"六行"必然要通过人之"六行"才能贯通。

"六理""六美"是人之行的内在根据，所以理论上"德"之"六理"与"六美"显示在人时，就必然表现为人之仁、义、礼、智、信、乐的"六行"。即"道而勿失，则有道矣；得而守之，则有德矣；行而无休，则行成矣。故曰：'道此之谓道，德（得）此之谓德，行此之谓行'。"（《新书·道德说》）据"道"不失，拳拳恪守，固行不止，如此便能成就人之"六行"而合于"六法"。贾谊认为人性的养成正是"五行和"而"乐"与的结果。因此，所谓"六行"实际上是指仁、义、礼、智、信这"五行"的运作与展开，而"乐"则是五行达到和洽状态时所具备的一种道德情感。由此可见，贾谊对"乐与行和"的强调，既说明他并不主张人在修养过程中严峻冷冰地死守道德条例，而是强调居仁由义、乐以行之的生命体验,有着活泼泼的生命气象,同时也说明人性的修养本来就是通过谨修六行而合于内在的道德法则,这是一个由内向外观照、由外向内返溯的过程,主宰这个过程的就是人自身,因此富贵严显、穷居陋巷这些外在的人事、是非等并不能影响人的内在心性的养成。

虽然人人皆因具备"六理""六美"而有内在的道德法则,这是人人都可以成为尧舜的先天依据,但不能因此就说人人都已经是事实上的尧舜。因为在经验世界里,由"德"之"六理""六美"向人之"六行"的转变并非那么整齐无碍,相反总是表现出不同程度的曲折。所以,人的生命实践要通过"六行"而合于"六法",就不仅需要先天的内在依据,而且还要有具体的修习实践。那么人如何修习"六行"呢?贾谊在《六术》中指出:

> 然而人虽有六行,细微难识,唯先王能审之,凡人弗能自志。是故必待先王之教,乃知所从事。是以先王为天下设教,因人所有,以之为训;道人之情,以之为真。是故内法六法,外体六行,以兴《书》《诗》《易》《春秋》《礼》《乐》六者之术以为大义,谓之六艺。令人缘之以自修,修成则得六行矣。六行不正,反(乖悖)① 合六法。

贾谊认为人要做到"六行"合于"六法",最根本的途径就是要遵循"六艺"之教而做自我修养的工夫,这无疑是儒家的修养大义。所谓"因人所有",就是因循人性所具有的"六理""六美""六法"。所谓"道人之情",就是疏导人的情感,使之不湮塞、不放恣。"六艺"的大义是先王根据人的性情而体察出来的,即"六艺"是源于人之性情,而又规导人的性情。"六艺"之教就是为了使人修得"六行"之正,"六行"正则能合于"六法"。反之,"六行"不正,则是悖逆"六法"。那么源于人之性情的"六艺"为何能够使人之行合于"六法"呢?这是因为"六艺"与"德"之"六理""六美"之间有直接的关联。关于这一点,《新书·道德说》云:

---

① 阎振益、钟夏校注:《〈新书〉校注》,中华书局 2000 年版,第 320 页注二一。

六理、六美，德之所以生阴阳、天地、人与万物也。固为所生者法也。故曰：道此之谓道，德（得）此之谓德，行此之谓行。所谓行此者，德也。是故，著此竹帛谓之《书》，《书》者，此之著者也；《诗》者，此之志者也；《易》者，此之占者也；《春秋》者，此之纪者也；《礼》者，此之体者也；《乐》者，此之乐者也。

《书》者，著德之理于竹帛而陈之令人观焉，以著所从事，故曰："《书》者，此之著者也"。《诗》者，志德之理而明其指，令人缘之以自成也，故曰："《诗》者，此之志者也"。《易》者，察人之循德之理与弗循而占其吉凶，故曰："《易》者，此之占者也"。《春秋》者，守往事之合德之理与不合而记其成败，以为来事师法，故曰："《春秋》者，此之纪者也"。《礼》者，体德（之）①理而为之节文，成人事，故曰："《礼》者，此之体者也"。《乐》者，《书》《诗》《易》《春秋》《礼》五者之道备，则合于德矣。合者欢然大乐矣，故曰："《乐》者，此之乐者也"。

由此推知，之所以人之"六行"通过"六艺"之教可以合于"六法"，有三方面的原因。第一，"德"之"六理""六美"作为生物成物的根据，是人之行合于"六法"的内在保证。第二，从"所谓行此者，德也"也可以看出，"德"本身就蕴含着"行"的要求，而"行"也不是单纯的生理运动，而是据"德"而"行"，由"行"而通"德"。因此，从理论上说，有"德"必有"行"。从实践上说，"行"也必然是"德"之"行"，"行"必合于"德"。"行"既必合于"德"，则"行"也必然合于由"德"流变而成的"六法"。第三，"六艺"的产生是先王"因人所有""道人之情""内法六法""外体六行"的结果。"因人所有""道人之情"说明"六艺"有现实的人性基础，这意味着由"六艺"之教而修得的"六行"之正是人性发展的必然结果。"内法六法""外体六行"则表明"六艺"具有贯通"行"与"德"、"六行"与"六法"的功能。即"六艺"的产生有两方面的原因，一是先王对体察人之性情的

① 根据前文，此处疑有一"之"字。

结果，二是指先王对"德之理"著、志、占、纪、体、乐的结果。这两方面的原因不是截然分开的，而是一体之两面、二而一的关系。"六艺"是手段，而人之性情得"六行"之正则是目的，在现实的意义上，"六行"之正必然要通过"六艺"之教才能实现。

总的来看，在贾谊的思想中，人之仁、义、礼、智、信、乐六行，是应"德"之"六理""六美"流变成"六法"而生的。在这个意义上，人之"六行"就有了先天依据。而有先天依据的"六行"在后天的表现并不必然中正，因此又有"六艺"之教以确保通达"六行"之正的可能性。可见，贾谊关于"六行"的哲学思想有其缜密的逻辑层次，有其独到之处。然而，这种独到之处并非前无所承，而是基于前有思想的创发。

贾谊的"六行"思想最有可能受到简帛《五行》思想的影响。这一点已被不少学者明确地指出。《马王堆汉墓帛书》整理小组认为贾谊用"六"的思想"显然由此说（五行思想）推衍"[1]。庞朴认为《五行》中"五行"与"乐"的关系，"也正好是《六术》篇所列的那样关系"，并进而指出"《六术》篇中所谓的'行'之于人的'六行'，是汉代初年的儒生对佚书思想的一种概括和改造。"[2] 需要说明的是，据长沙马王堆帛书出土材料的研究，帛书《五行》的抄写年代应在秦汉之际。[3] 因此，对贾谊而言，《五行》篇并不是佚书，而是很有可能实有所见的。李学勤也指出："六行本于六法，六法又源于德之六理，可知贾谊虽然引据了《五行》篇，但对五行之说作了很大的改造，甚至面目全非，并不是简单的移用。"[4] 可以肯定的是，贾谊"六行"的思想虽然受到了简帛《五行》思想的影响，但二者又有很大的区别。因此，通过与简帛《五行》思想的比较以进一步呈现贾谊"六行"思想的特点是十分必要的。二者之间的差别主要表现在以下三个方面。

首先，楚简《五行》曰：

---

① 《马王堆汉墓帛书》（一），文物出版社 1980 年版，第 25 页。

② 庞朴：《帛书五行研究》，齐鲁书社 1980 年版，第 15 页。

③ 《马王堆汉墓帛书》（一），文物出版社 1980 年版，第 1 页。

④ 李学勤：《郭店楚简〈六德〉的文献学意义》，载武汉大学中国文化研究院编《郭店楚简国际学术研讨会论文集》，湖北人民出版社 2000 年版，第 17 页。

仁形于内谓之德之行，不形于内谓之行。义形于内谓之德之行，
不形于内谓之行。礼形于内谓之德之行，不形于内谓之（行。智形）
于内谓之德之行，不形于内谓之行。圣形于内谓之德之行，不形于内
谓之行。

《五行》根据仁、义、礼、智、圣所形于内外的不同，而分为"德之
行"与"行"。所谓"德之行"是指"化为人之心性的五行"①。"行"则
是五行表现于外的伦常行为规范。而贾谊所谓的"六行"则是由"德"
之"六理"井然不失其序而形成的"六法"变流外遂所形成的。贾谊以
"六行"为"德"之外显的思想及"六行"以得正成"德"为依归的思
想与楚简《五行》"德之行"的思想主题②是一致的。这也是中国古代哲
学一般认为"德"是人的行为的内在根据的表述形式之一。③ 不过，贾谊
所谓的"六行"与《五行》中的"五行"只有四行相同，《五行》中的
"圣"行，"六行"中则替换为"信"行，由"圣"转变为"信"，虽然
有含义的转折，但二者在内涵上仍有相通之处。④
    其次，《五行》称：

德之行五，和谓之德，四行和谓之善。善，人道也。德，天道
也。君子无中心之忧则无中心之智，无中心之智则无中心（之悦），
无中心（之悦则）不安，不安则不乐，不乐则无德。

《五行》根据天道与人道而论定德与善的区分，其目的是突出"德"
的根本性。前文已经论述，虽然贾谊认为"道者，德之本也"，但是他更
强调"德"的意义。从《五行》论"德，天道也"更能够解释贾谊对

———————————

① 丁四新：《郭店楚墓竹简思想研究》，东方出版社 2000 年版，第 134 页。
② 郭齐勇认为《五行》的主题是"德之行"。参见郭齐勇《郭店楚简身心观发微》，载武
汉大学中国文化研究院编《郭店楚简国际学术研讨会论文集》，湖北人民出版社 2000 年版，第
202 页。
③ 《礼记·表记》孔《疏》云："德在于内，行接于外。内既不德，当须以德行于外，以
接人民。"《淮南子·要略》："执中含和，德形于内，以著临天地。"又云："德不内形，而行其
法籍，专用制度，神祇弗应，福祥不归。"又云："德形于内，治之大本。"
④ 参见郭齐勇《再论"五行"与"圣智"》，《中国哲学史》2001 年第 3 期。

"德"的强调是为彰显儒家的仁义价值。只是在成德之论上，《五行》则显明了由内在的忧患意识而通向最终成德之和乐境界。这种由忧患通向和乐的思想是先秦内圣学的一个重要内容。虽然贾谊也是将"和乐"作为成德的目的，但是他的"道德"论中并没有这种先验忧患意识的痕迹。不仅如此，在《五行》思想中，"圣""智"二行是由内心忧患走向内心和乐的转折因素，而在贾谊的"六行"思想中，并没有凸显出其中某一行的特殊意义。不过，从简帛"见而知之，智也。闻而知之，圣也。明明，智也，赫赫，圣也"可以看出，贾谊对"神明"的论述倒与《五行》"智"的思想有一定程度的相似性。① 然而这种相似也只是功能的相似，因为由"神明"所生的"智"并非是由先验的忧患意识激发而来。而从"神明"之气必须与外物相接才能形成智识来看，"神明"只有通过经验的砥砺才能由潜在的功用变成现实的功用，进而形成"智"。从他对"智"德的论述可以管窥，在他的"六行"思想中，关于如何成德的理论与楚简《五行》的思想发生了很大的变化，从而也可以看出西汉儒学的成德论与先秦相比都发生了转变。② 这种变化也可以从《五行》中"圣"行功能的转变看出。在《五行》中，"圣"是贯通天人的所以者，是五行之一行，而在贾谊的"六行"思想中，虽然"信"与"圣"有相通之处，但毕竟"圣"失落了作为至关重要一行的内涵。在《五行》的思想中，理论上是人人皆有"圣"行，而在贾谊的"六行"思想中，"圣"则成为一种特殊的人格，即成德者，"圣"的人格由先王所承载，先王内

---

① 郭齐勇指出："与'聪明'相连的'圣智'是一种'神明'、'天德'，是对'天道'的体悟或神契。"参见郭齐勇《再论"五行"与"圣智"》，《中国哲学史》2001 年第 3 期。

② 西汉学者多仁与智并论，且涉及知行关系问题。如《韩诗外传》第三十章："言要则知，行要则仁。既知且仁，又何加哉？"不过，在《韩诗外传》中，"智仁"并非是最高的仁道，其上还有"圣仁"，第二十五条曰："仁道有四，碨为下。有圣仁者，有智仁者，有德仁者，有碨仁者"。如果以《五行》"知天道曰圣"来分析，则圣仁就是与天道相通者。董仲舒更是强调仁与智的相辅相成性，《春秋繁露·必仁且智》曰："莫近于仁，莫急于智……仁而不智，则爱而不别也；智而不仁，则知而不为也。"董仲舒论智已经涉及知行关系问题，"何谓之智，先言而后当。凡人欲舍行为，皆以其智先规而后为之"，强调的是知先行后。后来，扬雄直接提出"尚智"一说，《法言·问明》曰："或问：人何所尚？曰：尚智。"扬雄尚智有两方面的意思，其一是强调对外在事物的判断，如《太玄·玄摛》"见而知之者，智也。"其二也是强调知而必行，如《法言·问道》曰："智也者，知也。夫智，用不用，益不益，则不赘亏矣？深知器械、舟车、宫室之为之，则礼由已。"

法六法，外体六行，以兴《书》《诗》《易》《春秋》《礼》《乐》六艺，六艺就是成德的关键所在。因此，在贾谊的成德论中，乃至整个西汉时期的成德思想中，"学"是重要的途径，而学的内容无外乎先王之教、圣人人格。

最后，《五行》中"中心之忧""中心之智""中心之悦"的思想突出了内心的道德情感意识。因此，在成德论中，《五行》强调"能为一""慎独"的工夫，《五行》的"慎独"实是"慎心"，"'独'指心君，与耳、目、鼻、口、四肢相对"①。贾谊在论述如何成德时，只是指出人应当"谨修六艺"，强调"学"的重要性，而没有论及"心"的作用，这与他在论"德"之"六理"时，将"神明"设定为"性"之作用的思想是一致的。而问题是，缺乏"心"的作用，"六艺"之教如何才能转化为成德成性的持久力量？在《五行》思想中，"德弗志不成，智弗思不得"，"心摄德、智，德为体，智为用，德以天性为体，智以心思为用"②，即《五行》尤其强调了智之思在成德过程中向内的反省作用。通过这种智之思的反省工夫，可以涵化由经验获得的一切智识，形成一种自觉的意识，从而转出持久的成德动力。相反，缺乏"思"的作用，外在的教化作用于人性时，就缺乏主体的加工环节，因此，在成德的过程中，主体更多的是处于被动的受教方面，而不能激发自身的主宰力量。

三 贾谊"六则备矣"与数之用六、用五之争

由简帛《五行》可以看出，仁、义、礼、智、圣五行和就是"德"，"不乐则无德"，即要实现"德之行"，必须要有中心之乐。因此，在通过践行五行而成德的理论中，其实已经明显蕴含着"乐"的思想。贾谊之所以刻意将"乐"析出作为单独的一行，其实是为了他"六者备矣"的哲学目的。"以六为法"正是贾谊哲学得以展开的关键所在。可以说，"六"在贾谊的哲学思想中具有形而上的意义。如此，便需进一步追问为何贾谊如此重视"六"？学界一般认为贾谊之所以如此重"六"，有两方

---

① 丁四新：《郭店楚墓竹简思想研究》，东方出版社 2000 年版，第 141 页。

② 同上书，第 136 页。

面的原因:其一,汉初实行水德制,而水德以"六"为数度,贾谊为了论证水德制的合法性,因此有重"六"的思想,并据此认为《六术》《道德说》是贾谊早期的作品。其二,认为贾谊重"六"的思想其实是为了表彰儒家的六经,为六经提供形上依据。

(一)汉初水德制的影响及贾谊重"六"思想的形成时间

一般认为贾谊对"六"的重视与汉代的德运有关。根据邹衍的《五德终始》理论,黄帝得土德,色上黄;禹得木德,色上青;汤得金德,色上白;周得火德,色上红;秦得水德,色上黑。[①] 根据顾颉刚的研究,土德:色上黄,度数以五为纪,音律上黄钟;木德:色上青,度数以八为纪,音律上姑洗,政术助天生;金德:色上白,度数以九为纪,音律上无射,政术助天收;火德:色上赤,度数以七为纪,音律上林钟,政术助天养;水德:色上黑,度数以六为纪,音律上大吕,政术助天诛。各德度数的依据来自《月令》。[②] 由此可以推断,周得火德,色上赤,度数以七为纪。秦统一中国后,"始皇推终始五德之传,以为周得火德,秦代周德,从所不胜。方今水德之始,改年始,朝贺皆自十月朔。衣服旄旌节旗皆上黑。数以六为纪,符、法冠皆六寸,而舆六尺,六尺为步,乘六马。更名河曰德水,以为水德之始。刚毅戾深,事皆决于法,刻削毋仁恩和义,然后合五德之数。于是急法,久者不赦。"[③] 又载:"周得火德……今秦变周,水德之时。……于是秦更命河曰'德水',以冬十月为年首,色上黑,度以六为名。"[④] 据此可知,秦为水德,以六为度数,在德运的更替上依据五行相胜的原则。

邹衍的"五德终始"理论在秦朝的第一次使用虽然不是很成功,但因为其能够为改朝换代提供合理性的解释而对后世产生了深远的影响。汉

---

① 邹衍的《五德终始》已经不存,但其基本理论可以从《吕氏春秋·应同》中略知一二:"凡帝王之将兴也,天必先见祥乎下民。黄帝之时,天先见蚓蝼大蝼。黄帝曰:'土气胜。'土气胜,故其色上黄,其事则土。及禹之时,天先见草木秋冬不杀。禹曰:'木气胜。'木气胜,故其色上青,其事则木。及汤之时,天先见金刃生于水。汤曰:'金气胜。'金气胜,故其色上白,其事则金。及文王之时,天先见火,赤乌衔丹书,集于周社。文王曰:'火气胜。'火气胜,故其色上赤,其事则火。"

② 顾颉刚:《顾颉刚古史论文集》(第三册),中华书局 1996 年版,第 277 页。

③ 《史记·秦始皇本纪》(第一册)(卷六),第 237—238 页。

④ 《史记·封禅书》(第四册),(卷二十八),第 1366 页。

代秦立之后，同样十分重视大汉政权的德运问题。因此，汉初的水德制得
以实行。① 不过，水德制在汉初的实施一开始是高祖刘邦钦定的结果，而
非通过学理论证得出的。据司马迁记载：

> 二年，东击项籍而还入关，问："故秦时上帝祠何帝也？"对曰：
> "四帝，有白、青、黄、赤帝之祠。"高祖曰："吾闻天有五帝，而有
> 四，何也？"莫知其说。于是高祖曰："吾知之矣，乃待我而具五
> 也！"乃立黑帝祠，命曰北畤。②

立黑帝祠，即上黑，是水德的特征，水德以六为数。需要说明的是，
由高祖之问而群臣"莫知其说"来看，汉初水德制的实行是君臣无知的
结果，但却因此而奠定了后来论证汉为水德的事实基础。最先论证之人就
是张苍：

> 自汉兴至孝文二十余年，会天下初定，将相公卿皆军吏。张苍为
> 计相时，绪正律历。以高祖十月始至霸上，因故秦时本以十月为岁
> 首，弗革。推五德之运，以为汉当水德之时，尚黑如故。③

---

① 学术界根据汉高祖斩白蛇，自号赤帝子而色尚赤的记载，而有西汉初年是否存在过一个
准火德时期的争论。顾颉刚、陈槃等认为《史记》所载汉初上赤的材料是后代窜入的。分别参
见顾颉刚《跋钱穆五德终始说下的政治和历史》，载《顾颉刚古史论文集》（第三册），中华书局
1996 年版，第 463 页；陈槃：《古谶纬研讨及其书录解题》，国立编译馆 1991 年版，第 29 页。这
种观点受到钱穆、杨向奎等另外一派学者的反驳，指出顾说存在无法调和的矛盾。分别参见钱穆
《评顾颉刚五德终始说下的政治与历史》，载 1931 年 4 月 13 日《大公报·文学副刊》，该文又作
为《五德终始说下的政治与历史》之附录收入《古史辨》第五册；杨向奎：《西汉经学与政治》，
独立出版社 2000 年版，第 33 页。杨向奎进一步认为汉初上赤，系出于五方帝或五色帝的观念，
而非受到五德终始说影响。这与王葆玹所认为的高祖赤帝说是受五德终始说影响的观点不同。后
来学者徐兴无、杨权秉承杨说而进一步论证之。分别参见徐兴无《论谶纬文献中的天道圣统》，
中华书局 1995 年版，第 64 页；杨权《新五德理论与两汉政治——"尧后火德"说考论》，中华
书局 2006 年版，第 103—112 页；王葆玹《今古文经学新论》，中国社会科学出版社 1997 年版，
第 432—436 页。杨权进一步认为汉初在实行水德制之前有一个准火德的实行时期。

② 《史记·封禅书》（第四册）（卷二十八），第 1378 页。

③ 《史记·张丞相列传》（第八册）（卷九十六），第 2681 页。

可以看出,张苍是在他为计相时①"推五德之运"以论定"汉为水德"的。而如果严格根据五德之运的理论来推导的话,周为火德,秦为水德,那么汉代秦立,当为土德。因此,从学理上而言,张苍的"汉为水德"说是一个错误的结论。而张苍为何会犯这样的错误呢?按照邹衍的五德终始理论,五德以土、木、金、火、水为主干,而色、数、音律等是系于五德之干的枝,即五德的属性。一个严密的推论应该是由主体延及属性,而非根据个别属性溯及主体。而张苍正是犯了由个别属性推及主体的错误。他以高祖十月至霸上,秦以十月为岁首为依据,就认定汉当从秦,为水德。事实上,张氏的错误不仅在于他武断地将秦以十月建正与水德联系起来,而且在于他没有认识到秦以十月建正背离了先王之法。这从太史公的评价中可以看到,《史记·历书》载:

> 夏正以正月,殷正以十二月,周正以十一月。盖三王之正若循环,穷则反本。天下有道,则不失纪序;无道,则正朔不行于诸侯。……其后战国并争,在于强国禽敌,救急解纷而已,岂遑念斯哉!是时独有邹衍,明于五德之传,而散消息之分,以显诸侯。而亦因秦灭六国,兵戎极烦,又升至尊之日浅,未暇遑也。而亦颇推五胜,而自以为获水德之瑞,更名河曰"德水",而正以十月,色上黑。然历度闰余,未能睹其真也。汉兴,高祖曰:"北畤待我而起",亦自以为获水德之瑞。虽明习历及张苍等,咸以为然。是时天下初定,方纲纪大基,高后女主,皆未遑,故袭秦正朔服色。

在司马迁看来,首先,"三王之正"表现为正月、十二月、十一月的循环更替,这是王道的体现。战国并争之时,诸侯只为救急解纷,遑念正朔,邹衍五德之传独行其道。其次,秦朝推五德之运以立水德,正以十月,于历度而言,有失于真。最后,高祖以黑帝自立,称"北畤待我而起",显然是即兴称雄的豪迈之语,众人不察,相沿成习。事实上,从张苍为计相时,萧何为相国来看,张苍的"汉为水德"说确立于汉高祖

---

① 根据《史记·汉兴以来将相名臣年表》,张苍于高祖六年(公元前 201 年)为计相。可见张苍在高祖"立黑帝祠"不久就论证水德制的。

"立黑帝祠"不久，这从一个侧面可以说明张苍之说其实是有意为高祖的
"立黑帝祠"提供学理依据。又因为"皆军吏"的"将相公卿"们不懂
德运理论，而皇帝又需要这套理论，所以张苍的结论在当时并没有受到
质疑。①

　　虽然"汉为水德"说的提出是错误的，但并不影响汉初以水德定法，
尚黑，以六为度数的制度建构。汉初水德制在政治生活中的实际应用自然
会影响到贾谊这样正处于思想生长期的士人。施行水德，既承秦制，亦承
秦弊。欲除此弊，则必须有一番革故鼎新的创制，因此，贾谊于文帝二年
提出改制的主张，正式对水德制发出质疑：

> 　　贾生以为汉兴至孝文二十余年，天下和洽，而固当改正朔，易服
> 色，法制度，定官名，兴礼乐，乃悉草具其事仪法，色尚黄，数用
> 五，为官名，悉更秦之法。孝文帝初即位，谦让未遑也。诸律令所更
> 定，及列侯悉就国，其说皆自贾生发之。②

　　色尚黄，数用五，是土德制的内容，土胜水，贾谊的主张显然是根据
"五德之运"而对秦朝水德制的革新，同时也是对张苍"汉为水德"说的
否定。但这同时也将其"数用五"与"六则备矣"的思想矛盾揭示出来。
据此，不少学者认为《六术》《道德说》为贾谊早年作品。如冯友兰指出
贾谊重"六"的思想"大概是他早年还未脱秦朝统治思想影响时候的见
解。他早年也就是十几岁的时候。"③ 王兴国认为贾谊以六为数的文章不
会迟于文帝元年。④ 钟夏认为《六术》篇作于贾谊二十岁前后。⑤ 贾谊在

---

① "汉为水德"说还有另一种论证方式，即通过否定秦代的合法性，而说明汉继周而立。
不过，在西汉早期的相关文献中，并没有从"五德之运"的角度否认秦继周的合法性的事例。
最先指出秦不为受命王的思想家是西汉中期的董仲舒，不过董子是从《春秋》公羊学的"三统
说"的角度立论的，他认为"《春秋》应天作新王之事，时正黑统，王鲁，尚黑"，即继周代之
后，"黑统"归于《春秋》，而非归于秦，汉承帝统，故当亲周，从白统。

② 《史记·屈原贾生列传》（第八册），卷八十四，第2492页。

③ 冯友兰：《中国哲学史新编》（中），人民出版社1998年版，第38页；又冯先生《贾谊
的哲学思想》，载《北京大学学报》1963年第2期亦有相关论述。

④ 王兴国：《贾谊评传》，南京大学出版社1992年版，第59页。

⑤ 阎振益、钟夏：《新书校注》，中华书局2000年版，第318注一。

文帝元年（时年贾谊 22 岁）刚刚议政之时，就向文帝建议改制，并且"诸律令更定，及列侯悉就国，皆自贾生发之"，可见他"数用五"的思想并非是一朝一夕就能够形成的，而是早已成竹在胸，思考成熟的结果。再者，从"贾生以为汉兴至孝文二十余年"可以看出，贾谊是在汉初水德的制度下成长起来，因此他的重"六"思想很有可能是受到水德制耳濡目染、自幼熏渐的结果，而他"数用五"的思想则更有可能是对自身习以为常的制度反省的结果。这种思想的蜕变过程当不是短时间内能够完成的，因此冯友兰将贾谊重"六"的思想断定为他十几岁时产生的，这似乎更加确切。

虽然《道德说》《道术》《六术》是贾谊早期的作品，但这并不能说明他的重"六"思想与张苍有着莫大关系。关于二人的师承关系，唐人陆德明在《经典释文序录》中谈到《左氏传》的源流时指出："左丘明作《传》以授曾申。申传卫人吴起，起传其子期。期传楚人铎椒，椒传赵人虞卿，卿传同郡荀卿名况。况传武威张苍，苍传洛阳贾谊。"据此，顾颉刚认为："张苍是贾谊的老师，张苍认为汉承水德、度数以六为纪的思想对贾谊应该会产生影响。贾谊数崇六与汉承水德、度数以六为纪有内在关系。可以推知，《六术》篇是贾谊的早期作品。"[1] 李尔钢在《新书全译·六术》解题中说道："本篇阐述成数六的思想。认为道德、天地阴阳时序、人类品行、《诗》《书》六艺、声律、人伦、度量都以六数为规律而存在。这种看法显然受其师张苍的影响很深。"[2] 唐雄山认为"由于贾谊于张苍的师承关系，我们可以推知，《六术》与《道德说》篇为贾谊的早期作品。"[3] 不过，关于贾谊与张苍的关系，徐复观提出了不同的观点："贾谊之习《左氏》，不必传自张苍，且亦无缘传自张苍。"[4] 而根据汪中的考证，"苍于高后八年由淮南丞相入为御史大夫。明年，而文帝即位，贾生受学于苍，必在其时矣。"[5] 贾谊于文帝元年召为博士，于文帝二年

---

① 顾颉刚：《顾颉刚古史论文集》（第三册），中华书局 2011 年版，第 281 页。
② 李尔钢：《新书全译》，贵州人民出版社 1998 年版，第 360 页。
③ 唐雄山：《贾谊礼治思想研究》，中山大学出版社 2005 年版，第 90 页。
④ 徐复观：《贾谊思想的再发现》，载《两汉思想史》（卷二），台湾学生书局 1983 年版，第 121 页。
⑤ （清）汪中：《新编汪中集》，广陵书社 2005 年版，第 426 页。

超迁至太中大夫，于文帝三年出任长沙王太傅。因此，如果贾谊能够师从张苍的话，那么只能发生在文帝二年之时，在此之前二人几乎没有见面的机会。① 由此可以推断，即使张苍与贾谊有师承关系，那么贾谊重"六"的思想也不可能是因为受到了张苍影响的结果。

（二）贾谊重"六"哲学与简帛《五行》、楚简《六德》的关系

通过前文对贾谊"六行"思想与简帛《五行》的简略比较可知，在"行"的意义上，尽管贾谊的"六行"思想与《五行》相比已经发生了很大的变化，但是二者之间的联系也是很明显的。然而，在重六的意义上，贾谊的"六行"思想与简帛《五行》则没有那么大的关系。这是因为，在贾谊的"道德"论中，"道"凝聚成"德"，"德"有"六理"作为事物内在的法则，就是"六法"，"六法"外遂，形成"六术"，根据"六术"的指引而行事，称作"六行"。"六行"具体指的是仁、义、礼、智、信、乐。可见，由"六理"过渡到"六行"体现了贾谊用"六"哲学的思想脉络。即"六行"的概念是为了保证用"六"哲学的完整性与严密性，是用"六"哲学向前推进的一个重要环节，而不是用"六"哲学的全部。"六行"中的"五行"与"乐"的关系与简帛《五行》中"五行"与"乐"的关系并没有本质的区别。因此庞朴说"《六术》篇所记的'行'于人的那'六行'，明显地带有凑数的痕迹。"② 贾谊将"乐"作为单独的一行与"五行"并列以成"六行"，确实是为了凑足"六"数。也正因此，贾谊用"六"的哲学体系并不是受到简帛《五行》思想影响的结果，他改造《五行》思想是为了建构用"六"的哲学体系。

关于贾谊思想与竹简《六德》的关系，李学勤说："郭店简《六德》，与《五行》一样，曾为汉初贾谊《新书》所引据。"③ 又说"细读《六德》，同《新书·六术》、《道德说》对勘，不难看出贾谊在写作时，心中

---

① 张苍于高帝六年封为北平侯，迁为计相。萧何为相国，苍以列侯居相府；后改为淮南王相。吕后八年，迁苍为御史大夫，文帝四年为丞相。贾谊籍洛阳，生于高帝七年；十八岁河南郡守吴公召置门下，时为高后五年。文帝元年召河南郡守吴公为廷尉，因吴公荐，召为博士，这年超迁太中大夫，时谊二十二岁，也是他开始洛阳到长安之年。因此，在此之前贾谊见到张苍的机会小之又小。

② 庞朴：《帛书五行研究》，齐鲁书社1980年版，第13页。

③ 李学勤：《郭店楚简与儒家经籍》，载《中国哲学》第20辑，辽宁教育出版社1999年版，第19页。

有《六德》篇的影子，以致运笔行文，多见蛛丝马迹。"① 能否皆因有"六"而认为"《六德》揭示了《六术》思想架构的来源"②？这可以从三个方面作出回答。首先，从思想内容上看，《六德》篇是讲"六位""六职""六德"三者的关系以及"六位"在"人道"中的重要作用，概括来说，即"夫夫、妇妇、父父、子子、君君、臣臣，六者各行其职，而讪夸无由作也"，试图通过位分伦理的确立而保证教化大行，社会有序。圣、智、仁、义、忠、信之"六德"从属于父、夫、子、君、臣、妇"六位"。这与贾谊从本原的意义上规定人皆有仁、义、礼、智、信、乐之"六行"的思想显然大相径庭。其次，从形式上看，《六德》篇确实将六位、六职、六德形成了一个以"六"为纽带的组合，而且这种组合似乎是有意为之的。③ 但不能因此而认为贾谊重"六"思想来源于此。这是因为不仅贾谊生活的以"六"为法的经验世界会激发他的形上之思，而且"以某种数量关系作纽带来搭配各种要素而组成一个系统的做法，到了战国末期就成为当时人们的一种思维方式"④，其中"六"的使用频率极其常见。⑤ 在这种意义上，《六德》对"六"的偏好亦非特出，而是渊

---

① 李学勤：《郭店楚简〈六德〉的文献学意义》，载武汉大学中国文化研究院编《郭店楚简国际学术研讨会论文集》，湖北人民出版社 2000 年版，第 18 页。

② 李维武：《〈六德〉的哲学意蕴初探》，《中国哲学史》2001 年第 3 期。

③ 《六德》篇末云："凡君子所以立身大法三，其绎之也六，其衍十有二。"可见，"六德"所云之"六"，实由"三"（疑为三纲，即夫为妇纲，父为子纲，君为臣纲）演绎而来，"三"是其根本，而作者论"六"不论"三"，似为偏"六"所致。

④ 李维武：《〈六德〉的哲学意蕴初探》，《中国哲学史》2001 年第 3 期。

⑤ 如《庄子·逍遥游》"御六气之辩"与《齐物论》"六合之外，圣人存而不论""六合之内圣人论而不存"，皆与天道相关。《庄子·庚桑楚》"贵富显严名利六者，勃志也；容动色理气意六者，谬心也；恶欲喜怒哀乐六者，累德也；去就取与知能六者，塞道也"与人道相关。《管子·七法》虽然论述治国、正天下有"则、象、法、化、决塞、心术、计数"七种大法，但是这七种大法中除了"象"有七个要素外，其他六法都可以用六个要素加以概括，如"则"指宇宙间的六大类，即"天地之气、寒暑之和、水土之性、人民、鸟兽、草木之生物"，"心术"则包括"实也、诚也、厚也、施也、度也、恕也"六者。《管子·五行》更是强调了"六"的重要性，"十者然后具五官于六府也，五声于六律也。六月日至，是故人有六多，六多所以接天地也，天道以九制，地理以八制，人道以六制"，这里虽然没有像贾谊那样用六涵摄一切，但是可以看出六数的重要性，"天道远，人道迩"，以六为人道之制，更加凸出以六为制的切实意义。《韩非子·扬权》论由道所生者有六：万物、阴阳、轻重、出入、燥湿、君臣。这些皆可以说明徐复观先生所云贾谊重"六"思想"前无所承"有待补正。徐先生观点参见徐复观《两汉思想史》（卷二），台湾学生书局 1979 年版，第 116 页。

源有自，甚至可以追溯到孔子讲的"六言"①。因此，与其说《六术》在思想架构上来源于《六德》，不如说《六德》《六术》均受到先秦两汉时期流行学术思想的影响。最后，从与"六经"的关系来看，《六德》篇论"六德"与"六经"的关系云："故夫夫、妇妇、父父、子子、君君、臣臣，六者各行其职，而讪夸无由作也。观诸《诗》、《书》，则亦在矣，观诸《礼》、《乐》，则亦在矣。观诸《易》、《春秋》、则亦在矣。"《六德》作者论及"六经"是为了说明"六位"有序是符合"六经"之义的，即作者通过援引"六经"以确立"六德"理论的正当性，其前提是《六经》具有权威性。而在贾谊的"道德"论中，"六"具有类似"本体"的作用，是一种原理性的、指导性的思维结构。贾谊从源于"道"的"德"之"六理""六美"推衍出"六艺"的思想，"六艺"与道德本体有贯通性，这明显带有通过道德本体表彰"六经"的意图。这与竹简《六德》篇的思想相去甚远。

（三）贾谊重"六"哲学与"六经"的关系

根据前文的分析可知，贾谊重"六"的哲学不可能是受到张苍影响的产物，而更有可能是受到了秦朝水德制的影响。学界关于贾谊重"六"的原因，除了认为是受到张苍影响外，还有以下三种观点：（1）罗光认为"六字的来源，可能来自易卦的六爻"②。（2）钟夏认为"此盖先民以数揭示宇宙之遗教"③。（3）徐复观认为："可能是因为立足于六艺之上，由六艺之六向上推，向下衍的"④。

关于第一种观点，从《新书》的内容来看，贾谊的思想确实受到了《周易》的影响，⑤从鵩鸟来栖，贾谊"发书⑥占之"（《鵩鸟赋》）来看，

---

① 徐少华：《郭店楚简〈六德〉篇思想探流探析》，载《郭店楚简国际学术研讨会论文集》，湖北人民出版社 2000 年版。

② 罗光：《中国哲学思想史》（两汉、南北朝篇），台湾学生书局 1979 年版，第 158 页。

③ 阎振益、钟夏：《新书校注》，中华书局 2000 年版，第 318 页注一。

④ 徐复观：《贾谊思想的再发现》，载《两汉思想史》（卷二），台湾学生书局 1987 年版，第 170 页。

⑤ 参见张涛《汉初易学的发展》，《文史哲》1998 年第 2 期。

⑥ 饶宗颐认为，长沙马王堆汉墓帛书《周易》的入葬年代与贾谊为长沙王傅的时间相近，有的学者推定，此时贾谊所见之《周易》经传，当属此类。参见饶宗颐《略论马王堆〈易经〉写本》，载《饶宗颐史学论著选》，上海古籍出版社 1993 年版。

他本人可能也是个占筮高手。易卦的爻数有六,虽然能够成为贾谊"六"的哲学严密性的证据,但是如果因此论定贾谊重"六"的思想就来自易卦六爻的影响则难免牵强。关于第二种观点,古代先民确实有用数字解释宇宙的传统,其中亦不乏与"六"相关者。前文已经论及贾谊重"六"思想可能与此有相关性,而问题是,贾谊此为之目的究竟何在?

如果我们认同徐复观的说法,那么就不难推定:贾谊重"六"的哲学思想是因秦汉之际水德制的影响而成,这是他的思想被动地受到政治环境塑造的结果。而贾谊推尊"六艺"则是一种自觉反省、自主选择的结果,是有意为之的。这意味着即使没有秦汉之际水德制上"六"实践的影响,贾谊也同样会为建构"六经"的绝对权威而做思想上的努力,这是他归思儒家的使命使然。徐复观的这个观点其实是排除了另一种可能性,即贾谊拳拳服膺于"六"数的哲学构造,而"六经"恰好可以纳入"六"的哲学系统之中。如果是这样的话,那么"六经"就仅仅是他通过不完全归纳法论证"六则备矣"的一个点而已。这与《六术》篇的相关陈述及当时儒者对"六艺"的认识明显相异。

首先,从贾谊对"六艺"的相关论述来看,他是把"六艺"当作一个整全的系统看待。他说:

> 六理、六美,德之所以生阴阳、天地、人与万物也。固为所生者法也。故曰:道此之谓道,德(得)此之谓德,行此之谓行。所谓行此者,德也。是故,著此竹帛谓之《书》,《书》者,此之著者也;《诗》者,此之志者也;《易》者,此之占者也;《春秋》者,此之纪者也;《礼》者,此之体者也;《乐》者,此之乐者也。
>
> 《书》者,著德之理于竹帛而陈之令人观焉,以著所从事,故曰:"《书》者,此之著者也"。《诗》者,志德之理而明其指,令人缘之以自成也,故曰:"《诗》者,此之志者也"。《易》者,察人之循德之理与弗循而占其吉凶,故曰:"《易》者,此之占者也"。《春秋》者,守往事之合德之理与不合而记其成败,以为来事师法,故曰:"《春秋》者,此之纪者也"。《礼》者,体德(之)①理而为之

---

① 根据前文,此处疑有一"之"字。

节文，成人事，故曰："《礼》者，此之体者也"。《乐》者，《书》《诗》《易》《春秋》《礼》五者之道备，则合于德矣。合者欢然大乐矣，故曰："《乐》者，此之乐者也"。

　　一方面，"六艺"因为"六"数而自身成一系统，处于此系统中的每一艺都具有不同的成德动能，"六艺"之间相互资生而合于整全之德。同时，"六艺"又因为"六"数而与阴阳、天地人物联系在起来，成为通达宇宙大化的纽带。另一方面，"六艺"是德之所系，也是成德之具，是贯通形上世界与形下世界的桥梁。贾谊根据儒家的"六艺"之学而推设的以"六"为数度的哲学体系，将先王根据经验体察而著成的"六艺"在形而上的世界里（德有六理）安顿下来，承载大义的"六艺"因此便是先天的根本大经。而具有形上意义的"六艺并非是与日常世界截然分开的超然实存，而是道不远人（因人所有，道人之情）的具体经典"。因此，徐复观说："贾生把'六艺'安放在他的哲学构造中来发现'六艺'的总括性地意义，认为这是由形上向形下的落实；而形下的落实，即是形上的实现。总括性地意义，是由各别意义的抽象而来；这中间实已含有由形下推上形上的历程；形上形下的往复，成为他哲学的构造；所以'六艺'在他的哲学构造中的地位，是出自他的真实的感受，并不是凭空说一场大话。"[①]

　　其次，从当时儒者对"六艺"的态度来看，"六艺"的权威性不是因为"六"数而确立的，而是因为其贯通天、地、人，连接先王、后王的特性确定的。[②]先秦时期，儒家的学问有经有艺，经是经书，有五种；艺

---

① 徐复观：《中国经学史的基础》，台湾学生书局1982年版，第213页。
② 如陆贾论曰："先圣乃仰观天文，俯察地理，图画乾坤，以定人道，民始开悟，知有父子之亲，君臣之义，夫妇之别，长幼之序。于是百官立，王道乃生。……民知畏法，而无礼义，于是中圣乃设辟雍之庠序之教，以正上下之仪，明父子之礼，君臣之义，使强不凌弱，众不暴寡，弃贪鄙之心兴清洁之行。礼义不行，纲纪不立，后世衰废；于是后圣乃定五经，明六艺，承天统地，穷事察微，援情立本，以绪人伦。"（《新书·道基》）后圣定五经、六艺之功用不仅与先圣、中圣同等重要，而且更有切实之意义，"道近不必出于久远，取其至要而有成"（《新书·术事》），五经、六艺之"至要"就是"仁义"，"《春秋》以仁义贬绝，《诗》以仁义存亡，《乾》、《坤》以仁和合，《八卦》以义相承，《书》以仁序叙九族，君臣以义制忠，礼以仁尽节，乐以礼（义）升降"（《新书·道基》）。

是技艺，又指学科，有六种。就其学问的实质与内容而言，五经与六艺是对应的，因此秦汉时期有"五经六艺""六艺之经"的说法。① 从理论层面上看，《乐》经佚失；从实践层面看，乐教未断。因此，秦汉时期的"五经"之说，是基于《乐》经缺失的事实而言，并非否定《乐》之曾经作为群经之一；"六艺"之说，是就"五经"与"乐"的实际运行及作用而言的，并非是为了凑足六数。从贾谊的陈述中可以看出，所谓"六艺"，其实就是"六经"，"经"侧重于体，"艺"偏向于用，蒋国保指出，"汉儒将先秦'六经'改称为'六艺'，并非出于学科规范考虑，而是服务于其变'经'为'艺'、变'学'为'术'的学术转向。而这一转向之所以发生，又是因为汉初儒者有争取立儒学为国家惟一官方哲学的强烈愿望。"② "六艺"上通于"道"，下达于"术"，贾谊这种以"六艺"贯通"道术"的思想可谓汉儒通经致用的学术风格之体现。

---

① 王葆玹：《西汉经学源流》，台湾东大图书公司2008年版，第23页。
② 蒋国保：《汉儒称"六经"为"六艺"考》，《中国哲学史》2006年第4期。

第 二 章

以道论政:基于"道德"论上的
政治哲学建构

　　贾谊在《道术》篇中皆是通过人主如何施政的例子说明"道之接物何如""术之接物何如"。大道之行,正是要将"道"的理念运用到治国、平天下的政治实践之中。在贾谊的思想中,道体是敞开的,是面向现实世界,并融入现实世界之中的。如果说《新书》中《道术》《六术》《道德说》三篇集中体现了贾谊对"道德"的形上学建构的话,那么《新书》中的其他篇章,尤其是被《汉书·贾谊传》收录在《治安策》中的文字则反映了他的"道德"形上学在政治实践中的具体应用。贾谊"道德"形上学的展开,一方面表现为他对理想治体的独到见解,即他的政治哲学思想;另一方面表现为他基于此理想治体、针对汉初政治事势设置的一系列经制。在贾谊看来,理想的治体就是"道"的充分实现,就是以"道"治天下。这是本章着重探讨之处。

第一节　通观古今之治:为政以道

一　治道——"行道之谓也"

　　在中国古代哲学中,以"道"的理想观照治国平天下的学说表现为一种"治道"理论。《墨子·兼爱中》云:"今天下之士君子,忠实欲天下之富,而恶其贫,欲天下之治,而恶其乱,当兼相爱、交相利,此圣王之法,天下之治道也,不可不务为也。"这是关于"治道"的最早表达。所谓"治道",就是治国之道、治天下之道。《管子·治国》云:"凡治国

之道，必先富民。"《荀子·王霸》说："国者天下之利用也，人主者天下
之利势也，得道以持之，则大安也。"在管、荀二子看来，治国、治天下
必须有"道"方能实现长治久安之目的。针对时人所谓古时没有人盗墓
是因为普遍实行薄葬，而后世盗墓之风猖獗乃由厚葬之礼引起，荀子在
《正论》中批驳道："是不及知治道，而不察于抇不抇者之所言也。"他认
为这是不懂得"治道"的无稽之谈。"治道"的概念在法家的思想中亦多
有体现，如《韩非·八经》云："凡治天下，必因人情。人情者，有好
恶，故赏罚可用；赏罚可用，则禁令可立而治道具矣。"《诡使》曰："圣
人之所以为治道者三：一曰利，二曰威，三曰名。"虽然先秦各家都有
"治道"的说法，但是就"治道"概念的内涵而言，尚需作进一步的辨
析。即同是"治道"概念，有的是从治国的道理立论，有的就治国的方
法而言。前者如墨子提出的"兼相爱，交相利"之原则、荀子所谓的
"得道以持之"，皆是主张有一种更高的、一贯的原则指导治国平天下的
政治行动，这种更高的原则就是圣王之法，天下之大道。后者如法家将
利、威、名作为三种治道，其实就是说治国的三种方法。对于"治道"
的这两种不同的含义，庄子用"治之道"与"治之具"加以区别。① 庄
子把摒弃智谋，"顺物自然而无容私焉"②、使世间人物"必归于天"称
为"治之道"，而把道德、仁义、分守、刑名、因任、原省、是非、赏罚
看着是"治之具"。这种判断的标准显然是遵循"建之以常无有，主之以
太一"③ 的道家无为之治。

　　庄子对"治之道"与"治之具"的分判标准是否具有客观性不在此
次讨论的范围之内。但可以肯定的是，"天下之治方术者多矣，皆以其有

---

　　① 《庄子·天道》曰："是故古之明大道者，先明天而道德次之，道德已明，而仁义次之，
仁义已明，而分守次之，分守已明，而形名次之，形名已明，而因任次之，因任已明，而原省次
之，原省已明，而是非次之，是非已明，而赏罚次之，赏罚已明，而愚知处宜，贵贱履位，仁贤
不肖袭情。必分其能，必由其名。以此事上，以此畜下，以此治物，以此修身，知谋不用，必归
其天。此之谓大平，治之至也。故书曰：'有形有名。'形名者，古人有之，而非所以先也。古
之语大道者，五变而形名可举，九变而赏罚可言也。骤而语形名，不知其本也；骤而语赏罚，不
知其始也。倒道而言，迕道而说者，人之所治也，安能治人！骤而语形名赏罚，此有知治之具，
非知治之道。可用于天下，不足以用天下。"
　　② 《庄子·应帝王》。
　　③ 《庄子·天下》。

为不可加矣",并因此而"得一察焉以自好",在"道术将为天下裂"①
的时代,诸子百家无不以为自家之所好就是"治之道"。以彼观之,庄子
所谓的"治之具"也属于"治之道"的范畴。② 宋儒程颐说:"治道亦有
从本而言,亦有从事而言。"③ 这显然是就囊括了"治之道"与"治之
具"二义的广义的"治道"而言。在此意义上,道家的"道治"与"天
治",儒家的"仁政""德治""礼治",法家的"势治""法治""术
治",儒法兼综的"礼法兼用""德法兼行""人法兼资"等都是具体的
"治道"模式。这些不同的"治道"模式所依循的"治道"原则大致包
括"天下为公""民本""人治""无为而治"等。④

秦汉以后,思想界多是在广义上使用"治道"概念。⑤ 不仅如此,与
先秦对"治道"的讨论多集中于诸子的言论不同,"治道"在秦汉以后也
成为君王的惯用观念。这意味着"治道"一方面可能作为歌功颂德的一
种称谓,另一方面"治道"的实现也代表着君王为政治国的理想所在。⑥
天下一统之后,国家的长治久安,庶民的安居乐业,上下合欢,天地交
泰,阴阳有序是"治道"的理想所在。

"治道"的概念在现存的贾谊著作中只出现一次。贾谊指出大相的责

---

① 《庄子·天下》。

② 黎红雷指出:"质言之,在承认并尊重'治之道'的本根、起始意义的前提下,所谓
'治之具'也属于'治道'的范畴。如此看来,广义的'治道',既包括'治之道'即治国的思
想原则,也包括'治之具'即治国的制度措施。"参见氏著《为万世开太平——中国传统治道研
究引论》,《云南大学学报》(社会科学版) 2007 年第 6 期。

③ (宋)程颢、程颐:《二程集》(上),中华书局 1981 年版,第 164 页。

④ 参见黎红雷《为万世开太平——中国传统治道研究引论》,《云南大学学报》(社会科学
版) 2007 年第 6 期。

⑤ 如《汉书·萧何曹参传》载曹参在齐国做丞相时"闻胶西有盖公,善治黄老言,使人
厚币请之。既见盖公,盖公为言治道贵清静而民自定,推此类具言之。"《汉书·宣帝纪》:"吏
不廉平则治道衰。"《汉书·翼奉传》:"治道要务,在知下之邪正。"《汉书·礼乐志》:"河间献
王有雅材,亦以为治道非礼乐不成,因献所集雅乐。"《汉书·刑法志》:"议者或曰,法难数变,
此庸人不达,疑塞治道,圣智之所常患者也"等,此处所列的"治道"有的与"治之道"有关,
有的则与"治之具"有关。

⑥ 秦始皇统一中国后,登泰山刻石颂曰:"皇帝临位,作制明法,自下修饬……治道运行,
诸产得宜,皆有法式。"(《史记·秦始皇本纪》)又《汉书·文帝纪》载:"古之治天下,朝有
进善之旌,诽谤之木,所以通治道而来谏者也。"前者说明"治道"可以作为颂功的概念来使
用,后者说明"治道"可以作为明君的理想追求。

任是"承大义而启治道"。此处"治道"更倾向于庄子所谓的"治之道"的含义,指使天下宜,教化施,礼乐行,风俗美,合治安的天下大治之道。这种治道理想显然是本于儒家的王道精神而发的。除了使用"治道"的概念外,贾谊还提出了"治体"的概念。在《新书》中,"治体"出现三次,因此我们可以从三个不同的侧面大略把握"治体"概念的内涵。(1)贾谊面呈文帝道:"夫曰'天下安且治'者,非至愚无知,故谀者耳,皆非事实知治乱之体者也。"(《新书·数宁》)贾谊认为那种偷安于一时的"至愚无知"之徒及"谀者"是以暂时表面上的安定为事实上的安定,而没有看到潜在的不安定因素。贾谊批评这种目光短浅的大臣是"非事实知治乱之体者"。这说明他所谓的"治体"是以国家的长治久安为本而否定那种治标不治本及只见树木不见森林的政治短视甚至急功近利的行为。因此,贾谊所谓的"治体"概念内涵有重本的思想。(2)因为那种苟且偷安的大臣难以实现长治久安的理想,所以贾谊向文帝请命道:"以陛下之明通,因使少知治体者得佐下风,致此治非有难也。"(《新书·数宁》)这里的"此治"指的是"天下顺治,海内之气清和咸理,则万生遂茂"的"至治之极"(《新书·数宁》)。理想之治的现实化表现为"万生遂茂",万物各遂其性。生生之谓德,好生亦是仁,以此治为治体,则无疑是对孔孟所极力推扬的儒家德治、仁政理想的继承。这种以儒家德治、仁政理想为目的之"治体"的实现,表现在人伦上就是"父无死子,兄无死帝,途无襁褓之葬,各以其顺终"(《新书·数宁》)。贾谊引晏子语道:"唯以政顺乎神,为可以益寿。"(《新书·数宁》)由此不难推知,由贾谊所谓的"治体"而实现的"至治"不仅能够使人民做到养生送死无憾、寿终正寝,而且在某种意义上由于德治、仁政所带来的"海内之气清和咸理"能够使人的生命增益到极致,这无疑是儒家民本思想的应有之义。(3)贾谊在《新书·俗激》中指出"管子曰:'四维,一曰礼,二曰义,三曰廉,四曰耻。''四维不张,国乃灭亡。'云使管子愚无识人也,则可;使管子而少知治体,则是岂不可为寒心?"贾谊的意思是,管子提出国有礼、义、廉、耻四维的主张。如果说管子是一个愚昧且没有见识的人的话,那么目前汉朝所处的形势就无可厚非;而如果说管子稍微知道"治体"的话,那么结合当时的形势来看,汉政权就岌岌可危,令人心寒。因为当时贾谊所看到的情况是"无制度,弃礼义,捐廉丑",日甚一日，每况愈下，正与管子所谓的"四维不张"极其相似。在这个意义上，贾谊所谓的"治体"必然包括礼、义、廉、耻之教。因此，贾谊所谓的"治体"至少有三方面的内容：第一，重本思想。第二，德治、仁政理想及此理想下的民本思想。第三，礼义廉耻之教化。

比照先秦以来"治道"概念的内涵可知，贾谊的"治体"概念实与广义的"治道"概念含义相同。一言以蔽之，贾谊的"治道"就是"行道"，他说："故治国家者，行道之谓，国家必宁；信道而以伪，国家必空。"（《新书·大政下》）可见，贾谊把"行道"与"信道而以伪"视为两种相对的治理实践，"行道"指的是将"道"的理想贯彻、落实到具体的为政治国的实践之中。因此，"行道"是理想与践行的统一，是以大公之道示人。"信道而以伪"则是阳以坚执"道"的信念示人，阴以违道之举行动，其实是假"道"的理想以行其一己之私意，具体而言就是行其权利意志。故而，"信道而以伪"是假公济私的阴论。由此可见，贾谊已经深刻地意识到在大一统下一人专制的形势中，"信道而以伪"是在位者必行的政治伎俩。既然"治道"就是"行道"，那么什么是"道"呢？根据第一章第一节对贾谊"道"论的解析可知，"道"一方面是根原性的，"物所道始谓之道"；另一方面又具有方法论的意义，"道者所道接物也""本末皆道"。所谓"行道"就是根源性的"道"通过"虚之接物"与"术之接物"这两种途径贯彻到为政治国的治理实践之中。贾谊指出："君功见于选吏，吏功见于治民，故观之其上者犹其下，而上睹矣，此道之谓也。"（《新书·大政下》）结合具体的政治行为，"道"不远人，"行道"就体现在君主对官吏的选拔之功上，体现在官吏对庶民的治理之功上。由于人君选吏之目的是治民，以收庶、富、教之效，所以"行道"与"信道而以伪"的分判标准最终是由庶民决定的。这意味着在贾谊的思想中，由君与吏发出的政治行为应该是为民也即是为公的，而不是为私为上的。由君、吏、民形成的政治架构是服务于人民的，而非服务于在位者的权力意志。这种服务于人民的政治行为主体是君与吏，治民是君、吏的共同目的，在此共同目的之下又有各自的行为要求。贾谊指出："治国之道，上忠于主，而中敬其士，而下爱其民。故上忠其主者，非以道义则无以入忠也；而中敬其士，不以礼节无以谕敬也；下爱其民，非以忠信则无以谕爱也。故忠信行于民，而礼节谕于士，道义入于上，则治国之道

也。虽治天下者,由此而已。"(《新书·修政语下》)贾谊此语虽然有
"治国"与"治天下"之分,但对于此二者的治理无非"由此而已",即
治国之道对君、臣各自的要求是:大臣以道义忠于君主,君主以礼义敬爱
大臣,而君臣都以忠信爱戴庶民,在君、臣、民的政治结构中,道义、礼
义、忠信三者行于其间,就是识"治体"、谙"治道",亦是"行道之谓
也"。

二 观之上古:圣王的道治理念

在贾谊的思想中,根源性的"道"体是向实存世界敞开的。这意味
着作为万物本始的"道"只有跃动在现实世界中,其内涵才能被充分地
揭示出来。根源性的"道"体体现在政治实践中,即是能够实现"至治
之极"的"治体""治道"。因此,在政治实践中,"道"体的展开就是
"行道"。而"道"如何才能"行"呢?因为《道德说》篇曾说"道虽
神,必载于德,而颂乃有所因",即"道"的神妙作用只有通过"德"的
运转才能进一步地施展,所以"道"要落实到实际的政治运作之中,必
须通过得"道"怀"德"的圣王的推扬。《新书·道术》云:"守道者谓
之士,乐道者谓之君子;知道者谓之明,行道者谓之贤,且明且贤,此谓
圣人。"在贾谊看来,"守道"与"乐道"尚停留在主体对"道"的依归
层面上。就"道"体的显豁程度而言,在此层面,主体与"道"体尚是
分离的。① 而"知道"且"行道"则意味着主体通达"道"体,并能够
推动"道"体与物相接。贾谊认为,自古以来,能够"知道"且"行
道",具备明且贤之圣人人格的有五帝②、禹、汤、文王、武王、成王十
位。敞开的"道"体必然是历史性的。因此,尽管不同的圣王所知且行
的"道"不同,但彼此并不冲突。相反,圣王们从不同的侧面彰显了
"道"体的内涵。在历史的进程中,面向不同的社会条件和历史境遇,

---

① 此处之所以用"就道体的显豁而言",是因为在贾谊的思想中,作为人物内在规定的
"性"是直承"道德"而来,即"性"未落入"气"之前是道德性的。因此,就本源而论,
"道"与"性"是二而一的,本不分离。其实道体的显豁程度也就是主体对"道"的觉解程度。
② 这里的五帝指黄帝、颛顼、帝喾、尧、舜,与《大戴礼记》所载相同,司马迁《五帝
本纪》亦本于此。五帝另一说法为少昊、颛顼、高辛、唐、虞。见《五帝本纪》集解,载《史
记》(第一册)(卷一),第1页。

"道"如鉴之应,如衡之称,显示出不同的内涵侧面。圣王们的知与行就是"道"体在现实世界中的显现。根据贾谊的记载,圣王的道治理念主要体现在仁、信、敬、慎四个方面。

(一)行道:"以信与仁为天下先"

贾谊认为"道"在"行道"的政治行为中最本始的表现是由黄帝体贴出的仁与信的道治理念。他在《新书·修政语上》中指出:

> 黄帝曰:"道若川谷之水,其出无已,其行无止。"故服人而不为仇,分人而不誃(减)者,其惟道矣。故播之于天下而不忘(亡)者,其惟道矣。是以道高比于天,道明比于日,道安比于山。故言之者见谓智,学之者见谓贤,守之者见谓信,乐之者见谓仁,行之者见谓圣人。故惟道不可窃也,不可以为虚也。故黄帝职道义,经天地,纪人伦,序万物,以信与仁为天下先。然后济东海,入江内取绿图,西济积石,涉流沙,登于昆仑。于是还居中国,以平天下,天下太平,惟躬道而已。

贾谊在这里进一步揭示了"道"的内涵。"其出无已,其行无止"说明"道"绵延不绝,没有终点可言。"道"虽然本身没有始点与终点,但却是万物的始点,万物皆由"道"生。因此,"道"能够使人信服而不会与"道"为仇。"道"就像川谷之水一样源源不绝,滋养万物而自身不会减损。即使将"道"播之于天下,"道"也不会因此而亡绝。"高比于天"说明"道"的不可超越性,这意味着君王只能忠实地"行道",而不可有越道或违道之举。"天无私覆",以天喻"道"同时也说明了"道"之大公无私的特性。"明比于日"说明"道"能照察万物,得"道"则明,无所不察。失"道"则暗,昧而无知。"安比于山"则说明"道"的安稳性与可依赖性,行"道"则安,离"道"则乱。

尽管"道"有如此特性,但是秉气而生的人对"道"的觉解程度因其修养的不同而有不同的表现。因此,"言之者见谓智,学之者见谓贤,守之者见谓信,乐之者见谓仁,行之者见谓圣人",贾谊根据人自身修养的不同亦即对"道"的觉解程度的不同而区分为言道者、学道者、守道者、乐道者、行道者。这五种层次的修养者分别对应智、贤、信、仁、圣五种德性。这五种德性应该是修养境界不断升进的结果，"圣"则是德性的圆满与整全，圣德自然内涵智、贤、信、仁四德。不难看出，信与仁是通达圣德的必然阶段，但是在通达圣德的过程中，在信与仁之前尚有智与贤二德。既然如此，贾谊为何说黄帝以信与仁为天下先呢？《道术篇》曾云："守道者谓之士，乐道者谓之君子；知道者谓之明，行道者谓之贤，且明且贤，此谓圣人。"因此，虽然修养者在德性上有五种不同的表现，但是在现实中只有士、君子、圣人三种不同的人格表现。守道之士与信德对应，乐道君子与仁德相合，行道的圣人既明且贤，明与智相通，所以智与贤是圣人兼知兼行、内外通一的内在因素。因此，在人格养成的德性诉求上，守道之信与乐道之仁则具有先发的意义。不仅如此，在君、臣、民的政治架构中，圣人的行道是通过选吏表现出来的，守道之士，乐道君子自然是圣人的首选，因此，信与仁作为治道理念被首先揭示出来。

以信与仁为天下先，即是把信与仁作为治理天下的根本原则，并付诸切实的行动。"道"只能通过守道之信与乐道之仁方能获得，因此说"道不可窃"；"道"只能通过守道之士与乐道君子的推行才能够向下落实，因此说"道不可虚为"。据贾谊的描述，黄帝是先确立以信与仁为天下先的信念，然后再济东海、取绿图、济积石、涉流沙、登昆仑，再还于中原以平天下。由此可以看出，黄帝之所以能够平天下，是因为他不仅把信与仁作为治理天下的根本原则，而且躬身践行道义，有一番切实的行道之举。所谓黄帝"职道义""惟躬道而已"正是就黄帝能够躬行道义而言。行道的重点在于切实之行，而非"信道而以伪"的虚妄之举。因此，贾谊虽然强调以仁与信为天下先，把仁与信作为治理天下的根本原则，但并不意味着他认为守道与乐道比行道更为重要，而是认为在行道的治理行为中，仁与信是一个根本原则。

需要进一步追问的是，以仁与信为天下先的治道理念是条件性的，还是绝对性的？换言之，这是因为黄帝的个人因素，仁与信才作为治理天下的一个根本原则？还是仁与信本来就具有普适性而必然成为治理天下的根本原则？如果是因为黄帝的个人因素，那么仁与信就不具有普适的意义，其他的圣王可能就会提出不同的原则。如果仁与信具有普适性，那么这个原则就会得到后继圣王的认同与继承。贾谊认为仁与信当然具有普适性。据《新书·修政语上》的记载，帝颛顼曰："至道不可过也，至义不可易也"，他认为黄帝躬道而行，与道为一，因此"以信与仁为天下先"的道治理念便是无可复加的至道，所以他"缘黄帝之道而行之，学黄帝之道而赏之，弗加弗损"。帝喾也是"上缘黄帝之道而明之，学帝颛顼之道以行之"，帝尧"存心于先古"，"先恕而后行"，"率以仁而恕，至此而已矣"，大禹之治天下，"以信为之也"。因此，以信与仁为天下先的治道理念是经黄帝体贴而出又经后继圣王反复践行的一个基本原则，其无疑具有行道的普适意义。如果再进一步追问的话，那么就会提出为什么黄帝体察道体而以信与仁为天下先呢？虽然贾谊没有具体地回答这一问题，但结合相关典籍可知黄帝以信与仁为天下先的思想是法天地之德而来的。《吕氏春秋·序意》说道："尝得学黄帝之所以诲颛顼：'爰有大圜在上，大矩在下，汝能法之，为民父母。盖闻古之清世，是法天地。'"大圜是天道，大矩是地道，"天曰顺，顺维生"①，天地之大德曰生，生生之谓仁。"天行不信，不能成岁；地行不信，草木不大……天地之大，四时之化，而犹不能以不信成物，又况乎人事……夫可与为始，可与为终，可与尊通，可与卑穷者，其唯信乎！信而又信，重袭于身，乃通于天。"② 由此可知，贾谊以信与仁概括黄帝的道治理念并非一念使然，而是有着深厚的文化背景作支撑。

综上可知，贾谊认为仁与信是基本的治道原则，古之圣王以仁信治天下就是"行道"。在先秦儒家的思想中，仁与信的内涵非常丰富，而贾谊所谓的仁信之治具体指的是什么呢？《论语·学而》云："谨而信，泛爱众而亲仁。"孔子已经指出博爱与信对于"仁"德养成的重要意义。不过，孔子此语是针对一切人之"仁"德的养成而言的，而贾谊将仁与信确定为治道的根本原则，不尽说明施政者要具有仁信的品格，而且意指政治本身应具有仁信的价值准则。《新书·修政语上》指出："帝喾曰：德莫高于博爱人，而政莫高于博利人。故政莫大于信，治莫大于仁，吾慎此而已矣。"贾谊认为为政要信，为治要仁，仁就是博爱于人，信就是博利于人。政道与治道虽有不同，但二者是统一的。由此也可以看出，牟宗三

---

① 《吕氏春秋·序意》。
② 《吕氏春秋·贵信》。

在《政道与治道》一书中认为中国古代只有治道而无政道的观点实为不察。① 对为政者而言,由一念之仁升格为博施济众的"仁"德,进而表现为仁政,由"信"所规定的实践理性是一个必需的条件,博爱之仁的推广与实施也只能通过博利之信体现出来。因此,虽然仁与信在内涵上有所不同,但二者有着必然的联系。贾谊将仁与信确定为治道的根本原则,其实是要求在位者超越一念之仁,养成恒久之"仁"德以施行仁政。此外,需要进一步解释贾谊对"信"之内涵的界定。贾谊说:"期果言当谓之信。"(《新书·道术》)"期",《说文》月部云:"会也。"段《注》曰:"会者,合也。期者,要约之意,所以为会合也。"② 因此,"期果"就是与人相约,必要会合。"言当"就是指"言"要得当、合宜。正因为要"期果",所以要"言当"。这与"道"之接物"以当施之"的思想是一致的。顺便指出,贾谊关于"言当"的思想与先秦儒家关于"言"的思想是一致的。虽然儒家强调言要信,但并不主张言必信,因此孔子反对"言必信,行必果"的"硁硁然小人"之举,③ 而认为"信近于义,言可复也"(《论语·学而》)。孟子亦云:"大人者,言不必信,行不必果,唯义所在。"(《孟子·离娄上》)儒家对"信"的讨论是始终建立在仁义的规范之下,主张居仁由义而不恪守教条。而贾谊所说的"言当"就是指"言"要合于"义"的意思。儒家不仅将"信"作为人立身处世的德行,如"人而无信,不知其可也"(《论语·为政》),而且还将"信"作为君主善政善治的一个指导原则,如"道千乘之国,敬事而信"(《论语·学而》),"自古皆有死,民不信不立"(《论语·颜渊》),"上好信,则民莫敢不用情"(《论语·子路》)。虽然先秦儒家将"信"确立为治国行为的一个根本原则必然蕴含着"利"的思想,但是贾谊直接将"博利于人"界定为"信"的内涵可以说是更加明确地揭示了"信"作为治道思想的精神实质。"博利于人"是"博爱之仁"思想的自然延伸。在君王的治理行为中,有"仁"无"信"则难免因各种因素而使仁政的开展遭

---

① 牟宗三:《政道与治道》,广西师范大学出版社 2006 年版,第 1 页。牟氏对"政道"与"治道"的定义充满了德国哲学的味道,而以民主政治才有政道作为定义的前提。这种定义与中国古代政治哲学十分不合。

② (清)段玉裁:《说文解字注》,上海古籍出版社 1988 年版,第 314 页。

③ 《论语·子路》。

受阻遏，有"信"无"仁"则难免因缺乏居仁由义的内在理性而使君王成为"信道而以伪"的假仁义之徒。因此，以仁与信为内容的仁政思想正是不偏不倚的中和之道。不仅如此，贾谊对"信"的强调还有强烈的现实意义。在大一统的专制政体中，单纯思想的力量不能保证每一个皇帝都能够从仁心出发开出仁政之治。相反，在更多的情况下，皇帝只有一念之仁，而缺乏行仁的持久力量。而贾谊不仅能够引导在位者施行仁政，而且规定了如何施行仁政，即博爱于人、博利于人。因此，以"信与仁为天下先"的治道思想不仅是圣王智慧的结晶，是理想的王道之治的应有之义，而且还具有强烈的现实意义，是当行且能行的。"行道"以"信与仁为天下先"是理想性与现实性的统一。

在梳理了贾谊关于"以信与仁为天下先"的治道思想后，仍有一个问题需要辨析，即在汉初黄老思想盛行之时，为什么贾谊认为儒家的仁信之治是由黄帝体贴出来的？汉初盛行的黄老思想是道家后学与一批深受道家影响的法家人物，托言于黄帝与老子的产物。《庄子·知北游》中记载了黄帝的一段话：

> 夫知者不言，言者不知，故圣人行不言之教。道不可至，德不可至，仁可为也，义可亏也，礼相伪也。故曰："先道而后德，失德而后仁，失仁而后义，失义而后礼。礼者，道之华而乱之首也"。故曰："为道日损，损之又损以至于无为，无为而无不为也"。

这是有关黄帝与老子思想结合的最早文献。而后有申不害"本于黄老，而主刑名"，韩非"喜刑名法术之学，而其归本于黄老"[1]。另外，慎到、田骈、接子、环渊"皆学黄老道德之术"。[2] 而从帛书《黄帝四经》来看，汉初黄老之学的核心是以道、法、刑、名思想为主，而鲜谈仁义的精神。既然如此，贾谊又为何认为黄帝之"道"是以信与仁为天下先呢？这主要有两方面的原因。

一方面，托言黄帝以立说的学风在秦汉之际颇为盛行。如《吕氏春

---

[1] 《史记·老子韩非传》（第七册）（卷六十三），第2146页。
[2] 《史记·孟子荀卿列传》（第七册）（卷七十四），第2347页。

秋·序意》称吕不韦"尝得学黄帝之所以诲颛顼矣"。《淮南子·修务》
指出："世俗之人，多尊古而贱今，故为道者，必托之于神农、黄帝而后
能入说。"司马迁亦有"百家言黄帝"的感慨。① 之所以百家言必称黄帝，
是因为黄帝的始祖地位决定了他的言行的权威性与合理性。关于黄帝的始
祖地位，《国语·鲁语上》载：

> 黄帝能成命百物，以明民共财，颛顼能修之……故有虞氏禘黄帝
> 而祖颛顼，郊尧而宗舜；夏后氏禘黄帝而祖颛顼，郊鲧而宗禹……

儒家经典《礼记》中也有类似的记载：

> 有虞氏禘黄帝而郊喾，祖颛顼而宗尧，夏后氏亦禘黄帝而郊鲧，
> 祖颛顼而宗禹。②

因此，黄帝作为中华民族的人文初祖，其作为价值根源的意义不言而
喻。诸子百家虽各抒己见，但都同归于"道"，"道"为万物之始本，确
是不争的定论。在这个意义上，黄帝就是"道"的人格化。黄帝的言行，
就是"道"的彰显。百家言黄帝，则百家都以自己的学说为"道"的代
表。所以，我们可以推测，黄老道家托言黄帝，实则是以黄帝的权威确定
其思想的不可被超越取代的地位。《庄子·知北游》中原本属于《老子》
的话，而通过黄帝之口表达出来，其意图也是十分明显的。因此，贾谊借
黄帝事迹以立论的意图也是十分明显的，即将仁与信的价值从根源上确立
起来，以保证其无可撼动的权威地位即普适意义。

另一方面，司马迁有"黄帝设五法"之说。据太史公佚著《素王妙
论》载："黄帝设五法，布之天下，用之无穷，盖世有能知者，莫不尊
荣。如范子可谓晓之矣。子贡、吕不韦之徒颇预焉。自是以后无其人。旷
绝一百有余年。管子设轻重九府，行伊尹之术，则桓公以霸，九合诸侯，
一匡天下；范蠡为越相，三江五湖之间，民富国强，卒以擒吴。功成而弗

---

① 《史记·五帝本纪》（第一册）（卷一），第46页。
② 《礼记·祭法》。

居，变名易姓之陶自谓朱公，行十术之计，二十一年之间，三致千万，再散与贫。"① 可见，黄帝所设的五法，用之无穷的特性正是"道"的特性。而且，这五种大法有益于民富国强，这对意欲一统天下的诸侯而言有极大的诱惑力，所以托言黄帝以成其说，对诸子而言也是应有之义。此外，从子贡曾学得黄帝五法的事实及《礼记·祭法》的记载来看，儒家思想与黄帝的事迹亦颇有渊源，贾谊托言黄帝以成己说在儒者之中并非特立独行。

（二）慎与敬：为善去恶与"尽敬"

由《说文》对"信"的释义可知"信"与"敬"密不可分。由帝喾曰："政莫大于信，治莫大于仁，吾慎此而已矣"可知，仁信之政的开展又需要"慎"的工夫。贾谊认为黄帝以仁信为天下先，后继圣王无不缘黄帝之道而修之，而在后世圣王"行道"的实践中，慎与敬是不二法门。圣王之所以能够"身专其美"（《新书·修政语上》），正是因为圣王能够以慎与敬之诚行信与仁之政的结果。相反，暴君之所以身专其恶，正是由于暴君以骄肆之心背道弃义所致。贾谊说："纣，天子之后，有天下宜然。苟背道弃义，释敬慎而行骄肆，则天下之人，其离之若崩，其背之也不约若期。"（《新书·连语》）在贾谊看来，先王敬慎之道的内涵包括以下三个方面的思想。

首先，关于"慎"，贾谊说："功莫美于去恶而为善，罪莫大于去善而为恶。故非吾善善而已矣，善缘善也；非恶恶而已也，恶缘恶也。吾日慎一日，其此已也。"（《新书·修政语上》）大道至简，行道亦简，一言以蔽之，行道就是为善去恶。但是，为善去恶不是根据君王一己之好恶为善恶的标准，而是以道善之，以道恶之。一己之好恶并不能代表普遍的善或绝对的恶，所褒扬的善应该是能够放之四海而皆准的绝对的善。同理，所惩戒的恶也应该是天下之共恶。所谓"善缘善""恶缘恶"就是所扬之善是因为它本来就是善的，不是因为君王认为是善的所以它才是善的，所惩之恶是因为它本来就是恶的，不是因为君王认为是恶的所以它才是恶的。因此，所谓为善去恶要"慎"就是说人君要根据善恶的应有之义而采取相应的行动，而防止一己之私欲掺杂其间，从而影响是非判断的公正

① 《太平御览》卷四七二《人事部》，新兴书局影宋本1959年版，第1—2页。

性。人君之所以要"日慎一日"，就是要正道公行，避免以私废公的现象发生。此外，此处为善去恶之"慎"还有另一层含义，就是要缘道以修之。贾谊在《新书·修政上》中指出："帝喾曰：'缘道者之辞而与为道也，缘巧者之事而学为巧已，行仁者之操而与为仁也。'"贾谊认为帝喾根据得道者（黄帝、颛顼）的言辞去践行"道"之理，因此有"节人之器以修其财，而身专其美矣"的天下治平之世。所以，这里的"慎"从积极方面而言是缘道，从消极方面而言是防私。

"慎"德从根本意义上来说是为了保证人君在施政过程中能够做到正道公行，其现实意义则表现得更为明显。贾谊说道：

> 君能为善，则吏必能为善矣；吏能为善，则民必能为善矣。故民之不善也，吏之罪也；吏之不善也，君之过也。呜呼，戒之！戒之！故士民者，率之以道，然后士民道也；率之以义，然后士民义也；率之以忠，然后士民忠也；率之以信，然后士民信也。故为人君者，其出令也，其如声；士民学之，其如响；曲折而从君，其如景矣。呜呼，戒之哉！戒之哉！君向善于此则失然协，民皆向善于彼矣，犹景之象形也；君为恶于此则哼哼然协，民皆为恶于彼矣，犹响之应声也。故是以圣王而君子乎，执事而临民者，日戒慎一日，则士民亦日戒慎一日矣，以道先民也。（《新书·大政上》）

在自上而下的政治架构中，上行下效是上情下达的一个必然且有效的途径。因此，人君的善恶标准能够自然地成为士民的善恶标准，即使有些许自觉的士人能够反省人君的标准，但也不能减损此标准因政治力量的推动而在社会生活中产生的普遍效力。因此，如果人君的善恶标准是以公共之善恶为善恶，那么士民就会有正确的善恶观，因而也有正确的是非观，士风民俗亦会随之而清和有伦。如果人君以一己之意为善恶的标准，那么士民就会投其所好，因而会混淆善恶，搬弄是非，士风民俗也因此而成为人君一己私意延伸与扩张的土壤。不仅如此，如果人君能够日慎一日地为善去恶，那么士民中亦会随之形成普遍的戒慎之风，伪诈之士、骄恣之民也会因为缺乏相应的风气而随之自然减少。因此，作为士民效仿典范的人君就要做到"以道先民"，即人君行道在先。而人君如何才能做到行道在先呢？如何才能做到不以一己私意妨害公是公非呢？贾谊说道：

> 汤曰："学圣王之道者，譬其如日；静思而独居，譬其若火。夫人舍学圣王之道而静居独思，譬其若去日之明于庭，而就火之光于室也，然可以小见，而不可以大知。"是故明君而君子，贵尚学道而贱下独思也。故诸君得贤而举之，得贤而与之，譬其若登山乎；得不贤而举之，得不贤而与之，譬其若下渊乎。故登山而望，其何不临而何不见？凌迟而入渊，其孰不陷溺？是以明君慎其举，而君子慎其与，然后福可必归，灾可必去矣。（《新书·修政语上》）

可见，君王要想做到"以道先民"，必须要先知"道"，要想知"道"，就必须要学习圣王之道。学习圣王之道，不仅要通过现存的经典去获取，而且要"就有道而正焉"。因此，静思而独居不是明君、君子的行道方式。贾谊之所以反对君王静思而独居，仍然是为了防止人君以一己私意为善恶、是非的标准而刚愎自用。既然人君不能静思而独居，那么就需要与贤能为伍。否则，如果君王与不肖者相伴，那么就只能助长私意的蔓延。因此，即使人君有心学道，也要慎其所举，慎其所与。在大一统的专制政体下，学道就贤对于人君权利意志的限制及仁信之政的施行是十分必要的。

人君为善去恶之"慎"，不仅体现在"以道先民"上，而且体现在具体的治国行为中。贾谊认为在实际的政治生活中，君王在"诛赏"与"言行"两方面上必须要慎之又慎。关于诛赏之慎，贾谊说道：

> 诛赏之慎焉，故与其杀不辜也，宁失于有罪也。故夫罪也者，疑则附之去已；夫功也者，疑则附之与已。则此毋有无罪而见诛，毋有有功而无赏者矣。戒之哉！戒之哉！诛赏之慎焉，故古之立刑也，以禁不肖，以起怠惰之民也。是以一罪疑则弗遂诛也，故不肖得改也；故一功疑则必弗倍（乖戾也）也，故愚民可劝也。是以上有仁誉而下有治名。疑罪从去，仁也；疑功从予，信也。（《新书·大政上》）

刑罚的作用在于"禁不肖，以起怠惰之民"，其目的是激起民志，使不肖之徒能够及时改过从善,而不是为了通过严酷的刑杀使民战栗畏惧,因此贾谊主张疑罪从宽。赏赐的目的是鼓励民心向善,而不是因赏而赏,循名责实,故而贾谊认为疑功从赏。究其极,诛赏之慎的目的是使民做到"有耻且格"。在贾谊看来,疑罪从去,就是仁德的彰显,疑功从予,就是取信于民,是博利于人的表现。诛赏之慎正是仁信之政的具体体现。贾谊诛赏之慎的思想,与法家赏罚二柄的主张有本质的不同。韩非子所提倡的人主"刑德"二柄之目的是"制其臣者"(《韩非子·二柄》)。其背后既无仁德的支撑,亦无信义的坚守,一切以隆君抑臣为原则。在这种原则之下,更无从谈起贾谊主张的"疑功从赏,疑罪从去"之原则,相反轻罪重判,甚至是有功亦罚是其必然的路径。① "疑罪从去"是以德去刑,重轻罪则是以刑去刑。通过这种辨析,就可以知道徐复观对贾谊关于赏刑思想的理解存在偏颇之处。徐先生云:"庆刑赏罚,此法家之所谓二柄,即亦法的骨干,贾谊加以完全的肯定,并吸收其用法的公而无私的精髓。"② 贾谊从信与仁的立场论"疑功从赏,疑罪从去"与法家的二柄论有根本的区别。

关于言行之慎,贾谊说道:

> 夫一出而不可反者,言也;一见而不可掩者,行也。故夫言与行者,知愚之表也,贤不肖之别也。是以知者慎言慎行,以为身福;愚者易言易行,以为身灾。故君子言必可行也,然后言之,行必可行也,然后行之。(《新书·大政上》)

人君之所以要慎言慎行,是因为言行不仅可以作为区别贤与不肖的标准,而且还与福祸相关。因此为政者要做到言必可行,行必可行,避免不

---

① 关于重轻罪,《韩非子·内储上》云:"公孙鞅之法也重轻罪。重罪者人之所难犯也,而小过者人之所易去也,使人去其所易,无离其所难,此治道也。夫小过不生,大罪不至,是人无罪而乱不生也。……公孙鞅曰:'行刑重其轻者,轻者不至,重者不来,是谓以刑去刑。'"关于有功亦罚,《韩非子·二柄》云:"群臣其言大而功小者,则罚。非罚功也,罚功不当名也。群臣其言小而功大者,亦罚。非不说于大功也,以为不当名也。害甚于有大功,故罚。"
② 徐复观:《贾谊思想的再发现》,载《两汉思想史》(卷二),台湾学生书局1987年版,第120页。

计后果的恣言妄行。那么人君如何才能做到言必可行，行必可行呢？贾谊指出"故行而不缘道者，其言必不顾义矣"（《新书·大政上》），即慎言慎行就是要做到缘道而行，顾义而言，一切从道义出发。以"义"作为慎言慎行的依据与法家倡导的言行之慎的思想又有本质的不同。《韩非子·外储说右上》云："慎而言也，人且知汝；慎而行也，人且随汝。尔有知见也，人且匿汝；尔无知见也，人且意汝。汝有知也，人且藏汝；汝无知也，人且行汝。故曰：惟无为可以规之。"韩非子此语的目的是劝诫君主要通过慎言慎行而防止臣下通过君主的言行判断君主的好恶。这种御臣之术与贾谊"慎"的思想毫不相干。

其次，关于"敬"，贾谊指出：

> 帝舜曰："吾尽吾敬以事吾上，故见谓忠焉；吾尽吾敬以接吾敌（辈），故见谓信焉；吾尽吾敬以使吾下，故见谓仁焉。是以见爱亲于天下之人，而归乐于天下之民，而见贵信于天下之君。故吾取之以敬也，吾得之以敬也。"故欲明道而谕教，惟以敬者为忠必服之。（《新书·修政语上》）

"敬"在帝舜那里主要体现在事上、接友、使下三个方面，这三个方面基本上涵盖了政治生活的全部内容。虽然贾谊点明了"敬"在仁信之政之实施过程中的重要意义，但是他并没有进一步说明如何在事上、接友、使下中尽敬。然而"敬"是孔孟儒家仁政思想的一个重要观念，因此我们不妨根据孔孟的相关论述来进一步理解贾谊"敬"的思想。贾谊以事上、接友、使下三个方面言"敬"，可以说是对孔子"敬事而信"思想的演绎。关于舜的事上之敬，《孟子·离娄上》云："不以舜之所以事尧事君，不敬其君者也"，"责难于君谓之恭，陈善闭邪谓之敬"，孟子所谓的以敬事君，指以义事君，不陷君于不义之地，并且开陈善道以禁闭君之邪心，也就是引导君王向于道、志于仁。[1] 此外，事君以敬还表现在臣下恪尽职守，不谋私利，即"事君，敬其事而后其食"（《论语·卫灵公》）。关于交接以敬，可以用《论语》中的相关论述来说明。《论语·卫

---

[1] 《孟子·告子下》曰："君子之事君也，务引其君以当道，志于仁而已。"

灵公》载"子张问行。子曰：'言忠信，行笃敬，虽蛮貊之邦行矣。'"
"笃敬"就是"尽敬"，当然孔子所谓的"行笃敬"包括与同辈交接的一
切行为。关于使下以敬，《孟子·尽心上》曰："古之贤王好善而忘势，
古之贤士何独不然？乐其道而忘人之势。故王公不致敬尽礼，不得亟见
之。"所谓使下以敬，就是通过使下以礼的方式表现出来，这是人君尊贤
乐道的体现。使下以敬不仅是就君主礼敬大臣而言，而且还包括使民以
敬。《论语·颜渊》载："仲弓问仁。子曰：'出门如见大宾，使民如承大
祭'"，指出人君对民事要有宗教般的虔敬之心。又"其行己也恭，其事
上也敬，其养民也惠，其使民也义。"（《论语·公冶长》）此外，贾谊关
于"取之于敬，得之以敬"的思想与孟子"敬人者人恒敬之"（《离娄
下》）的思想是一脉相承的。具体而言，使民以敬就是要使民以义。贾谊
认为帝舜因为"敬"而"见谓仁"，亦因为"敬"而见谓"信"，道不远
人，仁信之政就发端于人主的"尽敬"之心。"尽敬"就是人君涤除一切
私意，不让丝毫私意掺杂到行道的过程之中。没有私意的介入，则道体自
然澄明，道体澄明，则教化得行，因此说"明道而谕教，惟以敬者"。

　　最后，关于慎、敬与仁信之政的关系问题。一言以蔽之，仁信之治就
是为善去恶。这就要求人君在善恶的裁断上以公是公非为标准，而不是任
由一己私意的延展。明确公私的界限，以公不以私，就是"慎"之所在，
就是行道。贾谊认为人君只有通过学习圣王之道，缘道以修之才能切实地
做到公私分明。要做到缘道以修之，必须先明道，而道之明只有通过
"尽敬"才能达到。所谓"尽敬"，就是要尽除私意，让心体与道体通一，
这就是"明道"。"尽敬"不仅要做到心与道通一，而且还要做到内外通
一，这是"德之六理"对"明"的规定。因此，信与仁是"道"在政治
实践中的表现形式，是君王行道的应有之义与必然追求，而慎与敬是针对
君王内心的戒惧与敬畏而言的，是"行"之前的内在反省活动。如果说
仁信之治是君王践行与追求的目标的话，那么慎与敬就是伴随着行动始终
的内在道德省察机制。因此，"慎"是日慎一日，"敬"是长存之敬。《新
书·修政语下》云："兴国之道，君思善则行之，君闻善则行之，君知善
则行之，位（立）敬而常之，行信而长之，则兴国之道也。"为善去恶要
日慎一日，因此君王要思善、闻善、知善，如此才能为善。不仅如此，在
为善过程中，还要常存"尽敬"之心，为善之慎与尽敬之心，合而言之

就是仁德的体现。在此基础上，佐以"信"德长养此为善慎敬之心，如此便是施行仁信之政的兴国之道。①

三　察盛衰之理：道不可离

由黄帝开启、经五帝三王反复践行的仁信之政，就是长治久安之道。人君治国理民，凡是偏离或背弃了仁信之政的，最终是国祚不久、身首异处。贾谊鉴于大秦帝国迅速覆灭的历史教训而作的千古名篇《过秦论》深刻地揭示了秦朝覆灭的两个根本原因：不施仁义与秦王的骄肆。

（一）"仁义不施，攻守之势异也"的政治哲学与王道追求

"仁义不施，攻守之势异也"，是贾谊《过秦论》中脍炙人口的千古名言。这个观点之所以能被千古传诵，是因为它是一条颠扑不破的治国真理，即以仁义守成的思想来治国、平天下，具有普遍的适用意义。如果将这个命题还原到贾谊的整个思想之中，那么就能发现除了其普遍意义之外，还有其特殊意义。这主要表现在两个方面：一方面，贾谊在这里强调了"势"的重要性，这是需要我们凸显的地方；另一方面，攻守之势异，是否就意味着攻取之时就舍弃仁义呢？这是需要我们审辨的地方。

关于"势"，《孙子兵法·计》曰："势者，因利而制权也。"《势篇》又云："故善战人之势，如转圆石于千仞之山者，势也。"《老子》第五十一章有"势成之"的思想，强调"势"对于事物的长成作用。不过，在《老子》哲学中，"势"显然不是讨论的重点，况且在帛书《老子》甲、乙本中，"势成之"皆作"器成之"。《孟子·公孙丑上》引齐谚云："虽有智慧，不如乘势；虽有镃基，不如待时"，认为施行仁政也有审时度势的必要。将"势"的引入，也是儒家重"时"思想的自然延伸。不过，"时势"的思想并没有被先秦儒家广泛地讨论。在先秦哲学中，关于由"势"与君权相结合产生的"君势"的讨论颇为丰富。如《荀子·王霸》曰："人主者，天下之利势也。"《管子·法法》云："凡人君之所以为君

---

① 《礼记·儒行》云："敬慎者，仁之地也。"所谓"仁之地"，就是说敬慎是仁的基础。参见王兴国《贾谊评传》，南京大学出版社1992年版，第116页。需要指出的是，王兴国第一次注意到了贾谊"尽敬"的思想，但是他没有说明贾谊"尽敬"思想的内容，更没有指出"尽敬"与"明道"之间的关系。

者，势也。故人君失势，则臣制之矣。"法家的"君势"思想尤其突出，其论"势"的意义在于威势、运势对于君王实施治术的重要性。①

贾谊对法家强调君势权威的思想是有所继承的（下章将详细论述），而他在《过秦论》中关于"势"的哲学主要是就"时势"而言的。在"时势"的意义上，贾谊"势"的哲学呈现出了历史意识与现实关怀两个特征。一方面，贾谊关于"势"的哲学，既具有深厚凝练的历史意识，是历史理性的积淀，又表现出历史之维在现时境况中的展开；既是现时与历史的对话，又是历史对现时的观照。贾谊道："鄙谚曰'前事之不忘，后之师也。'是以君子为国，观之上古，验之当世，参之人事，察盛衰之理，审权势之宜，去就有序，变化应时，故旷日长久而社稷安矣。"（《新书·过秦下》）可见，虽然贾谊强调"时势"的重要性，但他并不因此而拒绝历史。重"势"不是单纯地就"时"论"势"，而是在综合古者圣王之道与当世之务，参合人事之变、盛衰存亡之理的基础上"审权势之宜"。如此，当下之"势"就不是孤立之"势"，而是在历史之维上的"势"。在这种意义上，上古圣王之道就不是过眼云烟，而是指向现时与未来，现时也不仅仅是割裂的当下之"势"，而是连接着历史与未来。历史烛照现时，现时又充盈历史，历史与现时交替前行，因此不必凡是现时的果都要找一个历史的因，否则就是食古不化。历史与现时只有互动、融契才能构成历史之维的延续。贾谊在强调"势"的重要性的同时又注重"势"与历史理性相结合的思想与他的"道"论是一致的。贾谊论"道"是开放的"道"，敞开的"道"，开放的"道"必然面向现实，而又不会遗忘历史。在行道的治道实践中，往圣先贤体贴出的仁信之政是实现王道的大本大根，是现世之治所以因的大经，现世的时势事实是所以施的权宜之处，执经而不忘权所以能"时中"，所以能够实现长治久安的理想。另一方面，贾谊之所以强调"势"的重要性，还因为他试图通过切于当下

---

① 如《商君书·修权》论势之于君主的重要性时说道："今夫飞蓬遇飘风，西行千里，乘风之势也。探渊者知千仞之深，县绳之数也。故托其势者，虽远必至；守其数者，虽深必得。今夫幽夜，山陵之大，而离娄不见；清朝日橅，则上别飞鸟，下察秋毫，故目之见也，托日之势也。"《慎子·威德》强调"势"比德治更重要："尧为匹夫，不能治三人，而桀为天子，能乱天下？吾以此知势位之足恃，而贤者之不足慕也。"韩非子更是强调治国"抱法处势则治，背法去势则乱"（《难势》)，而主张"恃势而不恃信"（《韩非子·外储说左下·经二》)。

之务以规谏汉文帝做一个能够审时度势，从而"建久安之势"的仁智之君。《新书·权重》云："力当能为而不为，畜乱宿祸，高拱而不忧，其纷也且也，甚可谓不知且不仁。"即如果皇帝对眼前的形势没有一个长远的判断，从而没有果断采取相应的治理措施，那么这个皇帝就是枕薪就寝的不智不仁之君。"力当能为"就是得"势"，能为而不为就是失"势"。又《新书·宗首》载道："黄帝曰：'日中必熭，操刀必割。'今令此道顺，而全安甚易；弗肯早为，已乃堕骨肉之属而抗剒之，岂有异秦之季世也！""日中"是得"时"，"操刀"是有"势"，熭与割就是"去就有序，变化应时"之举措，不忍骨肉相残就是古之圣王仁亲之道，① 参照秦之季世就是"察盛衰之理"。贾谊指出，如果文帝现在不趁各诸侯王年幼时限制诸侯国的权力，那么等到各诸侯王长大以后，就难以控制，甚至会出现王室内部骨肉相残的不亲不仁的后果。因此，综合理想主义与现实意义来看，贾谊的"势"的哲学实质上蕴含着他的政治哲学的表达，蕴含着他的治道理想与治道的实践要素。关于这一点，张汝伦从"政道"与"治道"两个方面给出了说明。②

由"仁义不施，攻守之势异也"所引出的第二个问题是，贾谊是否认为攻取之时就可以舍弃仁义呢？既然仁义忠信是王道的大本，那么原则上本不可离，即无论是在攻取之时，还是在守成之时，仁义之道应当始终贯彻如一。《过秦论》中以仁义守天下的儒家仁政思想是不言自明的，但问题是在秦朝以申韩之术结束诸侯纷争的事实面前，贾谊或者说秦以后的儒家对待战争的态度与先秦儒家相比是否发生了改变呢？贾谊说"仁义不施，攻守之势异也"是否暗示在攻取之时就可以先诈力而后仁义，或

---

① 关于古圣先王的仁亲之道，《孟子·万章上》载"万章曰：'舜流共工于幽州，放驩兜于崇山，杀三苗于三危，殛鲧於羽山，四罪而天下咸服，诛不仁也。象至不仁，封之有庳。有庳之人奚罪焉？仁人固如是乎？在他人则诛之，在弟则封之。'孟子曰：'仁人之于弟也，不藏怒焉，不宿怨焉，亲爱之而已矣。亲之欲其贵也，爱之欲其富也。封之有庳，富贵之也。身为天子，弟为匹夫，可谓亲爱之乎？'"

② 张汝伦指出："'察盛衰之理'事涉政道，而'审权势之宜'则关乎治道矣。总之，贾谊是处在中国政治史的转折关头，即从封建制过渡到郡县制，以新的历史形势为背景，针对当时的政治问题，从政道与治道两个方面来做出回答。正因为如此，贾谊在中国政治思想史或政治哲学史上占有独特的重要地位。"参见《王霸之间——贾谊政治哲学初探》，载张汝伦《政治世界的思想者》，复旦大学出版社2009年版，第5页。

者根本置仁义于不顾呢？当今学者一般认为贾谊对秦国兼并天下前的政治作为是有所肯定的,① 其依据是:

> 秦孝公据崤函之固，拥雍州之地，君臣固守以窥周室，有席卷天下，包举宇内，囊括四海之意，并吞八荒之心。当是时也，商君佐之，内立法度，务耕织，修守战之具，外连衡而斗诸侯。于是秦人拱手而取西河之外。(《新书·过秦上》)

商鞅变法的成效在《史记》中有更加具体的记载:"行之十年，秦民大说，道不拾遗，山无盗贼，家给人足。民勇于公战，怯于私斗，乡邑大治。"② 不过王兴国也进而指出，贾谊对这种法家之术持强烈的批判态度。③ 贾谊说道:

> 商君违礼义，弃伦理，并心于进取，行之二岁，秦俗日败。秦人有子，家富子壮则出分，家贫子壮则出赘。假父耰鉏杖彗，耳（而）虑有德色矣；母取瓢椀箕帚，虑立讯语。抱哺其子，与公併踞；妇姑不相说，则反唇而睨。其慈子嗜利而轻简父母也，虑非有伦理也，亦不同禽兽仅焉耳。然犹并心而赴时者，曰功成而败义耳。(《新书·时变》)

可见，贾谊基于儒家仁信之治的信念对这种并心进取，捐弃礼仪，废置人伦，寡恩少义的治术给予了严厉的批评，称为功成败义。在先秦儒家的王道思想中，并不允许这种枉道进取的攻战之术。孔子崇礼卑战④，主

---

　　① 徐复观、王兴国等皆持这个观点，分别参见《贾谊思想的再发现》，载《两汉思想史》（第二卷），台湾学生书局1987年版，第124—125页；《贾谊评传》，南京大学出版社1992年版，第74页。

　　② 《史记·商君列传》（第七册）（卷六十八），第2231页。

　　③ 王兴国:《贾谊评传》，南京大学出版社1992年版，第74页。

　　④ 《论语·卫灵公》载:"卫灵公问阵于孔子。孔子对曰:'俎豆之事，则尝闻之矣；军旅之事，未之学也。'"

张道之以德，齐之以礼，而反对道之以政，齐之以刑。① 孟子高扬义战，有所谓"仲尼之徒无道桓、文之事"② "文王一怒而安天下之民"，汤之征，"东面而征，西夷怨；南面而征，北狄怨，曰，奚为后我"③。但是，孟子是极力反对攻伐夺取④，或者不行仁政而以奴颜婢膝的姿态侍事大国以达到苟延残喘的目的。⑤《荀子·仲尼》直言"仲尼之门人，五尺之竖子言羞称乎五伯。"由此可见，在功与义不能两全之时，先秦儒家的取义态度是十分鲜明的。先秦儒家尊王贱霸的思想在西汉时期并没有因为社会、政治条件的改变而变质。从贾谊对商君的批判来看，他坚决反对那种急功近利、不顾义理的霸术。不仅贾谊如此，董仲舒亦强力宣称"仁人者正其道不谋其利，修其理不急其功，致无为而习俗大化，可谓仁圣矣。三王是也。春秋之义，贵信而贱诈。诈人而胜之，虽有功，君子弗为也。是以仲尼之门，五尺童子，言羞称五伯。"⑥ 既然如此，那么如何理解贾谊对秦国战功的肯定呢？与其说贾谊在某种程度上肯定秦国的武功，毋宁说这是贾谊对无可更改的历史事实的一种承认。他的意图是，虽然秦国获取天下采用的非仁义手段不可取，但是确实收到了天下一统的效果。对既定事实的否认是徒劳无效的，只能从对既定事实的所以然的反思中发现问题，最终解决现实问题。因此，贾谊认为秦王在达到一统目的之后，理应去诈力行仁义，去恶如崩。但现实是秦朝在守成上，不仅居恶不改，反而与战时相比有过之而无不及。贾谊的根本目的是论证在治国之道中，仁义的大本始终不可舍弃，不仅临"势"应"时"要以上古圣王之道为依托，临"势"应"时"之后，亦要回归到仁义之大本的正途上来。

需要说明的是，秦国以诈力取得天下的事实并不能否定施行仁义之道能够获得功效，或者说秦国以霸道取得成功并不意味着儒家以王道就不能

---

① 《论语·为政》曰："道之以政，齐之以刑，民免而无耻，道之以德，齐之以礼，有耻且格。"

② 《孟子·梁惠王上》。

③ 同上。

④ 《孟子·梁惠王下》载"齐人伐燕，取之。诸侯将谋救燕"的事例很好地说明了孟子主张义战而贱征伐。

⑤ 《孟子·梁惠王下》载"滕文公问曰：'滕，小国也。竭力以事大国，则不得免焉；入职和则可？'"一段很好地说明了这一点。

⑥ 《春秋繁露·对胶西王越大夫不得为仁》。

取得成功,这不是一个非此即彼的命题。① 这从商鞅与五羖大夫的政绩比较中可以看出。自先秦以来,儒家推尊王道,主张仁政,鄙弃不顾礼义廉耻的霸道。而商鞅在秦国推行的正是霸道之治。② 商鞅问赵良曰:"子观我治秦也,孰与五羖大夫贤?"通过赵良的回答可以看出,德治与刑治所收功效存在巨大差别。前者"三置晋国之君,一救荆国之祸,发教封内,而巴人致贡;施德诸侯,而八戎来服","劳不坐乘,暑不张盖,行于中国,不从车乘,不操干戈,功名藏于府库,德行施于后世"。而后者则反其道而行之,因嬖人见君,求之不以其道,以刑法残伤于民,积怨宿祸,不以德教感化于民,而以命令使民屈从。骄长君之贪欲,使君南面称寡人。③ 从五羖大夫以德治秦的结果来看,王道收到的政绩无疑更加理想。

(二)君王的重要性

仁信之政是古者圣王之道,慎与敬是古者圣王之心。因此,在行道的过程中,不仅要有圣王之道作为君王效仿与追寻的理想,而且还要有志于行道、能够行道的君王以确保圣王之道能够实现。虽然秦国以霸道夺取天下的治术不足为取,但是客观的时势却助成了这种霸道之治取得了现实的成功。贾谊指出:

> 秦灭周祀,并海内,兼诸侯,南面称帝,以四海养。天下之士斐然向风,若是,何也?曰:近古而无王者久矣。周室卑微,五霸既灭,令不行于天下,是以诸侯力正,强凌弱,众暴寡,兵革不休,士民罢弊。今秦南面而王天下,是上有天子也。即元元之民冀得安其性命,莫不虚心而仰上。当此之时,专威定功,安危之本,在于此矣。(《新书·过秦下》)

---

① 徐复观指出:"秦的成功,不能看作是法家与儒家或其他诸子百家斗争的结果。儒家思想及其他诸子百家,在战国这一过渡时期,其影响乃在社会不在政治;因为除滕文公外,没有任何国家,曾如秦国对法家样,贯彻至以某一家思想为中心的政治。"参见《两汉思想史》(卷一),台湾学生书局1987年版,第116页。

② 据《史记·商君列传》(第七册)(卷六十八)载:"商鞅凡三见秦孝公,首言帝道,孝公志不开悟;复言王道而未入;终言霸道而欲用之。"第2228页。

③ 《史记·商君列传》(第七册)(卷六十八),第2234页。

在"近古无王者久矣"的意义上，秦王南面称帝是大势所趋、人心所向。需要指出的是，所谓"近古无王者久矣"与孟子"五百年必有王者兴"① 遥相呼应。② 这里的"王"不是普通意义上的君王，而是儒家政治理想中的圣王，文王、武王是最近的典范。在儒家的王道政治系统中，君王的存在有着合理的意义——君王的存在就意味着秩序的存在，好的君王代表着好的秩序，好的秩序比坏的秩序好，坏的秩序比没有秩序好。君王的存在与当时的宗法传统及社会要求是相符的，因此不应把这点当作儒家王道理念中的一个特出现象而加以夸大处理。而应看到，儒家虽然肯定君王的存在意义，但儒家所表彰的圣王都担当着道义，由仁义行，性之而为，具有理想主义色彩，这从一个侧面也说明了儒家以理想的圣王观照现世君王，其本身对现世君王就有否定意义。对于那种有君王之位而无王者之实的尸位素餐者，儒家甚至否认其有君的名号。③ 虽然现实中的君主大多与儒家理想中的圣王相去甚远，但是在特定的历史条件下，儒家仍然期望现实中的君主能够以圣王自期，施行往圣先贤的王道之政。在这个意义上，秦一统天下后，不仅是儒家，天下士民对秦始皇都有所期待，希望能够得以安其性命。这是时势赋予秦始皇的圣王使命，但他却反其道而行之：

> 秦王怀贪鄙之心，行自奋之智，不信功臣，不亲士民，废王道而立私爱，焚文书而酷刑法，先诈力而后仁义，以暴虐为天下始。夫并兼者高诈力，安危者贵顺权，以此言之，取与、攻守不同术也。秦虽离战国而王天下，其道不易，其政不改，是以其所以取之也，孤独而有之，故其亡可立而待也。借使秦王论上世之事，并殷周之迹，以制御其政，后虽有淫骄之主，犹未有倾危之患也。故三王之建天下，名号显美，功业长久。（《新书·过秦下》）

———————————

① 《孟子·公孙丑下》。

② 贾谊也认为"故圣王之起，大以五百为纪。"（《新书·数宁》）

③ 《孟子·公孙丑下》载"齐宣王问曰：'汤放桀，武王伐纣，有诸？'孟子对曰：'于传有之。'曰：'臣弑其君可乎？'曰：'贼仁者谓之贼，贼义者谓之残，残贼之人谓之一夫。闻诛一夫纣矣，未闻弑君也。'"在孟子看来，像纣这样的君王根本配不上君的称号。

秦始皇适逢五百岁大数,却罔顾天命,刚愎自用,最终留下大秦帝国的短命教训。所以贾谊说道:"自武王以下五百岁矣,圣王不起,何怪矣。及秦始皇帝似是而卒非也,终于无状。"(《新书·数宁》)贾谊认为秦政之失在于秦王不行王道,具体表现是贪得寡义,君臣无信,不亲士民,因私废公,尚刑忘教,而贾谊评判的标准是立于上世之事,三王之政,他的儒家王道立场显而易见。

贾谊认为君主对于一个国家的长治久安之所以重要,还在于一个圣贤的君主推行仁政、施行王道所奠基的治体对后世出现淫骄之主有防患于未然的作用。虽然秦始皇没有实施王者之治,但在贾谊看来,这并不足以促成秦王朝的迅速倾颓之势。秦王朝的迅速土崩瓦解,是三代君主施行无道之政合力并铸的结果。秦始皇的贪鄙暴虐使得"天下嚣嚣","劳民之易为仁也",贾谊认为这正是秦二世的"新主之资",如果二世此时能够"任忠贤","忧海内之患","正先帝之过","封功臣之后",礼遇天下,"免刑戮",行仁义,"轻赋少事",教民自新,"更节循行","以盛德于天下",那么士民就能安居乐业,唯恐有变。相反,二世"不行此术,而重以无道",较始皇帝有过之而无不及,繁刑严诛,吏治刻深;赏罚不当,赋敛无度;天下多事,吏不能纪;百姓困穷,主不能恤,奸伪并起,上下相遁,使得"人怀自危之心,亲处穷苦之实,咸不安其位,故易动也"。因此贾谊评价道:"贵为天子,富有四海,身在于戮者,正之非也。是二世之过也。"(《新书·过秦下》)所谓"正之非也",即"政之非也"[①],即二世踵承前恶,不行仁政,虽为天子,也难逃恶果。尽管秦二世的无道之政为秦王朝的速亡埋下了伏笔,但在贾谊看来,前两任皇帝虽然失政,但后世仍有救弊的可能,因为"三秦之地可全而有,宗庙之祠宜未绝也"。然而由于二世继者子婴"捄败非也"的为政措施,他依然不能逃脱"贵为天子,富有四海,而身为禽者"(《新书·过秦下》)的命运。

由此可见,贾谊"过秦"之论的实质是细数秦政之过。如果由秦始皇所奠定的治道是合理的话,那么秦朝的命祚尚不至于如此短暂。而合理

---

① 此处,"正"通"政"。参见阎振益、钟夏校注《〈新书〉校注》,中华书局2000年版,第22页注四五。

治道的推行，在于英明君主的审时度势，即君王当为之时必须有所作为，否则错失时机就会遗留后患。因此，贾谊作《过秦论》的目的就不仅仅是反思秦亡的教训，而是通过"过秦"而"戒汉"。这一点已被余嘉锡深刻地揭示出来。①"戒汉"就是要劝诫当位者乘有为之时行有为之政，所谓行有为之政，就是如清儒王耕心指出的"行更化之术""尚王道之大公"。②

第二节　大政——民无不为本也

在贾谊的治道思想中，仁与信、敬与慎是仁政思想的应有之义。仁政的要求无疑是向在位者提出的，而仁政的施予对象乃是万千庶民，先秦儒家的德政、仁政思想理所当然与民本思想血脉相连。金耀基曾指出"儒家之政治思想之主要精神与贡献为'民本'之说"③，"故民本思想实是中国政治思想之主流"④。金氏将民本思想的历史发展过程分为六个时期，他称春秋战国时期为建立时期，秦迄两汉为停滞时期，因为两汉之际，民本思想"虽兼有民言，要不过因袭先秦儒学之往迹"⑤。金氏对儒家"民本思想之究竟义"的解说甚为精到，但是就《中国民本思想史》而言，其中春秋战国这一民本思想建立时期，就不能用儒家的民本思想笼统概括，因为这一时期的墨家、道家、法家等对中国民本思想的建立都有贡献。此外，金氏对汉代民本思想的概括亦有偏颇之处，尤其是他在文本的拣择上略过贾谊直奔董仲舒则不免疏失。鉴于此，本节就在简略概括先秦民本思想的基础上，讨论贾谊的民本思想。

---

① 余嘉锡云："且秦已亡矣，连篇累牍，极口诋之奚为也？贾生岂如后世经生习为策论，以求决策发科乎？……《过秦》所以戒汉也。"见《四库提要辨证》（第二册），中华书局 1980 年版，第 549—550 页。

② 王耕心指出："秦王既以霸术取天下，当知逆取顺守之义，悉变其旧术，转以王道之大公守之，庶几可久。乃不知更化之术，不尚王道之大公，唯仍执战国并兼之习，歧视其民，以暴虐为守，故孤立于上，其亡可立待也。"转引自方向东《贾谊集汇校集解》，河海大学出版社 2000 年版，第 23 页。

③ 金耀基：《中国民本思想史》，法律出版社 2008 年版，第 2 页。

④ 同上书，第 4 页。

⑤ 同上书，第 17—19 页。

一　先秦民本思想略述

"民本"的连用曾见于伪古文《尚书·五子之歌》,"皇祖有川,民可近,不可下,民惟邦本,本固邦宁",说明国家的安宁在于固本,固本就是要实行亲民、近民之政,而不是欺民、愚民、下民之政。又见于《晏子春秋·内篇》:"卑而不失尊,曲而不失正,以民为本也",并进一步指出:"苟持民矣,安有遗道;够遗民矣,安有正行焉",以正道为政,就是持民固本,否则就是枉道邪行。这些都是直接出现"民本"字眼的例子。但是,我们并不能因为没有以字面标出"民本"二字,就否认先秦民本思想的丰富性。梁启超曾详细归纳了《尚书》《国语》《左传》中的民本思想,① 金耀基称为民本思想的胚胎时期,其特点是民本思想通过天治观念展露出来。② 古时天意政治也是民意政治,也就是在这个意义上,徐复观概括道:"神、国、君都是政治中的虚位,而民才是实体。"③ 虽然已有不少学者指出中国的民本思想由来已久,可以追溯到殷商时期,但是很少有人概括出此一时期民本思想的表现形式,如金耀基笼统地将其概括为胚胎时期,徐复观指出民是政治中的实体,是就民本思想的本质而言,不仅实用于殷商时期,而且贯穿于中国民本思想之中。关于金耀基所谓的民本思想的胚胎时期,王保国将其划分为殷商与周初两个时期。殷商时期流露出重民保民的信息,具体表现为明德慎罚、以民为监、有一定的裕民措施及从平民中擢拔贤才四个方面。④ 而在周初时期,殷商时期所流露的重民保民思想在统治者"天命靡常"的政治觉悟下变得更加深刻与具体。此时的民本思想不仅明确提出了"明德慎罚""怀保小民"的观念,而且反思出民情是决定天命转移的重要因素,并因此而开始强化统治者的责任意识。

在金耀基所谓的"民本思想建立时期",殷周时期"敬德保民"的思想摇篮孕育出孔子的"仁民爱物"学说,"孔子之学即是仁学,亦即人

---

① 梁启超:《先秦政治思想史》,东方出版社 1996 年版,第 40—44 页。
② 金耀基:《中国民本思想史》,法律出版社 2008 年版,第 29—34 页。
③ 徐复观:《学术与政治之间》,台湾学生书局 1985 年版,第 51 页。
④ 王保国:《西周民本思想研究》,学苑出版社 2004 年版,第 23—26 页。

学"①。孔子的仁学思想是对周文与周德深深服膺并经深刻反思提炼而得的,② 在这种意义上,殷周时期的民本思想也被吸纳在他的仁学体系之中。既然如此,那么民本思想是如何体现在孔子的仁学之中的呢? 这主要表现在:其一,强调人性在伦理实践中的完成。孔子强调克己复礼为仁,指出仁者爱人,倡导己所不欲勿施于人,③ 主张能行恭、宽、信、敏、惠五者于天下,④ 说明能近取譬就是行仁之方。⑤ 所有这些属仁的特性都不仅仅是就殷周时期重民保民的思想而言,而是就在伦常世界中的所有人也即人之类而言,也就在这个意义上,《中庸》引孔子语曰:"仁者,人也"。即仁就是人之所以为人的本质属性。⑥ 其二,在仁者爱人的意义上,民本思想包括为政者不仅要有爱民的观念,而且要有爱民的具体举措。如"节用而爱人,使民以时"(《论语·学而》)、"其养民也惠,其使民也义"(《论语·公冶长》)。⑦ 在孔子看来,为政者不仅要惠民,而且要富民、教民。⑧ 养民、惠民只是强调为政者要切实地博施济众,而富民、教民则是要求为政者要为民众谋求富足之道,创造富足的条件,并在此基础上通过《诗》《书》、礼、乐教化于民,使民知晓礼义廉耻,从而在更高层面上自觉"仁者,人也"的本心本性。在这个意义上,孔子有教无类的教育思想也是民本思想继续深化的应有要求。其三,在前两者的基础上,孔子的民本思想给为政者提出了"德治"的要求。

---

① 金耀基:《中国民本思想史》,法律出版社 2008 年版,第 58 页。

② 孔子说:"周监于二代,郁郁乎文哉! 吾从周。"(《论语·八佾》) 又说"三分天下有其二,以服事殷。周之德,其可谓至德也已矣。"(《论语·泰伯》) 还说"甚矣吾衰矣! 久矣吾不复梦周公!"(《论语·述而》)

③ 《论语·颜渊》载:"颜渊问仁。子曰:'克己复礼为仁。'" 又载:"樊迟问仁。子曰:'爱人。'" 又载:"仲弓问仁。子曰:'……己所不欲,勿施于人。'"

④ 《论语·阳货》载:"子张问仁于孔子。孔子曰:'能行五者于天下为仁矣。'请问之。曰:'恭、宽、信、敏、惠。'"

⑤ 《论语·雍也》载:"能近取譬,可谓仁之方也已。"

⑥ 孟子也说"仁也者,人也"(《孟子·尽心下》),朱熹注道:"仁者,人之所以为人之理也。"参见《四书章句集注》,中华书局 1983 年版,第 367 页。

⑦ 孔子主张惠民之政,但是他的要求是"惠而不费",而如何做到"惠而不费"呢? 孔子的主张是"因民之所利而利之"(《论语·尧曰》)。

⑧ 《论语·子路》载:"子适卫,冉有仆。子曰:'庶矣哉!'冉有曰:'既庶矣,又何加焉?'曰:'富之。'曰:'既富矣,又何加焉?'曰:'教之。'"

在为政以德的施政理念下，孔子强调德主刑辅与举贤才等具体的施政策略。①

孔子为政以德治国理念的继续发展则是孟子"仁政"学说的提出。②孟子生活的时代与孔子时期已经大不相同，诸侯争霸战争连年，民众妻离子散家破人亡。③孟子的仁政主张就是在这种时代背景下提出的，即凡有恻隐之心的人都不愿看到霸政所导致的惨绝人寰的民生疾苦现象，因此孟子的仁政从另一个角度而言也是"不忍人之政"④。在这个意义上，孟子的仁政思想是基于民众的立场提出的，民本思想与仁政学说可以说是互为表里。孟子高扬"民为贵，社稷次之，君为轻"⑤，论乎"得乎丘民者所有为天子"⑥，"得天下有道，得其民，斯得天下矣；得其民有道，得其心，斯得民矣"⑦。这不仅强调民是仁政之治的目的所在，而且说明在仁政思想中民在政治中的主体性地位。孟子仁政学说把先秦民本思想推向了最高峰，"政从庶人"与"君随民愿"这两个民本思想的显著特点⑧在孟子那里完全凸显出来。与孟子"民为贵"的思想不同，荀子"君为贵"的思想表现得尤为明显，如："君者，治辨之主也"（《荀子·礼论》），"上者，下之本也"（《荀子·正论》），"君者，民之原也"（《荀子·君

① 关于德主刑辅，孔子道："道之以政，齐之以刑，民免而无耻；道之以德，齐之以礼，有耻且格。"（《论语·为政》）又说："子为政，焉用杀？子欲善而民善矣。君子之德风，小人之德草，草上之风，必偃。"（《论语·颜渊》）关于贤人执政，《论语·子路》载："仲弓为季氏宰，问政。子曰：'先有司，赦小过，举贤才。'"

② 《孟子·梁惠王上》载道："地方百里而可以王。王如施仁政于民，省刑罚，薄税敛，深耕易耨……"，《梁惠王下》载道："…天下故畏齐之强也，今又倍地而不行仁政，是动天下之兵也。"又"君行仁政，斯民亲其上，死其长矣。"《公孙丑上》曰："行仁政而王，莫之能御也。"又"当今之时，万乘之国行仁政，民之悦之，犹解倒悬也。"《离娄上》曰："不行仁政，不能平天下。"又"君不行仁政而富之，皆弃于孔子者也。"

③ 孟子当时的社会政治实况是"争地以战，杀人盈野；争城以战，杀人盈城。"（《孟子·离娄上》）"父子不相见，兄弟妻子离散""丰年不免于死亡""庖有肥肉，厩有肥马，民有饥色，野有饿莩，此率兽而食人也。"（《孟子·滕文公下》）

④ 《孟子·公孙丑上》载道："人皆有不忍人之心。先王有不忍人之心，斯有不忍人之政矣。以不忍人之心，行不忍人之政，治天下可运之掌上。"

⑤ 《孟子·尽心下》。

⑥ 同上。

⑦ 《孟子·离娄上》。

⑧ 王保国认为"政从庶人"与"君随民愿"是民本思想的两个基本特点。参见氏著《两周民本思想研究》，学苑出版社2004年版，第277页。

道》）等都是在申明君之于民的重要性。在荀子的民本思想中，虽然也有君舟民水的思想，并在一定程度上发展了孔孟重民保民的思想，但是由于人君的地位得到了空前的提高，以民为政治主体的思想相应的就受到了削弱。

关于先秦时段，金耀基在《中国民本思想史》中只论述了儒家的民本思想。确实，就内容的详备、理论的深度而言，先秦儒家的民本思想是其他学派无法比拟的。但是，并不能因此而忽略其他学派关于民本思想的论述。如墨家在爱民利民①的原则下提出的"节葬""节用""非乐""非攻"等主张，以及"官无常贵，而民无终贱"（《墨子·尚贤上》）的尚贤选能思想，以及道家"卑而不可不因者，民也"② 所表现出的"贵以贱为本"③ 的思想，还有法家"圣人之治民，度于本，不从其欲，期于利民而已"④ 的利民思想对后来的民本思想都有不同程度的影响。

二 贾谊对先秦民本思想的继承与发展

钱穆指出："秦代政治的失败，最主要的是在其役使民力之逾量。"⑤ 贾谊认为汉初君臣以布衣卿相推翻秦朝，汉政权就是因为秦王朝暴虐人民而获得的，所以贾谊深知汉政权因为顺从民心推翻暴秦而建立，但也会因为不能"塞万民之望"而重蹈秦朝迅速灭亡的覆辙。因此贾谊在《过秦论》中细数秦朝的过失之余，进而伸张以儒家"仁政"作为统治者"安民"的政治主张。贾谊在《过秦下》中说道："故先王者见终始之变，知存亡之由，是以牧之以道，务在安之而已矣。下虽有逆行之臣，必无响应之助。故曰：'安民可与行义，而危民易于为非'，此之谓也。"贾谊"仁政"和"安民"的民本思想，就是在总结秦亡的教训与综合前人的思想

---

① 《墨子·节用中》道："古者明王圣人，所以示天下，正诸侯者，彼其爱民谨忠，利民谨厚，忠信相连，又示之以利……"

② 《庄子·在宥》。

③ 《老子》第三十九章。

④ 《韩非子·心度》。

⑤ 钱穆：《国史大纲》，商务印书馆1994年版，第127页。

上提出的。①

贾谊"安民"的民本思想,前贤已经讨论得非常全面。其中王兴国的研究最为全面与深入,他从"论民之重要性"(民命)、"民何以为本"(民的数量、民是国家的基础、民是物质生产的主体)、"如何以民为本"(爱民、惠民、慎刑)三个方面揭示了贾谊民本思想的特点。同时他还分析了贾谊民本思想的历史地位并作出了相应的评价。② 鉴于此,本节对贾谊民本思想特点的讨论就限定在前贤未发或与前贤观点不一致的内容之上。

贾谊对先秦民本思想的继承主要体现在人民的重要性上。贾生说道:

> 闻之于政也,民无不为本也。国以为本,君以为本,吏以为本。故国以民为安危,君以民为威侮,吏以民为贵贱。此之谓民无不为本也。闻之于政也,民无不为命也。国以为命,君以为命,吏以为命,故国以民为存亡,君以民为盲明,吏以民为贤不肖。此之谓民无不为命也。闻之于政也,民无不为功也。故国以为功,君以为功,吏以为功。国以民为兴坏,君以民为强弱,吏以民为能不能。此之谓民无不为功也。闻之于政也,民无不为力也。故国以为力,君以为力,吏以为力。故夫战之胜也,民欲胜也;攻之得也,民欲得也;守之存也,民欲存也。故率民而守,而民不欲存,则莫能以存矣;故率民而攻,民不欲得,则莫能以得矣;故率民而战,民不欲胜,则莫能以胜矣。故其民之为其上也,接敌而喜,进而不可止,敌人必骇,战由此胜也。夫民之于其上也,接而惧,必走去,战由此败也。故夫灾与福也,非粹在天也,又在士民也。呜呼,戒之! 戒之! 夫士民之志,不可不要也。呜呼,戒之! 戒之! (《新书·大政上》)

---

① 关于贾谊"安民"的民本思想,王兴国、唐雄山、陈司直、吴松庚都认为是总结秦亡的教训与综合前人思想的基础上提出的。分别参见王兴国《贾谊评传》,南京大学出版社 1992 年版,第 111—125 页;唐雄山《贾谊礼治思想研究》,中山大学出版社 2005 年版,第 108、118 页;陈司直《贾谊〈新书〉思想探究》,花木兰文化出版社 2010 年版,第 53 页;吴松庚《贾谊》,岳麓书社 2008 年版,139—140 页。

② 王兴国:《贾谊评传》,南京大学出版社 1992 年版,第 111—144 页。其他如唐雄山从"礼"的角度讨论贾谊的民本思想与王兴国的讨论大致相同。

贾谊认为民的重要性主要体现在四个方面：民为国、君、吏之本，民为国、君、吏之命，民为国、君、吏之功，民为国、君、吏之力。王保国将殷周以来的民本思想中比较突出的观点概括为四个方面：（1）民的向背决定战争的胜负；（2）民决定国君的命运；（3）民决定国家的兴亡；（4）"夫民，神之主也"。① 这四个方面在贾谊的民本思想中都有体现。因此，可以说贾谊是系统总结殷周以来民本思想的第一人。不仅如此，贾谊对先秦的民本思想也有所发展。这主要表现在两个方面：

一方面，贾谊认为民众不仅关系国家的兴衰存亡、君主的强弱昏明、战争的攻守胜负得失，甚至连官吏的贤能与否都是取决于民。关于贾谊吏以民为本、以民为命、以民为功、以民为力的思想，王兴国评价道："贾谊扩大了民本思想应用的范围。在先秦，一般都只谈到最高统治者要以民为本，至于诸侯和其他官吏似乎只要对最高统治者负责就可以了。"② 这种评价是有依据的，如《孟子·尽心下》云："得乎丘民而为天子，得乎天子而为诸侯，得乎诸侯而为大夫"，又《礼记·表记》云："唯天子受命于天，士受命于君，故君命顺则臣命顺"，都是表明臣下的命运更多地决定于君，而不是取决于民。而贾谊之所以将民本思想扩大到"吏以为本"的范围，是因为他"希望透过'吏'达到民化易治的政治目的，从贾谊'吏道'的主张中，承秦之'以吏为师，以法为教'而来的是，贾谊认为'吏'的功能并非只是奉行'律令'的'俗吏'或'酷吏'而已，贾谊所强调的是'吏'之担任民治教化的任务。"③ 此说虽有一定道理，但并非完全正确。因为民为吏之本的思想，更多的是为了强调"吏"的责任与使命，即"吏"的功能是对民负责，而不是对君负责。

另一方面，贾谊指出，"故夫灾与福也，非粹在天也，又在士民也"，即国家、君王、官吏的吉凶祸福不仅完全由天决定，而且还取决于民。因此，贾谊虽然认为民是为政的根本所在，但是他同时也认为天与民共同主宰国家、君王、官吏的命运。这种以民与天共同主宰国家祸福的观点，从一个侧面表明神性天道观的抬头。在先秦政治哲学中，民的地位逐渐抬

① 王保国：《两周民本思想研究》，学苑出版社2004年版，第141页。
② 王兴国：《贾谊评传》，南京大学出版社1992年版，第137页。
③ 陈司直：《贾谊〈新书〉思想探究》，花木兰文化出版社2010年版，第58—59页。

高。如《左传·桓公六年》载季梁曰："所谓道,忠于民而信于神也"
"夫民,神之主也,是以圣王先成民而后致力于神……今民各有心,而鬼
神乏主",《庄公三十二年》载"国将兴,听于民,将亡,听于神",又
《哀公元年》载逢滑曰:"国之兴也,视民如伤,是其福也;其亡也,以
民为土芥,是其祸也"。从《左传》的相关民本思想可以看出,天、神等
对于国家、君主的主宰地位已经逐渐被打落,取而代之的是民之主宰地位
的崛起。民甚至能够成为"神"的主宰,君王要是单纯地听信于神,反
而是亡国的开始。而贾谊天、民共主的思想则重新将天的神性地位确立起
来。贾谊此举的目的是试图通过对天的神性力量的肯定,让君王常存戒惧
之心,从而能够敬慎施政,确保以民为本之仁政思想的有效贯彻。在这种
意义上,重新确立天的神性地位,不仅与民本思想不相冲突,反而在大一
统的专制条件下,天的神性地位的确立恰是为了保证民本思想的真正落
实。因此,王兴国认为贾谊的民本思想"强调的重点既然是人民群众,
就必然要否定天意"① 的观点其实是没有看到在特定的历史条件下,民本
思想与"天意"思想的依附关系。很多研究者认为只有析出"民命"而
无视"天命"才能体现贾谊民本思想的价值,② 这其实是没有意识到在贾
谊思想中有意志的"天"的意义。贾谊说道:"故天之诛伐,不可为广虚
幽间,攸远无人;虽重袭石中而居,其必知之乎。若诛伐顺理而当辜,杀
三军而无咎;诛杀不当辜,杀一匹夫,其罪闻皇天。故曰:天之处高,其
听卑;其牧芒,其视察。故凡自行,不可不谨慎也。"(《新书·耳痹》)
在大一统的一人专制政体中,人君的尊势决定了臣下及士民很难对人君做
出实际的惩罚,在这种情况下"天诛"的思想无疑对人君有很好的戒惧
作用。贾谊对天的这种认识显然是受到墨子"天志""鬼神"思想的影
响,③ 这也说明贾谊的民本思想不仅仅是对先秦儒家民本思想的继承,而
且是对整个先秦民本思想的总结。

---

① 王兴国:《贾谊评传》,南京大学出版社1992年版,第123页。

② 除王兴国外,唐雄山、梁安和也持这个观点。参见唐雄山《贾谊礼治思想研究》,中山
大学出版社2005年版,第111—115页;梁安和《贾谊思想研究》,博士学位论文,西北大学
2006年,第76页。

③ 《墨子·天志上》云:"夫天不可为林谷幽门无人,明必见之。"《明鬼下》云:"鬼神之
明,不可为幽间广泽,山林深谷,鬼神之明必知之。"

贾谊以人民为国家、君王、官吏的根本，这确定了人民在政治生活中的至关重要地位。既然人民如此重要，那么贾谊是如何进一步规定"民"呢？贾谊说：

> 夫民者，至贱而不可简也，至愚而不可欺也。（《大政上》）
>
> 夫民者，万世之本也，不可欺。凡居上位者，简士苦民者是谓愚。（《大政上》）
>
> 夫民之为言也，暝也；萌之为言也，盲也。故为上之所扶而以之，民无不化也。故曰民萌。民萌哉，直言其意而为之名也。夫民者贤不肖之才也，贤不肖皆具焉。（《大政下》）

贾谊认为人民虽然至贱至愚，却是国家、君王、诸侯的命脉所在，至愚至贱者反而是至贵至尊者成为尊贵者的基础。那么民为何能成为尊贵者的所以然呢？这有两方面的原因，其一，从数量上而言，"夫民者，大族也，民不可不畏也。故夫民者，多力而不可适（敌）也"（《新书·大政上》），在君臣民的政治架构中，民的数量远远超出君臣的数量。数量的绝对优势既意味着实际武力力量的绝对优势，也意味着民意之凝聚力量的强大。武力力量与民意力量的结合就有颠覆或巩固君王权位的效力。因此，可以说民是尊贵者之为尊贵者的所以然。其二，贾谊说："王者有易政而无易国，有易吏而无易民"（《新书·大政下》），汤因桀之民而治，纣因汤之民而亡，武王又因纣之民而治。所以"民者，万世之本也"。民是一个国家、一个政权的根本所在，政令可以改变，官吏可以更换，而只有人民才是永恒的存在者。贾谊的这个观点显然是继承了先秦道家"贵以贱为本"思想。这进一步说明了贾谊民本思想的综合性。另外，贾谊以"暝"来说明民的内在属性，是他的民本思想的一大特色，对民的这种认识也是西汉初期民本思想的典型特征。如董仲舒曰："民之号，取之暝也。"[1] 民之"暝"的属性，决定了民这个群体是觉与不觉共存，贤与不肖并在。如果进一步追问其在人性论上的依据，那么就是流行于当时的

---

[1] 《春秋繁露·深察名号》。

"如茧如卵"之喻。① 这种思想的一个根本目的，就是通过对民性发展之不确定性的强调而凸显人君的教化责任。② 这正是儒学对大一统政体下的君主提出的要求，即通过圣王之教而使民知礼、知耻、知义，从而使民心向善，天下大治。③

三 重评贾谊的民本思想

在分析了贾谊民本思想的独特之处后，就可以进一步对贾谊的民本思想作出评价。此处之所以说是"重评"，是因为王兴国在《贾谊评传》中曾用一小节的篇幅着重评价了贾谊的民本思想。④ 只是他的评价一方面有不尽如人意的地方，另一方面带有鲜明的时代特色。鉴于此，本文从以下三个方面重新评价贾谊的民本思想。

首先，前文已经指出，贾谊的民本思想是对先秦以来民本思想的一次系统总结，并在此基础上进一步用意志性的"天"来保证民本思想的有效贯彻。贾谊虽然认为人民非常重要，但正如张汝伦所说的，"贾谊不是天真的民粹主义者"⑤。他清醒地认识到民是"贤不肖皆具焉"的群体。这就意味着在贾谊乃至儒家的民本思想中，富民、养民只是对君王的最低

---

① 《韩诗外传》第十七章曰："蚕之性为丝，弗得女工缲以沸汤，抽其统理，则不成为丝。卵之性为雏，不得良鸡覆伏孚育，则不称为雏。夫人性善，非得明王圣主扶携，内之以道，则不成为君子。《诗》曰：'天生烝民，其命匪谌，靡不有初，鲜克有终。'言惟明王圣主然后使之然也。"又《春秋繁露·实性》曰："明性者，中民之性。中民之性，如茧如卵。卵待覆二十日，而后能为雏；茧待缲以涫汤，而后能为丝；性待渐于教训，而后能为善。……善者，王教之化也。无其志，则王教不能化；无其王教，则质朴不能善。"
② 陈司直指出"贾谊认为人民是'至愚'、'至贱'、'瞑盲'，但是确是'不可欺'的，而且因'民者贤不肖之才也，贤不肖皆具焉。'故统治者对人民应施以教化，所谓'惟上之所扶而之，民无不化也。'使人民'贤人得爲，不肖者伏焉，技能输焉，忠信饰焉。'知'顺从'之理。"见氏著《贾谊〈新书〉思想探究》，花木兰文化出版社2010年版，第55页。
③ 徐复观在论董仲舒的"天与心性"中指出"自战国中期以来，儒家言治道之隆，期于能移风易俗；此意在西汉特为盛行。董氏更进一步指出移风易俗之根源在于民性之善；而民性之善，乃来自良好的政治境。……董氏立言的主旨，则在强调王者对人性所负的责任。"参见《两汉思想史》（第二卷），台湾学生书局1987年版，第402、406页。此论不仅适用于董子，亦适用于贾子。
④ 王兴国：《贾谊评传》，南京大学出版社1992年版，第137—144页。
⑤ 张汝伦：《王霸之间——贾谊政治哲学初探》，载张汝伦《政治世界的思想者》，复旦大学出版社2009年版，第15页。

要求，而开启民智、让人民有人性上的觉解而产生理性的行为，才是理想君主的理想政治效果。因此，贾谊说："教者，政之本也；道者，教之本也。有道，然后教也；有教，然后政治也；政治，然后民劝之；民劝之，然后国丰富也。"（《新书·大政下》）教为政之本，道为教之本，这是贾谊及其他西汉儒者从人性的后天表现上对君王提出的要求，也是贾谊及西汉儒者对民本思想的贡献。不仅如此，正如前文所论，贾谊的民本思想是在总结秦亡的教训基础上提出的，因此从根本上讲，贾谊重申儒家民本思想的目的是对抗由秦政所建立的"君本"思想。萧公权指出贾谊"民本诸说悉以孟子为依据，并非新创。然贾生于西汉初年大明其旨，则颇具历史上之意义。儒法二家思想之根本区别，在贵民与尊君之点上。尊君思想自申商见诸实行，至秦更变本加厉，风靡天下，而贵民思想继承绝学。今贾生重申之于百年之后，正足窥见亡秦政治所激起思想反动之深切。其次，商韩之学，号为任法而实主专制，其立说正与孟子所谓得民心者相背。贾生欲民唱而君和，则又足表现其对亡秦专制之反感。孟子谓逃杨朱必归于儒。若以政治思想而言，则逃韩之尊君专制而归于孟之贵民，亦势所难免也。"① 根据这个观点，贾谊的民本思想具有为往圣继绝学的意义。

其次，关于"民本"的概念问题。王兴国认为《尚书·五子之歌》是古文尚书，系后人伪作，不足为据。因此，他认为"民为邦本，本固邦宁"是晚出之论，而贾谊则是第一位明确使用"民本"概念的思想家。② 其实，即使《尚书·五子之歌》是伪作，贾谊也不是第一位明确使用"民本"概念的思想家。因为，前文引用《晏子春秋》时已经见到"民本"概念的使用。据《晏子春秋·内篇》记载，"叔向问晏子：'世乱不遵道，上辟不用义。正行则民遗，曲行则道废。正行而遗民乎？与持民而遗道乎？此二者之于行，何如？'晏子对曰：'婴闻之，卑而不失尊，曲而不失正，以民为本也。苟持民矣，安有遗道；够遗民矣，安有正行焉？'"可见，在"道"与"民"的问题上，存在两种对立的看法。一是以叔向为代表，认为"道"与"民"是对立的：如果遵"道"而行，那么就会失去"民"；如果不想失去"民"，那么就会失去"道"。一是以

① 萧公权：《中国思想史》，辽宁教育出版社1998年版，第267页。
② 王兴国：《贾谊评传》，南京大学出版社1992年版，第136页。

晏子为代表,认为"道"与"民"是统一的:如果保住了"民",那么就没有失去"道";如果失去了"民",那么就意味着没有遵"道"而行。由此可以推知,所谓的"以民为本",其实就是"以道为本"。这无疑也是贾谊民本思想的本质所在。贾谊所谓的"闻之于政也,民无不为本也",其实就是说"道"才是为"政"之本。萧公权说:"贾生论证,以民为其最后之目的,以道为其最高之原理。"① 最后目的与最高原理是根本一致的,最后目的正是最高原理的实现。因为"道"是为"政"之本,"道"又必须因"德"才能运转,所以只有有"德"者才能行"政"。因此,贾谊说:"天有常福,必与有德;天有常灾,必与夺民时。故夫民者,至贱而不可简也,至愚而不可欺也。"(《新书·大政上》)由此可见,贾谊的民本思想与他的"道德"思想是一贯的。关于贾谊民本思想中所蕴含的重德思想,王兴国说:"'德'这个概念,在西周时就是作为与天命相对立的一个范畴而出现的,《书·君奭》有'天不可信,我道惟宁王德延'的说法。贾谊重德,是对这种思想的继承,他将德与重民联系起来,则又是这种重德思想的发展。"② 王氏虽然注意到了贾谊民本思想中"重德"的思想,但是他没有看到这种思想是贾谊"道德"论在民本思想中的延伸。并且从这里也可以看出,在贾谊的思想中,"天命"与"德"并非是对立的,而是存在着贯通性。

最后,金耀基指出儒家民本思想的第一要义是"以人民为政治的主体"③。这同样适用于贾谊的民本思想。这主要表现在三个方面:(1)为政以民为主体,则民自然就是衡量政之得失与否的标准。孟子所谓"得其民,斯得天下矣"(《离娄上》),正是说明国家的安危、存亡、兴坏、强弱都是由人民的多寡、民心的向背决定的。孔子曰:"近者悦,远者来"(《论语·子路》),说明良好的政治是可以通过民众的取向反映出来的。贾谊说:"故夫诸侯者,士民皆爱之,则国必行矣;士民皆苦之,则国必亡矣。故夫士民者,国家之所树而诸侯之本也,不可轻也。呜呼!轻本不祥,实为身殃。戒之哉!戒之哉!"(《新书·大政上》)士民皆爱之,

---

① 萧公权:《中国思想史》,辽宁教育出版社1998年版,第268页。
② 王兴国:《贾谊评传》,南京大学出版社1992年版,第123—124页。
③ 金耀基:《中国民本思想史》,法律出版社2008年版,第11页。

则悦之，来之，则政行，则国兴。士民皆苦之，则恶之、去之，则政失，则国危。士民的去留可以反映出政治的得失，从而决定国家的兴亡。

（2）民不仅是国祚的命脉所在，而且民的标尺同样能够丈量君的得失，也因而决定君的当位与否。在这个意义上，君位是由广大庶民决定的，而不是一君的私意就可以垄断的。先秦诸子对"君位"的问题都有论及，而儒家是在"立君为公"的意义上讨论君位的。① 贾谊也是如此，而在文本的表达上与荀子颇为相似，他说："君者，群也，无人谁据？无据必蹶，政谓此国素亡也"（《新书·大政下》）。君之所以为君，是因为有民的支撑。如果没有民的支撑，那么君就失去了凭据。因此，如果君能为"群"（公），那么君就有据（民）；如果君不能为"群"，那么君就是失据。这是民为君命的必然之义。由于民决定着君是否当位，所以附加在君位、君号上的尊荣富贵也都是由民决定的。贾谊说："故纣自谓天王也，桀自谓天子也，已灭之后，民以相骂也。以此观之，则位不足以为尊，而号不足以为荣矣。故君子之贵也，士民贵之，故谓之贵也；故君子之富也，士民乐之，故谓之富也。故君子之贵也，与民以福，故士民贵之；故君子之富也，与民以财，故士民乐之。"（《新书·大政上》）可见，即使有天子之尊，而行无道之政，则所谓的尊贵荣显也只是自封的，而缺乏民意的基础。萧公权因此说："民不仅是政治之最后目的，亦即政治上之最后权威。"② 如此一来，以民作为衡量国君有道无道的标尺就意味着君位的固定性，国君的流动性。这从贾谊"有易政而无易国，有易吏而无易

---

① 关于为什么需要立君的问题，即君如何产生的问题，先秦诸子已从不同的角度作了说明。最早的表达见于《尚书》，强调君是由天命予的，如"天乃大命文王"（《康诰》）、"天工，人其代之"（《皋陶谟》）、"予迓续乃命于天"（《盘庚上》）。君位由天而设，则自然是天下之公器，不能被一人专有，"天命靡常"的观念已经昭示了天子之位不是因一人一家而设。《尚书》的这个观点被孟子继承并进一步阐发出来，孟子称"天子不能以天下与人"（《万章上》），鲜明地指出君位与具体人君是分离的，也即公与私不可混同而论。《荀子·王制》道："人生不能无群，群而无分则争，争则乱，乱则离，离则弱，弱则不能胜物，君者善群者也。"荀子认为君是因为群而得名，无疑蕴含着君位是公的意思。先秦儒家之外，墨子也是从公的意义上讨论君位的，如《墨子·尚贤》曰："天下之乱生于无政长。是故选天下之贤可者，立以为天子。"唯《管子》、法家是从私的角度阐发君的意义，如《管子·君臣》道："君之所以为君者，赏罚以为君。"《商君书·开塞》云："分定而无制，不可，故立禁。禁而莫之司，不可，故立官。官设而莫之一，不可，故立君。既立其君，则尚贤废而贵贵立矣。"

② 萧公权：《中国思想史》，辽宁教育出版社1998年版，第267—268页。

民"的思想中也可以看出。即有道之君正当君位，无道之君将被赶离君
位。这种思想在孟子那里体现得尤其明显。《孟子·梁惠王下》载道:
"孟子谓齐宣王曰:'王之臣，有托其妻子于其友而之楚游者，比其反也，
则冻馁其妻子，则如之何?'王曰:'弃之。'曰:'士师不能治士，则如
之何?'王曰:'已之。'曰:'四境之内不治，则如之何?'王顾左右而言
他。"显然，孟子主张君位与具体君王的分离，二者并非绝对的统一，以
民为标准，则正是"陈力就列，不能者止"①的应有之义。《荀子·正
论》云:"天下归之之谓王，天下去之之谓亡。故桀纣无天下，而汤武
不弑君"，这与孟子"闻诛一夫纣矣，未闻弑君也"的思想一样强调天
下对君的取舍意义。贾谊说道:"故自古至于今，与民为仇者，有迟有
速，而民必胜之"(《新书·大政上》)，民胜之，就是放逐尸位素餐的
无道之徒，而另立德位相当的有道之君。可以看出，贾谊的论调更偏重
对人君的戒惧语气，而没有孟、荀那样直言不讳的大义凛然之势。当
然，我们不能因此而苛责于贾谊，而应用历史的眼光看到贾谊与孟、荀
时代的差别，从而挖掘贾谊在大一统的帝制格局下如何用民本的思想限
制皇帝的权力以及如何最大限度地实现公利的目的。(3)以民作为为
政的主体，则民不仅是衡量君的尺度，而且是选拔官吏的决定因素。贾
谊说:

　　明上选吏焉，必使民与焉。故士民誉之，则明上察之，见归而举
之;故士民苦之，则明上察之，见非而去之。故王者取吏不忘，必使
民唱，然后和之。故夫民者，吏之程也。察吏于民，然后随之。夫民
至卑也，使之取吏焉，必取而爱焉。故十人爱之有归，则十人之吏
也;百人爱之有归，则百人之吏也;千人爱之有归，则千人之吏也;
万人爱之有归，则万人之吏也。故万人之吏，选卿相焉。(《新书·
大政下》)

---

① 《论语·季氏》。

"程"者，准也，式法也。① 贾谊明确指出民是选吏的标准，或者说取吏的法式就在于察之于众庶。至卑之民，可以说社会的弱势群体，在山高皇帝远的社会结构中，一方的父母官直接关系到下层士民的生死祸福，因此在选取官吏时，要以底层的民意为标准，择取人民所拥爱的官吏。如此一来，人君对官吏的任免权完全取决于民意的切实拣择。同时，民意的多寡决定官吏的大小，如此便能最大限度地做到人尽其事、官尽其能。若完全听任于民意，则不免会有受到沽名钓誉之徒伪诈之行蛊惑的弊端。因此，对受到民众拥戴的官吏，君上同样要有切实的考核，即"明上察之"。孔子曰："众恶之，必察焉；众好之，必察焉"（《论语·卫灵公》），孟子云："国人皆曰贤，然后察之……国人皆曰不可，然后察之……"（《孟子·梁惠王下》），都主张既重视民意又要有理性的判断。君上的考核，一方面要不以一己之私为标准，而且要保证民意不被利用，民众不被愚弄欺骗；另一方面，当君上的私意与民意冲突时，则要两善相均而从众。如此，民意与君上的双重选择标准的最终目的就是实现善政善治。② 这种尊重民意的思想在《尚书》《左传》《周礼》中都有体现。③ 贾谊的这种思想虽然可能受到诸子百家的影响，④ 但民意君察的思想始终是儒家的路径。⑤ 贾谊乃至儒家这种以民意作为取吏标准的思想有很强的现实意义。汉文帝二年十一月诏举贤良方正，能够直言极谏的人，主要就是

---

① "故夫民者，吏之程也"的"程"可训为"准"，也可训为"式法"。参见阎振益、钟夏校注《〈新书〉校注》，中华书局 2000 年版，第 354 页注三一。

② 《左传·成公六年》载："或谓栾武子曰：'圣人与众同欲，是以济事，子盍从众？子为大政，将酌于民者也……'商书曰：'三人占，从二人，众故也。'武子曰：'善钧从众。夫善，众之主也。'"

③ 参见梁启超《先秦政治思想史》，东方出版社 1996 年版，第 37—39 页。

④ 先秦诸子百家重视民意的言论很多。墨子尚贤的主张，在某种意义上也是民意的体现。此外《尹文子》云："己是而举世非之，则不知己之是；己非而举世是之，亦不知己之所非；然则是非随众贾而为正，非己所独了；则犯众者为非，顺众者为是"，《管子·君臣》曰："夫民，别而听之则愚，合而听之则圣，虽有汤武之德，复合于市人之言。是以明君顺人心安情性而发于众心之所聚，是以令出而不稽，刑设而不用，先王善与民为一体。与民为一体，则是以国守国以民守民也。然则民不便为非矣"，这里《尹》《管》都以民意为绝对的，并试图以此消解君王对治体的有为架构，这与儒家的民意君察的思想还是有很大区别的。

⑤ 徐复观指出，贾谊重视民意的思想"是由继承儒家对人民的信赖，政治的一切是为了人民的大统，直接由孟子'国人用之'、'国人杀之'的观念，所发展出来的。"徐复观：《贾谊思想的再发现》，载《两汉思想史》（卷二），台湾学生书局 1987 年版，第 135—136 页。

通过"乡举里选"的方士选择贤良孝廉之人。这种做法显然是贾谊重民意的思想在实际政治中的运用。[①] 不仅如此，贾谊乃至汉代在民意基础上的"乡举里选"制度还有深远的历史意义，发端于文帝，贯穿于整个汉代的这种选举制度"所表现的基本精神，则确是趋向真正民主的这一条路上。大体上说，这是中国知识分子与政治关系最为合理的时代，也是中国文化成就最大的时代。"[②] 萨孟武也指出"贾谊此言颇接近于民主，问题所在，乃是何由而知谁是人民之所爱。吾国古代学者对此问题，均不能提出具体的办法，而只寄希望于圣君，即'君明而吏贤矣，吏贤而民治矣'。"[③] 不过，正如梁任公所言："要而论之，我先民极知民意之当尊重，惟民意如何始能实现，则始终未尝当作一问题以从事研究。故当执政若违反民意，除却到恶贯满盈群起革命外，在平时更无相当的制裁之法。此吾国政治思想中之最大缺点也"，[④] 从一些具体的史实看来，"乡举里选"乃至乡曲"清议"，在一定程度上确实可以左右皇帝的决定。陶希圣指出："朝议制度秦汉皆有，此或因去古未远，氏族民主制的遗址仍存。古会议制度盛行，中央有朝议，地方有议民，章太炎《检论》七说汉时'其县邑犹有议舍橐长……议民者域外以为议员，良奥通达之士，以公民参知县政者也。至于军中的议郎，郡守的议曹，乃专司谋议的官吏，类似现有的参议制度。'会议中最重要而频行的是中央的朝议。朝议的召集权在皇

---

① 徐复观云："贾谊的官制、选吏上的思想，在政治现实中自然不会实现。但在上述的理想中，也未尝不能看出西汉乡举里选的朦胧面影。"参见《贾谊思想的再发现》，载《两汉思想史》（卷二），台湾学生书局 1987 年版，第 132—134 页。

② 徐复观：《学术与政治之间》，台湾学生书局 1985 年版，第 184 页。徐先生更加细致地指出"乡举里选"的历史意义：第一，士人仕途，是由于政府的选举征辟，而不是出于士人直接对政治的趋附奔竞，可以养士人的廉耻；并使士人不能不以社会为本位，哪怕是出于勉强。第二，士人的科别行能，不是出于以皇帝为中心的灵感，而是出于乡曲的"清议"，是社会与政府共人事进退之权，而且社会是另一种原动力，无异于政府把人事权公之于社会。因此，士人要进入政府，首需进入社会；要取得社会的同情，势必先对社会负责。于是不仅使士人不能脱离社会，而且实在含有真实的民主意义，调剂了大一统的专制气氛。第三，中国文化，是道德性的文化，是要成就人的道德行为的；而两汉对士人的要求，主要在这一方面，这便与中国文化基本精神相一致。参见徐复观云："贾谊的官制、选吏上的思想，在政治现实中自然不会实现。但在上述的理想中，也未尝不能看出西汉乡举里选的朦胧面影。"参见《贾谊思想的再发现》，载《两汉思想史》（卷二），台湾学生书局 1987 年版，第 183 页。

③ 萨孟武：《中国政治思想史》，东方出版社 2008 年版，第 141 页。

④ 梁启超：《先秦政治思想史》，东方出版社 1996 年版，第 39 页。

帝，议事的范围很广，君主废立，官爵封赠，立法，议罪皆可议及。"①
虽然有朝议与议民，但是却没有决定的约束力，而问题就在于如何确立对
皇帝的绝对约束力，以避免皇帝的权力意志无限扩大。

第三节　以公心治天下及以爱民为忠的君臣之道

以民为本的治道思想当然是针对施政者提出的，在位者是民本思想
能否发挥效力、作用于民的决定因素。因此，如何确保民本思想真正运
用到政治实践中去以泽惠于民，是民本哲学的命脉所在。在中国古代的
政治结构中，居于最高位的君与君之左右大臣无疑决定着执政理念的运
行，所以要确保民本思想的切实执行，就必须使君臣之道与民本思想相
吻合。

一　君道：天下为公与以道取贤

（一）以公心治天下

立君为公，除了说明君位乃天下之公器外，更是强调君对于民的责
任与义务，② 这是儒家民本思想对君发出的必然要求。《尚书·洪范》
曰："天子作民父母，以为天下王。"这已经暗示了作为民之父母的君
王要有如保赤子的责任之心以施行爱民、亲民的为政之道。而仁政的施
行、仁德的推扩正是大公之道，而非现今一些人所认为的那样，说儒家
基于血亲本位的伦理政治是腐败的根源。这从萧公权的论述中能够清晰

---

① 陶希圣、沈巨臣：《秦汉政治制度》，商务印书馆1936年版，第28页。

② 金耀基从中西哲学对比的视角指出，"西方人言政治，皆从我字出发，'我'是与一切
'非我'对立的；因此，喜欢讲权利。中国人言政治，则从'人'字出发，'人'是讲对偶的；
因此，都从义务上讲。这一点，在东西方原始初期即厘然分途，譬如西方说君，必随之说权；
而吾国说天子，则非但不提及'权'字，反强调种种之义务，故若谓西方之政治哲学乃是建
筑在'权利本位'之上的，中国之政治哲学乃是建筑在'义务本位'之上的。"参见《中国民
本思想史》，法律出版社2008年版，第31—32页。

地得到说明。① 孔子"君君、臣臣、父父、子子"的真意正是一种"君职论"②,也就是通过"道之以德,齐之以礼"以纾解人民的疾苦。《孟子·离娄上》曰:"惟仁者宜在高位",正说明了君之义务对君之德性的诉求。《荀子·大略》称:"天之生民,非为君也,天之立君,以为民也",更直接地说明了儒家立君为公、立君为民的思想。先秦儒家所呼吁的立君为公的思想,可以说是中国政治哲学的大本。从《尚书·洪范》经孔、孟、荀的凝练,再到《礼记·礼运》,乃至《吕氏春秋·贵公》的相关论述可以看出,"天下为公"的思想深入到了中国古代政治的精髓。③贾谊说:"人主者,天下安,社稷固不耳"(《新书·益壤》),正是强调人主的责任在于使人民安居乐业,使国家社稷固若金汤,坚不可摧,即要求人主以公心治天下。

问题是,怎样才能使君以公心治天下?在儒家的政治哲学中,圣王无疑是理想的模范。贾谊在《君道》中指出,庶民对文王的爱戴如此之深,以至于爱敬曾经囚禁他的桎梏。民众为何如此敬爱文王呢?那是因为"文王之泽,下被禽兽,洽于鱼鳖,咸若攸乐,而况士民乎"(《新书·君道》),即文王的仁爱之德行于天下,自然周洽,连鸟兽虫鱼都没有不适、窒碍之感。这是儒家理想的人与自然的关系,而这种理想的关系是由理想的人文精神维系的。而理想的人文精神是由"仁"道浇铸的。文王之所以能够如此仁爱天下,是因为他完全能够由着自己的本性本心去仁民爱

---

① 萧公权指出:"孔子言仁,实已冶道德、人伦、政治于一炉,致人己、家国于一贯。"又说:"若持孔子之仁学以与欧洲学说相较,则其旨既异于集合主义之重全体而轻小我,亦非为个人主义之伸小我而抑国家,二者皆认小我与大我对立,孔子则泯除畛域,贯通人我。"参见萧公权《中国政治思想史》(一),辽宁教育出版社1998年版,第57—58页。

② 钱穆指出孔子所提出的"'政者,正也。子帅以正,孰敢不正。'又说:'苟子之不欲,虽赏之不窃。'又说:'君子之德,风。小人之德,草。草尚之风,必偃。'这里所提出的,并不是政治上的'主权'应该谁属的问题,而是政治上的'责任'应该谁负的问题。社会上一切不正,照政治责任论,全由行政者之不正所导致,所以应该由行政者完全负其责。孔子又说:'君君、臣臣、父父、子子。'君要像君的样子,尽君的责任,臣才能像臣的样子,尽臣的责任。臣不臣,还是由于君不君。远从《尚书》起,已说'万方有罪,罪在朕躬'。这是一种'君职论',绝不是一种'君权论。'"参见钱穆《国史新论》,载《钱宾四先生全集》(30),台湾联经出版事业有限公司1998年版,第96—97页。

③ 《尚书·洪范》曰:"无偏无党,王道荡荡,无偏无颇,尊王之义。"《礼记·礼运》道:"大道之行也,天下为公。"《吕氏春秋·贵公》载:"天下非一人之天下也,天下人之天下也。"

物，不假求于外在的任何条件。所以，贾谊引《书》曰："大道亶亶，其去身不远，人皆有之，舜独以之"（《新书·君道》）①，"舜独以之"就是说舜能够遵"道"而行。舜之所以能够遵"道"而行，是因为舜就是"道成肉身"，性道合一，舜率性而为就是遵道而行。因此，"舜独以之"与孟子"尧舜，性之"（《孟子·尽心上》）的思想是一致的。"性之"，就是"由仁义行"（《孟子·离娄下》），仁义就是圣王之性；由仁义行，就是圣王之行，圣王之行，就是"道"。所以，贾谊说："道者，圣王之行也"，"仁义者，明君之性也"（《新书·大政上》）。贾谊之所以如此强调王道之行，仁义之性，是因为，一方面主张君王要仁爱士民，由于"刑法不可以慈民，简泄不可以得士"，"故夫士者，弗敬则弗至；故夫民者，弗爱则弗附"（《新书·大政上》）；另一方面，当出现庶民背离、贤士不显的现象时，当反求诸己，而不是怨天尤人，即贾谊所说的"去射而不中者，不求之鹄，而反修之于己。君国子民者，反求之己，而君道备矣"（《新书·君道》）。贾谊对明君仁义之性的强调，与先秦儒家"内发的政治思想"② 是一致的，即要求作为治者的人君要重视内发地反省工夫多于外在的限制机制，即人君不是立于权力的基础上面，通过权力去限制些什么，而是要立在自己的性分上作内圣的工夫，由内圣而外王。

而如何做到反求之己呢？贾谊指出君王要相信自己的行为是招致福报与恶报的决定因素，"行之善也，粹以为福己矣；行之恶也，粹以为灾己矣。故受天之福者，天不攻焉；被天之灾，则亦毋怨天矣，行自为取之也。"（《新书·大政上》）这就要求君王要对自己的行为负责，要有强烈的自省意识，当遇到恶报时，首先想到自己的行为是否合理，而不是怨天尤人，推卸责任。所谓"万方有罪，罪在朕躬"（《尚书·汤诰》），"百姓有过，在予一人"（《尚书·泰誓》），就是要求君王对万千庶民有一番敬畏之心，从而抑制自己的政治欲望，做到"有不为也，而后可以有为"（《孟子·离娄下》）。君王的"反求之己"，不仅要做到使内在的反省到

---

① 现存今古文尚书都没有句话，《玉函山房辑佚书·尚书逸篇》辑录此文。详见阎振益、钟夏校注《〈新书〉校注》，中华书局 2000 年版，第 291 页注二四。

② 徐复观将儒家率性以成治的德治思想，概括为"内发的政治思想"。参见《学术与政治之间》，台湾学生书局 1985 年版，第 50 页。

位，而且要付诸实际行动，即知善而行，知恶而改。"知善而弗行，谓之不明；知恶而弗改，必受天殃"，"知善而弗行谓之狂，知恶而不改谓之惑。故夫狂与惑者，圣王之戒也，而君子之愧也……明君子而君子乎，闻善而行之如争，闻恶而改之如仇，然后祸灾可离，然后保福也"（《新书·大政上》）。

（二）以道求士，以道选吏

在位者如果能够做到反求于己，由仁义行，那么就可以说他是圣明的君王。在贾谊看来，明君的主要功用在于求士选吏。在贾谊的思想中，"士"与"吏"虽在治国的功能上可以混同，但二者却有不同的内涵。这从贾谊对二者的规定中可以看出。《新书·道术》云："守道之谓士"，即"士"在某种意义上可以是"道"的代表。《新书·大政下》云："吏之为言者，理也"，又"民之治乱在于吏，国之安危在于治"（《新书·大政下》），即"吏"有代君理民的功能。① 针对这两个不同的群体，君王也要采取不同的对待方式，即"以道求士"与"以道选吏"。

关于"以道求士"，贾谊说：

> 无世而无圣，或不得知也；无国而无士，或弗能得也。故世未尝无圣也，而圣不得圣王则弗起也；国未尝无士也，不得君子则弗助也。上圣明则士暗饰矣，故圣王在上位，则士百里而有一人，则犹无有也。故王者衰，则士没矣。故暴乱位上，则千里而有一人，则犹比肩也。故国者有不幸而无明君；君明也，则国无不幸而无贤士矣。故自古而至于今，泽有无水，国无无士。故士易得而难求也，易致而难留也。故求士而不以道，周遍境内不能得一人焉。故求士而以道，则国中多有之。此之谓士易得而难求也。故待士而以敬，则士必居矣；待士而不以道，则士必去矣。此之谓士易致而难留也。（《新书·大政下》）

① 贾谊《新书·阶级》云："古者圣王制为列等，内有公、卿、大夫、士，外有公、侯、伯、子、男，然后又官师小吏。"可见在身份地位上，"士"曾高于"吏"。而在战国秦汉间，由于官僚体制的专制化，由"文吏"构成的职业官僚群体开始逐渐与"士"对立起来。而秦朝"以吏为师"的官僚机制更是使得"文吏"的地位空前提高。虽然贾谊认为"吏"是"理"的代表，但是他对待"士"与"吏"的看法是不同的。

这里贾谊表达了三层意思。第一，贤士无处不在，无时不在，国家之幸就是因为有明君从而有贤士，国家不幸就是因为没有明君而导致贤士隐匿。因此，可以从"士"的显隐来判断君道的明暗，从而判断国家的命运。第二，贤士之道与明君之道是一致的。因此，明君在位，则贤士频现。昏君在位，则贤士不彰。因此，当贤士隐遁之时，人君不应该埋怨国家无人，而应当反思自身是否以道行政，是否以道求人。修己而俟人，也是君道反求于己的应有之义。第三，正因为贤士之道与明君之道是一致的，所以明君对待"士"的态度应该是"以道求之"。威逼利诱并非得贤之道。"以道求士"意味着君与士的结合是以"谋道"为目的。这就要求君王要以敬待士、以道待士。"夫士者，弗敬则弗至"（《新书·大政下》），以敬待士就是以敬待道。以道待士，"士者，事也"，就是要让"士"从事于"行道"的事业，而不是服务于违道或伪道的企图。让"士"从事于"行道"的事业，就是从事于"为民"的事业，"故欲求士必至、民必附，惟恭与敬、忠与信，古今勿易矣"（《新书·大政下》）。忠信指忠信于民。在贾谊的思想中，常"士民"连用，这就意味着"士"与民情有着密切的关系。因此，忠信于民也就是忠信于士民，所以"恭敬、忠信"就是求士之道。选贤任能、敬士爱民，这就是"道"的体现。在民为爱，在士为敬，具体而言就是"故爱人之道，言之者谓之其府；故爱人（敬士）①之道，行之者谓之其礼"（《新书·大政下》），以道待士，就是要求君上以内心的真诚爱敬士人、礼遇士人。

关于"以道选吏"，贾谊指出，首先，"故君明而吏贤矣，吏贤而民治矣。故见其民而知其吏，见其吏而知其君矣。故君功见于选吏，吏功见于治民，故观之其上者犹其下，而上睹矣，此道之谓也"（《新书·大政下》），可以看出，与君的明昏对应于"士"的显隐不同，就"吏"而言，君的明昏则对应于"吏"的贤愚。"士"的显隐对于"民"没有直接的利害关系，而"吏"的贤愚则对于"民"就会有直接的利害关系。

---

① 据陶鸿庆言，此处"爱人"当作"敬士"。载阎振益、钟夏校注《〈新书〉校注》，中华书局 2000 年版，第 566 页注四九。

因为"民之不善也,失之者吏也;民之善也,吏之功也"(《新书·大政上》),而"吏之不善也,失之者君也;吏之善者,君之功也"(《新书·大政上》),"吏"善则"民"善,君之功虽在于选吏,而最终的决定权还是在于民。所以说"观之其上者犹其下,而上睹矣"。其次,因为"吏"的贤愚直接关系到"民"的利害,所以贾谊说:"故是明君之于政也慎之,于吏也选之,然后国兴也"(《新书·大政下》),"吏"必须通过严格地选拔才能参与到治理百姓的政治行为之中。因此,明君为政要"慎",选吏也要"慎",这是爱民的体现,也是君功的体现。再次,明君慎于为政,慎于选吏,就是"道"的表现。贾谊说:"故政不可不慎也,而吏不可不选也,而道不可离也"(《新书·大政下》),为政、选吏不离于"道"就是君道的表现。最后,需要说明的是,贾谊主张以"道"选吏,还有很强的现实针对性,即纠正自秦以来的以富选吏的标准。①

以道求士、以道选吏必然伴随着选择与考核的标准。这套标准是由儒家一贯主张的人伦纲常决定的。贾谊说道:

> 事君之道,不过于事父,故不肖者之事父也,不可以事君;事长之道,不过于事兄,故不肖者之事兄也,不可以事长;使下之道,不过于使弟,故不肖者之使弟也,不可以使下;交接之道,不过于为身,故不肖者之为身也,不可以接友;慈民之道,不过于爱其子,故不肖者之爱其子,不可以慈民;居官之道,不过于居家,故不肖者之于家也,不可以居官。夫道者,行之于父,则行之于君也;行之于兄,则行之于长矣;行之于弟,则行之于下矣;行之于身,则行之于友矣。故士则未仕而能以试矣。圣王选举也,以为表也。问之,然后知其言;谋焉,然后知其极;任之以事,然后知其信。故古圣王君子不素距人,以此为明察也。(《新书·大政下》)

---

① 董仲舒言:"长吏多出于郎中、中郎。吏两千石子弟选郎、吏,又以富赀,未必贤,是以廉耻贸乱,贤不肖浑淆。"钱穆指出,"当时吏途,亦大率为富人也。"参见钱穆《国史大纲》,商务印书馆1994年版,第140页。

道不远人，就体现在个体的日用常行之中，父慈子孝，兄友弟恭，无处不是行道、体道的表现。为政之道其实就是修身、齐家之道的自然延伸，并非别有一道专门适用于政治领域。因此，"士则未仕而能以试矣"。这套标准其实就是根据《礼记·大学》中修身、齐家、治国、平天下的要领演化而来的。其依据则是主体通过内在的孝慈爱敬之心不断地向外推扩，由亲亲之情，涵化为仁爱之德，仁爱之德的完成是治国、平天下必须的主体条件。① 说到底，贾谊主张以对儒家所倡导的伦理纲常的践履作为选贤任能的标准，仍然是为了强调"德"的重要性，这与贾谊"道德"论及民本思想是一以贯之的。以孝慈爱敬之道作为选取官吏的标准，实际上是对治理者义务本位的强调。徐复观指出："儒家的伦理思想、政治思想是从规定自己对于对方所应尽的义务着眼，例如'父慈'，是规定父对子的义务，'子孝'，是规定子对父的义务，'兄友'，是规定兄对弟的义务，'弟恭'，是规定弟对兄的义务。"② 撇开沽名钓誉之徒不论，个体在修身体道的实践中，仍会因为气质等诸多因素的不同而呈现出不同的状态，这同样需要明君能够详察明辨。贾谊说："故士能言道而弗能行者谓之器，能行而弗能言者谓之用，能言而能行之者谓之实。故君子讯其器，任其用，乘其实，而治安兴矣。"（《新书·大政下》）明君应该抛弃那种只能够空言道德、不能实行之徒，而任用言行一致的诚实之士。以对儒家所倡导的伦理纲常的践行作为士、吏是否贤能的标准，隐含着儒家王道政治的思想倾向。文帝十二年曾诏令全国，将"孝悌""力田"与"廉吏"并举，③ 标志着察举制度的正式产生。④ 将"孝悌"作为一种选拔的标准从制度上确立起来，不能不说是受到了贾谊思想的影响。

---

① 徐复观指出："家庭社会的伦理，是道德的实践；而事君治民，则是此种实践的扩充。"参见《贾谊思想的再发现》，载《两汉思想史》（卷二），台湾学生书局1987年版，第138页。

② 徐复观：《学术与政治之间》，台湾学生书局1985年版，第57页。

③ 《汉书·文帝纪》载："孝悌，天下之大顺也。力田，为生之本也。三老，众民之师也。廉吏，民之表也……其遣谒者劳赐三老、孝者帛人五匹，悌者、力田二匹，廉吏二百石以上率百石者三匹。及问民所不便安，而以户口率置三老孝悌力田常员，令各率其意以道民焉。"

④ 张涛：《经学与汉代社会》，河北人民出版社2001年版，第152页。也有学者认为，汉代察举孝廉，起源于高后"初置孝弟力田二千石者一人"。参见（宋）徐天麟《西汉会要》（卷四十五）《选举下》，中华书局1955年版，第463页。

　　将儒家所倡导的人伦规范作为选贤任能的标准是就道德实践而言,这是君王求士选吏的根本大法。而作为辅助人君爱民治民的官吏,不仅要有道德理性,而且还要具备工具理性。因此,在选取官吏上,君王还要将人的德行与办事能力结合考虑而决定给予具体的职位。贾谊根据德行与能力的综合标准将职事之官分为六个等级,他说:"王者官人六等:一曰师,二曰友,三曰大臣,四曰左右,五曰侍御,六曰杂役。"(《新书·官人》)而如何才能被选作帝王师呢? 智慧若泉,源源不竭,行有仪法,足为表率,君王有问必能答,有求必能得,公卿士大夫得之,便能使公卿士大夫得到尊重,诸侯国得之,便能使诸侯国得到尊重,在贾谊看来,这样的人才能被选为帝师。作为君王之友的标准是:智慧可以与君王相互砥砺,行为能够成为君王的辅助,仁德可以与君王共谋,可以进举贤能,勇于谏退不肖,内可以匡正君王的过失,外可以显扬君王的美德。而如何才能被选为大臣呢? 贾谊指出选作大臣的标准是:智慧足以参谋国事,行为足以成为万民的表率,仁德可以使上下欢欣和谐,当国家法度昌明时,就退而守之,当君王有难时,甘于死于君难,安于职守,即使是君王本人也不能通过该大臣而徇私舞弊。而作为君王的左右则要具备:修身正行不愧于乡党,言行举止不愧于朝廷,智慧足以应付所从事的职位,如果作为使臣,能使两国之君都称心满意,如果作为君王的宿卫,则不仅能够举出君王的过失,而且能够以死捍卫君王应该坚持的正确之道。关于如何才能被选作君王的侍御,贾谊指出:不贪恋财色,尽心事君,不敢二心,在君王旁边而不敢泄露君王的谋划,当君王有过失时,虽然不能像左右那样以死坚执正道,但是面有憔悴忧虑之色,虽然不能强谏,但也不听从君王的过失之言。而那种对君王恭敬和悦、唯唯诺诺、言听计从的人则从事厮役之职。在帝制的政治运作系统中,这六级官职都是必不可少的,治国为政的关键在于君主是让哪一级别的官职真正参与到治国的谋划中。在贾谊看来,"与师为国者帝,与友为国者王,与大臣为国者伯,与左右为国者强,与侍御为国者若存若亡,与厮役为国者亡可立待也。"(《新书·官人》)在这种情况下,身为君者,一方面要有知人之明,识人之智,怀人之德,能够选贤使能,使百官德位相称;另一方面要见贤思齐,与贤能相伴,使德才兼备之士切实参与到治国为政的政治实践中去。在这个意义上,理想的君道是否能够开显,在一定程度上取决于贤臣能否大行其道。因此，在君、臣、民的政治架构中，"道"的展开与臣道的大行密切相关。

二　臣道——爱民忠君

关于臣道，先秦诸子哲学中论述颇多。先秦儒家一贯强调人臣要"以道事君"，孔子直接提出："以道事君，不可则止"（《论语·先进》）的人臣事君之道，主张"天下有道则见，无道则隐"（《论语·泰伯》），又说："邦有道则仕，邦无道则可卷而怀之"（《论语·卫灵公》）。孔子以后，孟子、荀子继承并发展了孔子"以道事君"的臣道观，孟子说："非其道，则一箪食不可受于人；如其道，则舜受尧之天下，不以为泰"（《滕文公下》），又说："天下有道，以道殉身，天下无道，卜身殉道"（《尽心上》）。孟子在坚持"君子之事君也，勿引其君以当道，志于仁而已"（《告子下》）的同时，还主张以"德"抗爵，他说："彼以其爵，我以吾义……辅世长民莫如德"（《公孙丑下》）。正因为就"德"的角度而言"吾何慊乎哉"，所以孟子认为"以道事君"就应该毅然坚持"所就三、所去三"的立场，① 从而坚守臣道的尊严与理想。② 孟子之后，荀子同样坚持孔子"以道事君"的臣道理想，主张"从道不从君"（《荀子·臣道》），"道义重而轻王公"（《荀子·修身》）。先秦诸子除儒家"以道事君"臣道观外，法家的臣道观也颇有特色。根据韩非子的相关论述，法家所设定的理想臣下的标准有：（1）对君无二心，"北面委质，无有二心"（《韩非子·有度》）。（2）无条件的卑身事君，功劳归于君主，过错臣下承担，"卑身一事君，有功则归利于上，有过则臣任其罪"（《韩非子·主道》）。（3）尽忠职守，不辞辛劳，卑己隆君，"朝廷不敢辞贱，军旅不敢辞难"（《韩非子·有度》），又"夙兴夜寐，卑身贱体，竦心白

---

① 《孟子·告子上》曰："所就三，所去三。迎之致敬以有礼，言将行其言也，则就之；礼貌未衰，言弗行也，则去之。其次，虽未行其言也，迎之致敬以有礼，则就之；礼貌衰，则去之。其下，朝不食，夕不食，饥饿不能出门户。君闻之曰：'吾大者不能行其道，又不能从其言也，使饥饿于我土地，吾耻之。'周之，亦可受也，免死而已矣。"

② 孟子指出那种能为君辟土地、充府库的所谓良臣，其实就是古代的贼臣，如果为那种心不向于道，志不在于仁义的君王谋求富足，那么与帮助桀纣这样的君王达到富强其实没有什么两样。在这种情况下，孟子强烈认为"由今之道，无变今之俗，虽与之天下，不能一朝居也"（《孟子·告子下》）。

意,明刑辟,治官职以事君……以其主为高天泰山之尊,以其身为壑谷滔洵之卑"(《韩非子·说疑》)。(4)无条件地顺从君主,一切由君主决定,"顺上之为,从主之法,虚心以待令而无是非也,故有口不以私言,有目不以私视,而上尽制之"(《韩非子·有度》)。可见,与先秦儒家坚持臣道的理想与人格尊严不同,法家的臣道观湮没了人臣的理想与人格,主张卑身事君,一切由"上尽制之"。

贾谊的臣道观更多地受到了先秦儒家"以道事君"的臣道思想的影响。在贾谊看来,君功在于选吏,吏功在于治民。君道,通过选吏而体现,臣道通过治民而显示。贾谊说:

> 人臣之道,思善则献之于上,闻善则献之于上,知善则献之于上。夫民者,唯君者有之,为人臣者助君理之。故夫为人臣者,以富乐民为功,以贫苦民为罪。故君以知贤为明,吏以爱民为忠。故臣忠则君明,此之谓圣王。故官有假而德无假,位有卑而义无卑。故位下而义高者,虽卑,贵也;位高而义下者,虽贵,必穷。呜呼,戒之哉!戒之哉!行道不能,穷困及之。(《新书·大政上》)

可见,贾谊臣道观的一大特色就是忠君通过爱民来体现。作为人臣,其职责就是以善道建言献策,以善道规谏人君,善是绝对的标准。人臣的功劳就是要使民众既富且乐,而不是以迎合君主的私意为目的,也不是以满足自己的私利为目的。贾谊很直白地指出,大臣的忠是通过爱民体现,大臣以爱民为忠,其实就是君道的自然延伸,即"忠君子者,无以易爱民也"(《新书·大政下》)。也是在这个意义上,贾谊说"臣忠则君明,此之谓圣王",忠爱人民的大臣是助成圣王的关键因素。那么大臣之"忠"如何通过"爱民"表现出来呢?即贾谊所说的,"夫为人臣者,以富乐民为功,以贫苦民为罪。"很简单,人民既富且乐,就是大臣"爱民"的表现,就是"忠"的表现。既然臣下是以忠爱人民为功,则忠爱的德义才是其行为的最高准则,而其所处的官位只是从属于忠爱的目的,因此德义是尊,官位是卑。这与孟子"修其天爵,而人爵从之"(《告子上》)的思想无疑是一脉相承的。贾谊说:"故上为非,则谏而止之,以道纪之;下为非,则矜而恕之,道而赦之,柔而假。故虽有不肖民,化而则之。故虽昔者之帝王，其所贵其臣者，如此而已矣"。(《新书·大政上》) 以贾谊的标准，大臣就应该是进上以善道，体下以忠爱，使民"移风易俗，使天下移心而向道"(《新书·俗激》)，而不是像刀笔小吏一样，认为"牍书不报，小期会不答"就是"大故"(《俗激》)，反而视天下的一切颓败现象都是理所当然的。把爱民、以道化民作为臣道的根本职能，是贾谊民本思想在臣道观上的自然投射。

贾谊臣道观的大要可归结为忠君爱民，忠君通过爱民来体现，在这种意义上，忠君可以说是"虚"的一面，而爱民则有实质的意义。贾谊臣道观的意义不仅在于他从理论上继承和发展了先秦儒家的为臣之道，而且还在于他根据儒家的臣道观对汉代大臣官制理念作出的改革。贾谊基于以道事君、忠君爱民的臣道思想，设置了大相、大拂、大辅、道行、调训、典方、奉常、祧师等职位。① 这些官位虽然等级不同，各司其职，但是究其根本，无不出于德义的规范，如对大相的要求是"上承大义而启治道"，对大拂的要求是"秉义立诚"，对大辅的要求是防止"经义不衷"，对道行的要求是避免众臣"职不率义"等。从这些要求可以看出，即使是君权君威在大一统的专制下已经形成绝对之势的情况下，贾谊在官职的设定上仍然试图贯彻儒家"以道事君""从道不从君"的臣道理想，主张为臣之道是"上承大义"，而不是绝对的"上承君意"。贾谊这套改革的目的是使君臣上下都遵从"义"的标准而"正身行，广教化，修礼乐，美风俗"，使天下达于治安。"义"的标准也就是"道之接物"的"当"的原则。因此，在"义"的准则下，臣格仍然是独立的，人臣的尊严仍然挺立着，人臣的价值就不是体现在对君命的绝对服从上，而是体现在对道义的遵从与执行，体现在让君王的权力与私意服从道义的规范上。而问题是，在现实的政治运作中，"义"的准则往往由君王执掌，权力绑架道义，权力借道义之口发号施令，垄断是非，在这种情况下，"义"的绝对

① 详见《新书·辅佐》。根据钟夏的考证，贾谊这里所说的官职，"除奉常外，皆典籍所未载。当即本传所云'为官民悉更'也，此文或即所奏之疏，抑或《五曹官制》文。"参见阎振益、钟夏校注《〈新书〉校注》，中华书局 2000 年版，第 206 页注一。

彰显又何以可能?①

从贾谊设定的七位辅佐的功能还可以看出,"天下失宜,国家不治,则大相之任也","令或鬱而不通,臣或鷔而不义,大拂之任也","经义不衷,贤不肖失序,大辅之任也","职不率义,则道行之任也","善不彻,过不闻,侍从不谏,则调训之任也","有功德而弗举,或有淫癖犯禁而不知,典方之任也","历天事不得,事鬼神不序,经礼仪人伦不正,奉常之任也"(《新书·辅佐》)。辅佐的权力可以说已经涉及国家治理的方方面面。因此在臣道大行,辅佐之臣各司其职、各安其位的理想状态下,其实是众大臣在为政治国中发挥真正的作用,而君王的权力在某种意义上受到分割或者限制。对此,徐复观深刻地指出:

> 贾谊的尊君,毕竟与法家大大的不同。法家的君主,是孤头特出,除了法以外,不受任何人的制约的。而法的最高创制权,使用权,都操在皇帝手上,简帛上的黑字,又怎能要求有强大统治权的皇帝来加以信守呢?贾生心目中以皇帝为中心的政治结构,却是为皇帝分担权力,并给皇帝以政治规范,政治制约的政治结构;在此种结构中,皇帝的地位虽很尊,但权力的行使,是出之于集体的意志与能力,而不是出于皇帝的孤独意志……"大相"实际是代人君负统治之责。大相以次的上、中、下三层的各官职,皆对其官职所应遵守的原则负责,皆应使人君承受这些原则,而不准越出于这些原则之外。这样一来,贾谊虽视皇帝为至高无上,只是为了巩固天下的统一,与加强政治的秩序与效能。而以皇帝位代表政治结构,却是集天下贤德之人的共同统治,皇帝反垂拱无为,实际是一种"虚君"的制度。

---

① 贾谊也注意到了君王权力可能会压抑臣道的伸张,在《过秦论下》中,贾谊认为秦政的最大弊端是三代君主刚愎自用,失道寡助,无以为辅。"秦王足己而不问,遂过而不变。二世受之,因而不改,暴虐以重祸。子婴孤立无亲,危弱无辅",而秦朝三代君主为政之时"世非无深谋远虑知化之士也,然所以不敢尽忠拂过者,秦俗多忌讳之禁也,忠言未卒于口,而身糜没矣。故使天下之士倾耳而听,重足而立,阖口而不言。是以三主失道,而忠臣不谏,智士不谋也。天下已乱,奸臣不上闻,岂不悲哉!"在贾谊看来,除了秦王的暴戾是导致忠臣不谏\志士不谋的原因之外,秦俗多忌讳之禁也是导致忠臣三缄其口的重要原因。因此,要使臣道在君臣的政治框架中挺立,必须还要有制度法则的保证,所以贾谊说道:"先王知雍蔽之伤国也,故置公卿大夫士,以饰法设刑而天下治",在这种意义上,公卿大夫士的设立就是为了分割君主的权力。

这便把皇权专制，在实质上加以解消了。[①]

阴法鲁也指出：

> 贾谊所主张的中央集权不属于皇帝个人，而属于以皇帝为核心的"贤佐俊士"集团；皇帝个人的职权也受这个集团的制约。这样可以限制君权的无限扩大，不至于发展到皇帝个人专制，而为所欲为。这样，出现暴君的可能性就比较小。[②]

汉承秦制，贾谊基于臣道对汉代官制的改革，其实就是改换秦代的官制体系。而秦代的官制是本着尊君抑臣的原则设定的。因此，贾谊改制的真实意图是十分明显的，即在形式上达到尊君的效果，而在实质上则是君臣共治。在这个官制系统中，皇帝的存在只是为了大一统形式的需要，具有提高政治效率与维持政治稳定性的意义。而权力的执行者则由群臣，即"贤佐俊士"共同承担。徐复观称为"虚君"制度，所谓"虚君"，就是消解君的执行权力。而徐复观所谓的"皇帝垂拱无为"，不是指皇帝真的不用任何作为，而是就皇帝以"虚"接物而言，即人主要以"当"施之。而如何才能以"当"施之呢？那就是贾谊在论"术之接物"中强调的，皇帝要做到仁、义、礼、信、公、法。

三　君臣关系：以行道为前提

毋庸置疑，在特定的历史条件下，君道、臣道的双赢就可以达到天下大治，善治善政就是君道、臣道二者相得益彰的结果。有圣君而无贤臣，或者有贤臣而圣君，最终都会导致君臣之道的暗而不彰。当然，在儒家设定的理想君王里，不存在君圣而臣庸的现象。以尧为君，舜举于畎亩之中，文王有"乱臣十人"，这些都是圣君在位，贤臣不隐，从而使君臣之道并行不悖的历史典范。尧君舜臣是儒家王道思想中理想的君臣架构。而

---

① 徐复观：《贾谊思想的再发现》，载《两汉思想史》（卷二），台湾学生书局1987年版，第132—134页。

② 阴法鲁：《贾谊思想初探》，《北京大学学报》（人文科学版）1965年第5期。

当纣为君王时，比干剖心，箕子被发佯狂，因此当君不行君道时，则臣道也难以通行。臣道之不行，正是君无道的结果。因此，君道得行，君位得保，在一定意义上都是臣道大行的结果。贾谊说："人主之为人主也，举错而不偾（倒）者，杖贤也。今背其所主而弃其所杖，其偾仆也，不亦宜乎？"（《新书·春秋》）臣道就是贤能的载体，杖贤也就是说君之为君，要依仗臣道的大行。

在贾谊的君臣思想中，一方面他是在行道的前提下讨论君臣关系。《新书·先醒》载道：

> 怀王问于贾君曰："人之谓知道者先生，何也？"贾君对曰："此博号也。大者在人主，中者在卿大夫，下者在布衣之士。乃其正名，非为先生也，为先醒也。彼世主不学道理，则嘿然惛于得失，不知治乱存亡之所由，怓怓然犹醉也。而贤主者，好问不倦，好道不厌，锐然独先达乎道理矣。"

可见，君王与卿大夫、士都是"道"之在人者，只是对"道"的体悟程度不同，因此而有了爵位之别。由于君臣都是体道者，所以他们的共同理想都是将"道理"运用到治国平天下的政治实践中去。贾谊说："君之为言也，道也。故君也者，道之所由出也。贤人不举而不肖人不去，此君无道也，故政谓此国无君也。吏之为言也，理也。故吏也者，理之所出也。上谓非而不敢谏，下为善而不知劝，此吏无理也，故政谓此国无吏也。"（《新书·大政下》）在治国为政中，行君道就是举贤去不肖，行臣道就是谏上之非，劝下之善，君臣就是"道理"的代言人，因此在这个意义上，君臣的关系是建立在行道的基础上的。就儒家对君臣关系的设定而言，只有在行道的前提下，才存在君臣之义，君臣地位的高低在终极意义上是对道的觉悟程度的高低。如果行道的前提丧失了，君臣的存在只是为了满足政治架构中的上下关系的话，那么这种情况下的君臣关系就只有实际政治运作中的君臣之别，而不存在道义下的君臣之义。

另一方面，道义下的君臣关系必然要通过具体的政治实践表现出来，在贾谊看来，君臣之义在政治实践中表现为臣忠君明所达到的民劝国富的政治效果。贾谊说道：

夫民者·，诸侯之本也。教者，政之本也；道者，教之本也。有道，然后教也；有教，然后政治也；政治，然后民劝之；民劝之，然后国丰富也。故国丰且富，然后君乐也。忠，臣之功也；臣之忠者，君之明也。臣忠君明，此之谓政之纲也。故国也者，行政之纲，然后国臧也。（《新书·大政下》）

因此，如果说道义是君臣之义的理想所在，那么教化庶民就是君臣之义的实践所在。在道义、君臣、庶民的政治架构中，道义与庶民从两个不同的侧面决定君臣之义的实现。在某种意义上，道义就是通过民情而体现，"天视自我民视，天听自我民听"，即是说民情所在乃道义所在。因此，君臣之道的关系又与民本思想密不可分。庶民是诸侯之为诸侯、国之为国、君之为君的根本，而为政的根本就是为了教化万民，移风易俗，使民心向善，而教化万民的根本就在于先王之道，先王之教。君道、臣道就是通过以道教民、以道化民而体现出来，政治的大纲就是靠臣忠君明撑起的。"道"之理念的向下贯注，在政治上就是要求君臣之道备具，从而实现有道之教。不过，由于吏直接参与教民、化民的实践，所以民的劝善之风，与吏有直接的关系，而吏的称职与否，则完全决定于君之明暗。因此，在这个意义上，在实际的政治运作中，以民为本就被置换为以君为主，当明君圣王在位时，则民本思想就能在一定程度上成为为政的指导理念，君民显示出一种契合关系，当无道之君在位时，民本思想就黯而不彰，从而呈现出君民分离的状态。在理想的状态，圣王在位，圣贤辅佐是保证贯彻民本思想的关键因素，而在现实中，一方面强调民本，另一方面无法有效地打破君主一人主宰的桎梏，使得伸张民本与维护君权成为一种带有张力的悖论。

第 三 章

验之当世:道治与汉初政权建构

从根本上讲,贾谊由"道"出发的仁信之政的思想是通过为民张本的思路实现天下的长治久安,民本思想的强大力量第一次被系统地揭示出来。然而在特定的历史条件下,君的象征意义又赋予了帝王越来越多的权利与威势,人臣在某些方面又不得不维护君权君势的合法性。因此,如何在民本与君权之间实现双赢,是专制体制抛给思想家的一个难题。集权渐成极权,民意如何体察?下情如何上达?民本如何落脚?君王的英明如何才能保证?孔子曰:"我欲载之空言,不如见之于行事之深切著明也。"(《史记·太史公自序》)将儒家的仁政思想切实贯彻到治国、平天下中去,几乎是每一个师尊孔子者的共同理想。贾谊也一样,他在大汉初建之际基于儒家的仁政思想,结合汉初的政治实况,试图救治战国之际的礼崩乐坏局面及秦王朝的严刑厉法之弊,使社会的运作重新返回到礼的轨道上来。贾谊的政治理想在汉初的落实,就是以礼为大纲的建立经制的实践。①

第一节 礼的功能意义

一 贾谊礼论思想的背景:礼的深入人心与汉初无为而治的隐忧

"礼",《说文·示部》曰:"履也,所以事神致福也。"《礼记·祭

---

① 徐复观指出:"贾谊的政治理想,表现在他所创意的政治结构之中。为实现此种政治结构,并作合理的运行,更需要建立上下共同遵循的规范,以形成共同的精神纽带。这即是他所突出的儒家所说的礼。"参见《贾谊思想的再发现》,载《两汉思想史》(卷二),台湾学生书局1987年版,第139页。

义》《荀子·大略》皆有此说。礼的基本意义是实现人神沟通的桥梁。不过，王国维根据卜辞中的"豊"而推断道："奉神人之事通谓之礼。"①这说明礼不仅是人与神的交接之事，而且也是人与人之间的交往事宜。对礼是什么的探讨自然要涉及礼的起源问题。根据陈戍国的考察，先秦经子典籍论礼的起源大致有五种说法，即礼起于宗教，礼起于交换，礼缘情、欲而制，礼以义起，礼起于俗。② 正如《礼记·祭义》所云："夫言岂一端而已，夫各有所当也。"虽然关于礼的起源问题众说纷纭，但是各有其恰当之处。由此可见，先秦礼论是何其丰富！这种丰富性从一个侧面说明了礼观念的影响之广之深。《礼记·经解》云："故朝觐之礼，所以明君臣之义也；聘问之礼，所以使诸侯相尊敬也；丧祭之礼，所以明臣子之恩也；乡饮酒之礼，所以明长幼之序也；昏姻之礼，所以明男女之别也。"可见礼涵盖了人类生活的方方面面。华夏族群经过周礼的锻造、整合而绽放出文明的熠熠光辉，所以孔子盛赞"周监于二代，郁郁乎文哉！吾从周。"（《论语·八佾》）但是，平王东迁，周始微弱，天子权威旁落，礼崩乐坏之际，诸侯僭礼越等的现象屡见不鲜，孔子云："八佾舞于庭，是可忍，孰不可忍也。"（《论语·八佾》）正是对这种僭越行为的痛心疾首。孔子时代尚且如此，至于以后霸政当道的时代，礼乐征伐自诸侯出，陪臣执国命的无道之事可谓是无所不用其极。③ 从秦国重用商鞅，违礼义、弃伦理使得秦俗大坏，可以管窥霸道政治对礼义的侵蚀之甚。尽管如此，周礼的蔚为大观无不周洽，又由于"礼之大体，体天地，法四时，则阴阳，顺人情"④ 的实质，礼对于社会、伦理、政治、民俗等的塑造已经深入至社会心理层面。⑤ 因此，

---

① 王国维：《观堂集林》，河北教育出版社 2001 年版，第 144 页。

② 陈戍国：《先秦礼制研究》，湖南教育出版社 1991 年版，第 14 页。

③ 《论语·季氏》载孔子曰："天下有道，则礼乐征伐自天子出；天下无道，则礼乐征伐自诸侯出。自诸侯出，盖十世希不失矣；自大夫出，五世希不失矣；陪臣执国命，三世希不失矣。天下有道，则政不在大夫。天下有道，则庶人不议。"

④ 《礼记·丧服四制》。

⑤ 日本学者中村元指出："古代中国最重要的思想是'礼'的观念，孔子提出一整套自周公传下的政治体系和社会习俗体系。这是在实际生活中所尊奉的理想的道德规范……所以，中国人的理想是一言一行都应与'礼'的观念一致。"参见〔日〕中村元《东方民族的思维方法》，林太、马小鹤译，浙江人民出版社 1989 年版，第 199—200 页。

即使有"礼乐征伐自诸侯出"的局面,诸侯也必须打着礼的幌子,否则这个幌子就会被其他的诸侯假用以实行征讨之实。[1] 即便"别黑白而定一尊"[2]"以吏为师"、严刑酷法如秦国,礼在政治架构、社会生活、伦理纲常等方面也在发挥着作用。司马迁在《史记·礼书》中写道:"至秦有天下,悉内六国礼仪,采择其善,虽不合圣制,其尊君抑臣,朝廷济济,依古以来。"秦始皇虽然在礼的选择上依据尊君抑臣的标准,而与圣传之制不相吻合,但他终究不敢绝对地废弃礼仪。[3] 从好大喜功的秦始皇巡游时留下的刻石文字[4]也可以看出,秦朝虽然"以法为教,以吏为师",但是仍然注重礼的功能。[5] 而叔孙通等文学博士的主要职能是"议政""制礼"和"藏书"[6],并且在秦始皇名号的设置上,"儒生可能起了主导性的作用"[7]。所有这些无不说明了体天、地、人之情的礼一旦深入人心,作为一种社会心理对于社会方方面面的建构有着不可替代的作用。[8] 秦王朝的迅速土崩瓦解,贾谊认为是秦王不施仁义、不行仁政的结果。而礼治恰是仁政得以施展的枢纽。秦历二世而亡,正是因为代表儒家根本精神、体现儒家治道理想的礼没有在大秦的政治建

---

[1]　《孟子·梁惠王下》载:"齐人伐燕,取之。诸侯将谋救燕。宣王曰:'诸侯多谋伐寡人者,何以待之?'孟子对曰:'……今燕虐其民,王往而征之。民以为将拯己于水火之中也,箪食壶浆,以迎王师。若杀其父兄,系累其子弟,毁其宗庙,迁其重器,如之何其可也?天下故畏齐之强也。今又倍地而不行仁政,是动天下之兵也。王速出令,反其旄倪,止其重器,谋于燕众,置君而后去之,则犹可及止也。'"

[2]　《史记·秦始皇本纪》(第一册)(卷六),第255页。

[3]　据载,秦礼至少包括吉、嘉、宾、军、凶五礼。详见徐复《秦会要订补》,群联出版社1955年版,第53—54页。

[4]　如琅琊刻石写道:"尊卑贵贱,不逾次行",会稽刻石写道:"防隔内外,禁止淫洗,男女絜诚","夫为奇豲,杀之无罪,男秉义程","妻为逃嫁,子不得母,咸化廉清"。可以看出,这些都是礼之用的结果,使社会回到礼的秩序轨道上也是秦始皇的理想。

[5]　这些刻石文字"在思想方面的重要性在于它们揭示了那个时代的官方思想和价值观"。参见崔瑞德、鲁惟一编《剑桥中国秦汉史》,中国社会科学出版社1992年版,第64页。

[6]　安作璋、熊铁基:《秦汉官制史稿》,齐鲁书社1984年版,第430—432页。

[7]　雷戈:《秦汉之际的政治思想与皇权主义》,上海古籍出版社2006年版,第79页。

[8]　鲁惟一评价秦始皇的政策道:"从李斯等人那里,他无疑把法家政策作为一种政治需要而加以接受。但在法家政策中,他还掺进了奇妙的混杂在一起的其他思想,其中包括很基本的儒家观念。"见崔瑞德、鲁惟一编《剑桥中国秦汉史》,中国社会科学出版社1992年版,第76页。

构中起到应有的实质作用。① 迨至汉降，民生凋敝，黄老思想应运而行，政治上的清静无为固然对民生起到了休养生息的作用。然而，正如一些学者指出："所谓'清静无为'其实是无法作为"②。从高祖到文帝，郡县制与封建制相夹杂的政体形式积弊已深，"萧规曹随"的故事从一个侧面也说明了，萧、曹二相对汉初政权内忧外患的无能为力。贾谊可谓是西汉初年第一个明确提出以礼治国的思想家，③ 他的目的在于用礼治的有为取代黄老的清静无为，直至救治君臣的无法作为。④

二　概论礼的功能：道德仁义，非礼不成

贾谊的礼论是从阐述礼的功能开始的，他说：

> 寻常之室无奥剽之位，则父子不别；六尺之舆无左右之义，则君臣不明。寻常之室，六尺之舆，处无礼，即上下蹉逆，父子悖乱，而

---

① 据李振纲的研究，秦在不同时期都在不断进行礼制文化建设，只不过这种"礼"只是符合秦社会发展及政治需要的礼。在焚书坑儒以前，博士和儒生们主张复古，推尊儒家经典。焚书坑儒之后，儒家所倡导的礼仪在社会、政治中的作用也日渐衰落，而残酷的"法治"从此大行其道。参见李振纲《秦汉之际的礼治思想研究》，博士学位论文，河北大学，2009 年，第 72 页。

② 雷戈：《秦汉之际的政治思想与皇权主义》，上海古籍出版社 2006 年版，第 54 页。

③ 也有学者指出先于贾谊的陆贾是主张礼治的，如李宗桂认为刘邦与陆贾关于马上得天下与马上治天下的争论，其实质是如何看待儒学的守成功能。大而言之，是如何看待礼治的功能。并且《新语》的"新"就是指出国家治乱存亡的关键在于"行仁义，法先圣"……而仁义之治，当然就是礼治（参见李宗桂《汉代礼治的形成及其思想的特征》，《中国哲学》2007 年第 10 期）。这种理解当然是十分深刻的，不过，虽然陆贾有关仁义之治的论述中，明显渗透着礼治的精神，但是他并没有将礼作为一个特定的概念专门讨论，也没有对礼的功能作进一步的论述。此外，也有学者认为叔孙通使得"汉代开始以礼治国，即以文治国"（参见周桂钿、吴锋《董仲舒》，吉林文史出版社 1997 年版，第 10 页）。虽然叔孙通制定的朝仪等"在很大程度上，是汉代礼治制度化的奠基"（李宗桂语，见同上），但是据司马光所言"及通定礼，颇有所增损，大抵皆袭秦故。"（《资治通鉴·汉纪三》卷十一）即叔孙通制定的礼仪主要是强调尊君抑臣思想。而叔孙通将秦代朝仪与儒家礼仪杂糅而制定的《汉仪》也"受到了一些儒生的嘲笑。但刘邦很满意，接受了，并延续下去，后来的经学大师们也都承认，汉武帝时的改制，不过是在《汉仪》基础上的添枝加叶"（参见尹继佐、周山主编《中国学术思潮史·经学思潮》（卷二），上海社会科学院出版社 2006 年版，第 104 页）。可见，叔孙通所制定的礼仪是多就尊君抑臣而言，而与贾谊在仁信之政层面对礼的讨论不可同日而语，在为政理念上的"道之以德，齐之以礼"与制定朝仪等仪法完全是两码事。

④ 侯外庐等指出：汉初的"富裕与安定，所谓与民休息，不是矛盾的解决，而是矛盾的扩大"。参见《中国思想通史》（第二卷），人民出版社 1957 年版，第 93 页。

况其大者乎! 故道德仁义,非礼不成;教训正俗,非礼不备;分争辩
讼,非礼不决;君臣、上下、父子、兄弟,非礼不定;宦学事师,非
礼不亲;班朝治军、莅官行法,非礼威严不行;祷祠祭祀,供给鬼
神,非礼不诚不庄。是以君子恭敬、撙节、退让以明礼。(《新书·
礼》)

从"故道德仁义"至"退让以明礼"又见于《礼记·曲礼上》,说
明礼包含道德、教化、法律、政治、宗法、礼仪、教育、军事、祭祀等人
类群体生活的方方面面。如果没有礼的规范,则人类群体的生活秩序将会
紊乱甚至陷入崩溃的深渊。总之,没有礼,人类的生活将无法维系。这与
《礼记·哀公问》载孔子论礼的功能的思想是一致的。《礼记·哀公问》
载:"丘闻之,民之所由生,礼为大。非礼无以节事天地之神也,非礼无
以辨君臣、上下、长幼之位也,非礼无以别男女、父子、兄弟之亲,婚
姻、疏数之交也。"没有礼,则人类的宗教追求、政治运作、伦理秩序将
无法想象。

在贾谊看来,父子之别、君臣之义还是礼之用的小者,而道德仁义才
是礼之用的大者,是礼之用的根本目的。关于这点,孔颖达《疏》曰:
"道德为万事之本,仁义为群行之大,故举此四者为用礼之主,则余行须
礼可知也。"[1] 道与德是"德之六理"中最具根本意义的二理,仁与义是
"德之六美"中具有纲领意义的二美。因此,可以说道德仁义是大本大
行。又贾谊在《道德说》中指出"《礼》者,体德(之)理而为之节文,
成人事"。《礼》是古圣先王体察"德之理"而成就的经典之作,礼之目
的是"成人事",即让"德之理"通过礼贯彻到人事行为之中。由此可
见,贾谊的礼论与贾谊的"道德"论思想上的一致性。[2] "德之理"是

---

① (清) 阮元校刻:《十三经注疏·礼记正义》(上),中华书局 1980 年版,第 1231 页。
② 谢子平指出:"在哲学层面,贾谊通过涵摄老庄的道与韩非的德而完成了礼的生成架构,
使作为外生性与规范性的礼有了形而上的依托。"唐雄山也认为"贾谊在接受道本源论的同时,
有自己的创新。在'道'与'德'之下,他构建了两个重要的新的概念:'六理'与'六美'。
'六理'、'六美'不仅直接创生自然万物,而且是儒家的'礼'与'礼治'思想的直接来源。"
二者都点明了贾谊的礼论与他的"道德"论的关系。分别参见谢子平《贾谊的礼义论》,《贵州大
学学报》2002 年第 2 期;唐雄山《贾谊礼治思想研究》,中山大学出版社 2005 年版,第 62 页。

内，是本，所以要"体"。礼是外，是用，所以有"文"。在这个意义上，不妨说道德仁义是本体，而礼是用，用以显体。王兴国说："所谓'道德仁义，非礼不成'，实际上包括两个方面的含义：其一是说道德仁义这些比较抽象的内容，如果没有礼的规范和制度等外在形式，就无法表现出来。其二，是说如果光有仁义道德的自觉性，而缺乏礼的行为规范的外在制约，那么其行为也可能超出礼的规范而导致失败。"① 这种理解无疑是很全面的。《礼记·乐记》云："礼自外作"，虽然道德仁义是一切行为的根本，但是如果没有礼的话，那么道德仁义很有可能成为抽象的观念，以至于成为"信道而以伪"者的托词。即使能够通过生命的体验而达到道德的自觉，如《庄子》中描述的那些放浪形骸、游于方外的圣人，但是如果没有礼的规范，那么在贾谊看来那也只是有道、有德，而不能称为"行成"。所谓"道而勿失，则有道矣；得而守之，则有德矣；行而无休，则行成矣"正是强调强恕而"行"对于道德仁义之成的重要性，而只有行于礼才能做到"行而无休"，最终"行成"。否则如果行而无节，那么就难以久行，因此也无益于成就道德仁义。

三 论礼之正、礼之分、礼之数、礼之至、礼之质

贾谊对礼之功能的论述，就其大者而言，"道德仁义，非礼不成"，更具体地说，人类族群生活的方方面面都必须有礼的维系才能展开。虽然礼无所不在，但是贾谊礼论的重点主要在于礼的政治功能。推行儒家的礼治理想，是贾谊的意图所在。他说道：

> 礼者，所以固国家，定社稷，使君无失其民者也。主主臣臣，礼之正也；威德在君，礼之分也；尊卑大小，强弱有位，礼之数也。礼，天子爱天下，诸侯爱境内，大夫爱官属，士庶各爱其家，失爱不仁，过爱不义。故礼者，所以守尊卑之经、强弱之称者也。礼，天子适诸侯之宫，诸侯不敢自阼阶。阼阶者，主之阶也。天子适诸侯，诸侯不敢有官，不敢为主人礼也。君惠臣忠，父慈子孝，兄爱弟敬，夫和妻柔，姑慈父听，礼之至也。君惠则不厉，臣忠则不二，父慈则

---

① 王兴国：《贾谊评传》，南京大学出版社1992年版，第113页。

教，子孝则协，兄爱则友，弟敬则顺，夫和则义，妻柔则正，姑慈则
从，妇听则婉，礼之质也。（《新书·礼》）

首先，礼是国家坚固社稷安定、君之为君①的必然因素，无礼之君必
然有无礼之民，秦王用商鞅变法，废弃礼仪而导致民风大败就是切实的例
证。关于礼的固国家、定社稷的功能，先秦文献不乏宣扬，②同时关于礼
之正民、整民功能也多有论述。③贾谊说的"礼者，所以固国家，定社
稷，使君无失其民者也"与《左传·昭公五年》载女叔齐的一句话基本
相同："礼，所以守其国，行其政令，无失其民者也"。虽然同是以礼而
论定君与民的关系，但将礼作为君之为君的决定性因素，是贾谊对礼的功
能的进一步推进。即贾谊是在民本的基础上，讨论礼对于君之为君的决定
意义。

其次，贾谊集中界定了有关礼的几个重要概念的内涵。他指出，所谓
礼之正就是确定君臣的界限，使君臣各得其正。所谓礼之分是就君王的威
德而言，即君王的名分是由礼而生的。而所谓礼之数则是指由位分的尊卑
强弱而确定的数度。所谓礼之至，是指礼用达到的极致状态，即在此状态
中，彼此各安其位，并履行相应的责任。在这种状态下，虽然君臣上下在
具体的礼的数度上存有分别，但礼用的终极目的是和而不同的理想，因
此，礼之至是对孔子"礼之用，和为贵"思想的继承。所谓礼之质是就
礼的本质而言的。礼之质是指礼的内在规定，这种内在规定不仅包括惠、
忠、慈、孝、爱、敬、和、柔、听这些抽象概念所规定的责任，而且包括
行礼者要通过切实的言行将这些责任现实化，即不厉、不二、教、协、
友、顺、义、正、从、婉。因此，所谓礼之质，不仅包括对礼意的体察，
还包括对礼的践行。这与《礼记·曲礼上》对礼之质的规定是一致的。
《曲礼上第一》云："修身践言，谓之善行。行修言道，礼之质也。"因
此，所谓礼之质，就是按照"道"的要求行事，是信道与行道的统一。

---

① 前文已论述"君者，群也，无人谁据？"，因此当说礼能"使君无失其民"时，其实是
点明了礼是君之为君的必然因素。

② 如《左传·隐公十一年》载："礼，经国家，定社稷，序民人，利后嗣者也。"

③ 如《左传·庄公十一年》载："夫礼，所以整民也"，《国语·鲁语上》载："夫礼，所
以正民也。"

贾谊对礼之诸概念的强调，无非是为了说明"所谓礼，是对各种地位的人，承认其适当的存在，而不可对之加以凌越侵犯；要求对他人尽其所应尽的义务，而不可片面的自私。由此以建立相对的伦理关系，亦即是建立人与人的合理关系"①。

再次，贾谊完全是从政治的角度规定礼之正、礼之分、礼之数三个概念的。在此规定中，君的位分得到凸显，君的威德得到强调。这种规定无疑十分符合大一统专制下皇帝权力意志的需求。不过，由礼之正所确定的君臣界限，虽然凸显了君王的位分与权威，但也强调了君王的责任与义务，否则如果君王只享受权威而没有行使义务、履行责任，那么也不可能达到固国家、定社稷、不失其民的目的。况且，贾谊对礼之分的论述，强调的是君王的"威德"，而不是君王的"威势"。"威德"之威强调的是仁德充沛而表现出的圣人气象，让人敬而生畏。"威势"之威则强调的是因绝对地位所造成的威猛气势，这种气势对在下者形成一种逼仄压迫之感。因此，虽然贾谊关于礼之正、礼之分、礼之数的论述在客观上助成了君王的权威心理，但是他的根本目的在于通过指出礼之"失爱不仁，过爱不义"特性而划分君臣的责任边界。"天子爱天下"，"天下"是公，因此在政治意义上，天子不能有私意。"诸侯爱境内，大夫爱官属，士庶各爱其家"也是在政治意义上指出诸侯、大夫、士庶的责任边界。需要指出的是，一方面，礼之正、礼之分、礼之数的背后原则是"仁爱"，而礼是"仁爱"的表现形式，没有"仁爱"的内核，也就无从谈起礼的其他概念。另一方面，贾谊关于天子、诸侯、大夫、士庶所爱的范围的划分并不违反"泛爱众，而亲仁"的原则。因为贾谊这里所谓的爱是就治政层面而言的。即在为政的意义上，诸侯爱境内，大夫爱官属，士庶各爱其家，是他们的分内之事，而那种跨越分内之爱、以爱的名义去越俎代庖就是非礼之事，孟子所谓的假仁义的霸道之治就是如此。因此，徐复观说："在政治言，礼乃范围在上者合理运用其权力，以实现其爱民之心。"② 贾谊强调这种治政之爱的范围性，主要是为了凸显礼的"守尊卑之经，强

① 徐复观：《贾谊思想的再发现》，载《两汉思想史》（卷二），台湾学生书局 1987 年版，第 142 页。

② 同上。

弱之称"的特性, 即尊要爱卑, 强要爱弱, 以此避免以尊傲卑, 以强凌弱的无礼现象。治政层面的爱并不拒斥修身层面的人情之爱, 就道义、个人德性的养成而言, 儒家从不排斥亲亲之爱的向外推扩。相反, 由亲亲之爱转化为仁爱恰是儒家的命脉所在。而贾谊对礼之至与礼之质的规定已经突破了政治的限制, 回归到伦理本位上。这意味着由政治本位所确定的礼之正、礼之分、礼之数并不是礼治的根本所在, 而通过政治的推动, 最终消解由政治等外在条件所确立的等级差别, 回归到以互敬互爱为根本原则的普遍和谐状态, 才是礼之用的终极意义。

最后, 贾谊关于礼之正、礼之分、礼之数、礼之至、礼之质的讨论实际上是先秦礼学有关礼意与礼数之辨的延续。《左传·昭公二十六年》载晏子论礼道: "君令臣共, 父慈子孝, 兄爱弟敬, 夫和妻柔, 姑慈父听, 礼也。君令而不违, 臣共而不贰, 父慈而教, 子孝而箴, 兄爱而友, 弟敬而顺, 夫和而义, 妻柔而正, 故此而从, 妇听而婉, 礼之善物也。"不难看出, 晏子主张礼意重于礼数。贾谊论礼之"至"与"质"几乎是完全沿袭《左传》的思路。不过从贾谊的论述可以看出, 由礼之数、礼之分到礼之至、礼之质, 是礼用效果的不断升进。因此, 礼数与礼分与礼之质有着不可分割的联系, 不能截然地分析对待。《礼记·郊特牲》云: "礼之所尊, 尊其义也。失其义, 陈其数, 祝史之事也。"显然是强调礼意的重要性, 而以"陈其数"为轻易之事。贾谊同样强调礼之质的绝对重要性, 但他并不因此而鄙弃礼之数。其实, 礼之数并不仅仅是一个单纯的数量问题, 而是礼数与名位对等的问题, 超越礼数或礼数不足都是失礼、不知礼的体现。从《礼记》中"孔子曰"的相关论述中可以看出, 礼数与名位相符是孔子的一贯主张。[1] 贾谊称礼之数为"尊卑大小, 强弱有位", 显然认为具体的数量与名位有着密切的对等关系, 过犹不及, 都是失中的表现。因此, 《礼记·仲尼燕居》道: "礼乎礼! 夫礼所以制中也。""制中就是相称, 就是'所处'妥善。"[2]

---

[1] 《礼记·杂论》载孔子曰: "管仲镂簋而朱纮, 旅树而反坫, 山节而藻棁, 贤大夫也, 而难为上也。宴平仲祀其先人, 豚肩不掩豆, 贤大夫也, 而难为下也。君子上不僭下, 下不逼上。"又《礼记·檀弓上》载: "子路有姊之丧, 可以除之矣, 而弗除也。孔子曰: '何弗除也?'子路曰: '吾寡兄弟弗忍也。'孔子曰: '先王制礼, 行道之人皆弗忍也。'子路闻之, 遂除之。"

[2] 陈戍国: 《先秦礼治研究》, 湖南教育出版社 1991 年版, 第 21 页。

四 论礼容：言动以纪度

贾谊的礼治思想既注重对礼意的体察，又强调礼数的到位，二者不偏不倚，制中而行，才能达到礼用之至。在贾谊的礼论中，他同时也十分重视容仪的作用。在《新书·容经》中，贾谊吸纳古典礼学有关容礼的论述，详细说明了志、容、视、言、坐、乘等相关礼节。① 贾谊之所以如此不厌其烦地罗列各种礼容，是因为他认为：

> 古者圣王居有法则，动有文章，位执戒辅，鸣玉以行。鸣玉者，佩玉也。上有双珩，下有双璜，冲牙蠙珠以纳其间，琚瑀以杂之。行以《采荠》，趋以《肆夏》，步中规，折中矩。登车则马行而鸾鸣，鸾鸣而和应，声曰和，和则敬。故《诗》曰："和鸾雍雍，万福攸同。"言动以纪度，则万福之所聚也。故曰：明君在位可畏，施舍可爱，进退可度，周旋可则，容貌可观，作事可法，德行可象，声气可乐，动作有文，言语有章，以承其上，以接其等，以临其下，以畜其民。故为之上者敬而信之，等者亲而重之，下者畏而爱之，民者肃而乐之，是以上下和协而士民顺一。故能宗揖其国以藩卫天子，而行义足法。夫有威而可畏谓之威，有仪而可象谓之文。富不可为量，多不可为数。故《诗》曰："威仪棣棣，不可选也。"棣棣，富也。不可选，众也。言接君臣、上下、父子、兄弟、内外、大小品事之各有容志也。（《新书·容经》）

贾谊认为容仪之所以重要，是因为容仪不是应偶然的需求产生的，而是古已有之，"居有法则，动有文章"正是古圣先王体道、行道的表现。贾谊强调容礼，不是像秦朝礼典那样为了实现尊君抑臣的目的，而是希望通过对具体礼容的修习、体贴而使君王"言动以纪度""行义足法"，希

---

① 钟夏对《容经》篇的题解是："《后汉书·儒林·刘昆传》：'少习容礼。'注：'容，仪也。'集解：'古者有容礼。'陈仁锡曰：'贾生妙处似从《仪礼》得来。'《四库全书总目》：'《保傅篇》《容经篇》并敷陈古典，具有源本。'夏按：是则此文源自古容礼，《大戴礼记》仅录其后半篇，盖如《傅职》前半篇出自《楚语》，《大戴》不录也。"参见阎振益、钟夏校注《〈新书〉校注》，中华书局 2000 年版，第 231 页注一。

望通过"接君臣、上下、父子、兄弟、内外、大小品事之各有容志"以达到"上下和协而士民顺一"的和乐之境。因此,在贾谊这里,礼治的实现必须要通过践行具体的礼数、礼容,礼数与礼容并非纯粹僵硬的形式化的东西,其中蕴含着爱、敬等仁义的内核,礼数与礼容本身就体现着礼的本质。礼的意义就在于通过对礼容的践履而达到礼之由外向内的强制作用。所谓"言动以纪度",正是就容仪的得体、合道而言。那么如何才能做到"言动以纪度"呢?在《新书·容经》中,贾谊通过孔子师生之间的两个故事揭示出"言动以纪度"的两个要求:

> 子赣由其家来,谒于孔子。孔子正颜,举杖磬折而立,曰:"子之大亲母乃不宁乎?"放杖而立,曰:"子之兄弟亦得无恙乎?"曳杖倍下行,曰:"妻子家中得毋病乎?"故身之倨佝,手之高下,颜色声气,各有宜称,所以明尊卑,别疏戚也。子路见孔子之背,磬折举袌,曰:"唯由也见。"孔子闻之,曰:"由也,何以遗亡也。"故过犹不及,有余犹不足也。

由此可知,"言动以纪度"的两个要求是言动各有宜称与言动适中。所谓言动各有宜称是为了明尊卑,别亲疏,是就行礼的对象而言。所谓言动适中是为了礼数得当,过与不及都是失礼之举,是就行礼的程度而言。因此,所谓"言动以纪度"就是根据行礼的对象决定具体的容仪,根据具体的容仪决定行礼的程度。

《诗》云:"敬慎威仪,维民之则。"贾谊之所以推崇圣王"居有法则,动有文章",强调"言动以纪度""行义足法",就是为了说明如果要把政治运作、社会架构、移风易俗纳入礼的轨道上,那么君王就要率先行礼、守礼,做到在位可畏,施舍可爱,进退可度,周旋可则,容貌可观,作事可法,德行可象等,以形成上行下效的礼风。因此,君王按照特定的容仪言动便是礼治思想对君王发出的必然要求。之所以如此要求人君行礼,是因为在大一统的专制下,人君关系到礼治思想的推行。徐复观说:"尤其是居于政治领导地位的人,更应把他溶解在礼的规范之中,使其由生理地生命的存在,进而为理性化的生命的存在。由理所陶养的人格,会发生精神力量，给贾谊的政治理想的实现以保证。"① 所谓君王行礼，就是要君王行有容仪。贾谊对君王容仪的设定仍然是遵从礼的"制中"原则，这主要表现在：第一，贾谊用儒家一贯主张的"德"来平衡由君位、君势所形成的"威"，强调威德适中相宜。他说："语曰：'沉乎明王，执中履衡。'言秉中适而据乎宜，故威胜德则淳（恶）②，德胜威则施（驰）③。威之与德，文若缪缪，且畏且怀，君道正矣。'质胜文则野，文胜质则史；文质彬彬，然后君子。'"（《新书·容经》）在贾谊看来，威与畏对应，德与怀对应。威胜于德，就会导致恶政的产生，德胜于威，就会导致政治的废弛。英明的君王要持中持平，不偏不倚，因此君王要"秉中适而据乎宜"，做到威德并用。第二，贾谊所谓的"有威仪"，不仅是指外在的仪式化的东西，而且更多地指向君王察中居宜的能力，即践行儒家所秉持的"时中"观念。他认为龙之所以神乎其神，就在于龙的"能"，"能与细细，能与巨巨，能与高高，能与下下"，所以贾谊道："龙变无常，能幽能章。故圣人者，在小不宝（窒）④，在大不宛；狎而不能作，习而不能顺；姚不愭，卒不妄；饶裕不赢，迫不自丧；明是审非，察中居宜。此之谓有威仪。"（《新书·容经》）第三，君王要做到威德并用，察中居宜，主要还在于培养自身的仁爱之德，并将此德渗透到对礼的践行之中。在贾谊看来，君王施行仁爱之德主要体现在恤下、爱民、仁物三个方面。关于恤下，贾谊举飨饮之礼说明道："先爵于卑贱，而后贵者始羞，肴膳下浃而乐人始奏。觞不下遍，君不尝羞；肴不下浃，上不举乐。故礼者，所以恤下也。"（《新书·礼》）关于爱民，贾谊主要通过国家积蓄的充足与否以说明礼就是养民之道。在贾谊看来，根据礼的要求，"国无九年之蓄，谓之不足；无六年之蓄，谓之急；无三年之蓄，国非其国也"，而且"国有饥人，人主不飧；国有冻人，人主不裘；报囚之日，人

---

① 徐复观：《贾谊思想的再发现》，载《两汉思想史》（卷二），台湾学生书局1987年版，第144页。

② 此处淳当读为憝，恶也。参见阎振益、钟夏校注《〈新书〉校注》，中华书局2000年版，第243页注一〇七。

③ 此处施乃驰之假字。参见阎振益、钟夏校注《〈新书〉校注》，中华书局2000年版，第243页注一〇八。

④ 此处宝字乃窒字之讹。参见阎振益、钟夏校注《〈新书〉校注》，中华书局2000年版，第244页注一一八。

主不举乐。岁凶谷不登，台扉不涂，榭彻干侯，马不食谷，驰道不除，食减膳，飨祭有阙。"（《新书·礼》）当查受各个郡国所上的计簿时，君王有两件事情要亲自酬拜，即生民的数量及谷物的登升。而如何才能是爱民呢？贾谊说："礼者，自行之义，养民之道也。"（《新书·礼》）即只要君主能够以礼制约自身的意志欲求，不巧立名目，不巧取豪夺，就是养民之道。关于仁物，贾谊指出："礼，圣王之于禽兽也，见其生不忍见其死，闻其声不尝其肉，隐弗忍也。故远庖厨，仁之至也。"（《新书·礼》）这就要求在物的取用上，取之有时，用之有节。仁于物既是仁之至，也是礼用之至。第四，贾谊之所以强调君王要"居有法则，动有文章"，要威德适中，相宜相称，要将仁爱之德贯注于礼的践行之中，是因为在儒家的礼治思想中，仁人行礼可以说是最为理想的治理模式。贾谊说道："故仁人行其礼，则天下安而万理得矣。逮至德渥泽洽，调和大畅，则天清彻，地富熅，物时熟；民心不挟诈贼，气脉淳化；攫齿搏挚之兽鲜，毒蠚猛蚑之虫密，毒山不蕃，草木少薄矣。铄乎大仁之化也。"因此，仁人行礼注重的是仁行之化，而不是严刑酷法，仁人行礼的治理模式就是前文论及的"天下顺治，海内之气清和咸理，万生遂茂"的至治之极。

贾谊不仅用礼来规范君王，而且从礼的高度对大臣提出了相应的要求。《容经》中所罗列的坐、立、行、走等容仪自然也是大臣所要遵守的。恪守具体的容仪只是臣礼的外在要求，身为大臣，于礼还要尽相应的本质义务，即尊敬其主与顺上之志。所谓尊敬其主，贾谊说道："人臣于是所尊敬，不敢以节待，敬之至也。甚尊其主，敬慎其所掌职，而志厚尽矣。"（《新书·礼》），即一方面大臣要竭忠尽智，不能有所节留；另一方面大臣要尽忠职守，慎言慎行，不能怠忽。关于顺上之志，贾谊说道："良臣顺上之志者，可以义矣"（《新书·礼》），即大臣顺从主上的志向，就是所谓的义。需要指出的是，贾谊所说的顺上之志是建立在君惠臣忠的基础之上的，贾谊所谓的忠与顺上，意谓身为人臣，要将君王之惠及爱民之仁播之于下，其根本指向民本的诉求。

五　从君威的角度论体貌大臣与刑不至君子

推尊理想中的圣王是儒家王道政治的一项重要内容，在大一统专制政体下，尊王的理想不得不依附于尊君的现实。历经秦始皇的酝酿，汉高祖的促就，帝王的权威已经积淀成一种不可抗拒的威势。在君威之势日益隆盛的逼仄之下，贾谊的礼治主张也难免要给君威留有余地。他说：

> 人主之尊，辟无异堂。阶陛九级者，堂高大几六（九）①尺矣。若堂无陛级者，堂高治不过尺矣。天子如堂，群臣如陛，众庶如地，此其辟也。故陛九级上，廉（堂基）远地则堂高；阶亡级，廉近地则堂卑。高者难攀，卑者易陵，理势然也。故古者圣王制为列等，内有公卿大夫士，外有公侯伯子男，然后有官师小吏，施及庶人，等级分明，而天子加焉，故其尊不可及也。（《新书·阶级》）

贾谊把君王比作堂，堂高六尺，把群臣比作阶陛，陛有九级，对应公卿大夫士与公侯伯子男九者，把众庶比作地。贾谊认为堂之所以高大，是因为有阶陛的衬托，如果没有阶陛，那么堂的高度也不过尺。因此，天子之所以高贵威严，是因为有群臣的衬托。群臣九级，又加上官师小吏，这使得众庶与天子之间相隔达十级以上，正常情况下，庶民很难窥见天子，因此庶民关于天子之威的概念没有直观感受，而只能靠想象推测，想象往往能够强化被想象事物的属性。所以，由于群臣的衬托，及高堂庙宇的建构，使得天子的威严在众庶那里无比崇高。而如果没有群臣的衬托，那么天子的堂基就离地面很近，天子的威严也就因此而扫地。让天子加于群臣之上，就是为了确定天子尊不可及的地位。如此，天子之位高不可攀，且天子易于驾驭群臣与众庶，因此众庶望峰息心，不敢有僭越之心。

可见，贾谊虽然推尊君威，但他并非只是为了迎合帝王的寡头心理，而是为了试图通过对君威的肯定而确定大臣的重要地位，使处于大一统体制下的帝王意识到从功利主义的角度出发，礼遇大臣其实就是善待自己。这从贾谊对投鼠忌器之喻的分析可以进一步获知。贾谊说道："鄙谚曰：'欲投鼠而忌器。'此善喻也。鼠近于器，尚惮而弗投，恐伤器也，况乎贵大臣之近于主上乎！廉耻礼节以治君子，故有赐死而无僇辱。"（《新

---

① "六尺"，《礼记·礼器》云："有以高为贵者，天子之堂九尺，诸侯七尺。"《文选》张衡《西京赋》《注》曰："天子殿高九尺，阶九齿，各有九级。"钟夏认为六是九之误。参见阎振益、钟夏校注《〈新书〉校注》，中华书局 2000 年版，第 83 页注四。

书·阶级》）因为大臣的权位接近于皇帝，所以如果皇帝以凌辱的方式对待大臣，那么就会间接销蚀君王的权威，进而造成士民对君位、君威不加礼敬的心理趋势。因此，贾谊认为对待士君子的方式只能是礼义廉耻的砥砺，而不是严刑酷法的鞭笞。孔子道："行己有耻"（《论语·子路》），孟子曰："人不可以无耻""耻之于人大矣"（《孟子·尽心上》），都是强调人通过对内在耻感的反省而砥砺个人的品行，使之出于仁义，合于礼度。

贾谊通过堂陛之喻来说明君主为了捍卫自己的权威，就必须要礼遇大臣，这于礼有三方面的意义。

首先，君主礼遇大臣是礼之尊尊贵贵的内在要求，这是对法家"不别亲疏，不殊贵贱，一断于法"（司马谈：《论六家要旨》）的批判。贾谊指出：

> 臣闻之曰：履虽鲜弗以加枕，冠虽弊弗以苴履。夫尝以在贵宠之位，天子改容而尝体貌之矣，吏民尝俯伏以敬畏之矣。今而有过，令废之可也，退之可也，赐之死可也；若夫束缚之，系緤之，输之司空，编之徒官，司寇、牢正、徒长、小吏骂詈而榜笞之，殆非所以令众庶之见也。夫卑贱者习知尊贵者之事，一旦吾亦乃可以加也，非所以习天下也，非尊尊贵贵之化也。（《新书·阶级》）

在贾谊的理想政治架构中，大臣凭借自身之"德"而有臣名。因此，尊尊贵贵的内容实质上就是尊德贵德。在这种意义上，君王对待"德"的方式应该是：如果大臣确实有过，那么应该让大臣通过内在的反省意识到自己"德不当位"而自行离职。而不是采取让刑法凌驾于"德"之上的方式，使"德"教萎缩，刑罚肆虐，如果这样的话，那么就是重蹈秦朝严刑峻法的覆辙。[1] "所谓尊尊贵贵之化"就是指君主应该注重"德化"的功能，而不是刑罚的功能。这与古人对"刑不至君子"的理解是

---

① 蔡廷吉云："贾谊主张刑不及大臣，实乃针对秦末汉初峻法之失而发，敬礼大臣之目的，乃在砥砺其廉耻节操。"参见氏著《贾谊研究》，台湾文史哲出版社 1985 年版，第 154 页。

一致的。① "德化" 的功能是由礼来实现的。②

　　其次，贾谊反复强调系、缚、榜、笞、刖、黥、劓等大刑不应加在士大夫身上，③ 主要是 "为主上豫远不敬也"，而他的本意则是为了说明 "古者，礼不及庶人，刑不至君子，④ 所以厉宠臣之节也。"（《新书·阶级》）即贾谊推尊帝王的权威是为了使主上因顾及自身权威的折损而做到 "体貌大臣而厉其节也"。所谓 "体貌"，颜师古曰："谓加礼容而敬之。"⑤ 即君上通过对大臣礼敬有加，而磨砺大臣的品行，从而培养大臣高洁的操守。因此，徐复观认为贾谊此论之目的在 "尊君而不在刑法自身的得失" 的观点是在没有审辨《阶级》篇主旨的基础上而言的。⑥ 在贾谊看来，君上对群臣遇之以礼，则群臣将洁身自好，用廉耻砥砺士人，则士人将操行有节，即所谓 "遇之有礼，故群臣自憙；厉以廉耻，故人务

---

　　① 《孔子家语·五刑解》载："冉有问于孔子曰：'先王制法，是刑不上大夫，礼不下庶人；然则大夫犯罪，不可以加刑，庶人之行事，不可以治于礼乎？'孔子曰：'不然，凡治君子，以礼御其心，所以属之以廉耻之节也。故古之大夫，有坐不廉污秽，而退放之者，不谓之曰不廉污秽而退放，则曰簠簋不饬；有坐污乱男女无别者，不谓之污乱男女无别，则曰帷薄不修也；有坐罔上不忠者，不谓之罔上不忠，则曰臣节未著；有坐罢软不胜任者，不谓罢软不胜任，则曰下官不职；有坐干国之纪者，不谓之干国之纪，则曰行事不清。此五者，大夫既自定有罪名矣，而犹不忍斥然正以呼之也，所以愧耻之。是故大夫之罪，其在五刑之域者，闻而遗发，则白冠厘缨，盘水加剑，造乎阙，而请自罪，君弗使有司执缚牵掣而加之也。其有大罪者闻命，则北面再拜，跪而自裁，君不使人捽引而刑杀之也。曰：子大夫，自取之耳，吾遇子有礼矣。以刑不上大夫，而大夫亦不失其罪者，教使然也。'"

　　② 徐复观说："尊尊的实际内容，是一种统治体制。此种统治体制，又是通过礼的各种重要规定，以培养其观念，习染其行为。"参见徐复观《两汉思想史》（卷一），台湾学生书局1987年版，第68页。

　　③ 需要说明的是，所谓 "刑不至君子" 的刑主要指肉刑，而非指死刑。

　　④ 《礼记·曲礼》有 "礼不下庶人，刑不上大夫。"于传波认为这是《礼记》从贾谊那里抄来的，并认为此语是贾谊的原创（参见《试论贾谊的思想体系》，《中国哲学史研究》1987年第3期）。于氏的观点是错误的，因为郭店楚简《尊德义》篇已有 "刑不逮于君子，礼部逮于庶人" 的表达。不仅如此，先秦儒家典籍中有很多类似的思想，如《周礼·秋官司寇》云："凡命夫命妇不躬坐狱讼；凡王之同族有罪，不即市。"又如《荀·富国》云："由士以上必以礼乐节之，众庶百姓则必以法数制之。"又如《孟子·离娄上》云："君子犯义，小人犯刑。"

　　⑤ 阎振益、钟夏校注：《〈新书〉校注》，中华书局2000年版，第84页注一八。

　　⑥ 徐复观说："贾生不从刑法的本身立论，而援封建时代'礼不及庶人，刑不至君子（大夫）'以主张刑法的阶级性，则其建议的出发点，在尊君而不在刑法自身的得失，是可以想见的。"（参见《贾谊思想的再发现》，载《两汉思想史》（卷二），台湾学生书局1987年版，第131页）王兴国也有类似的观点，他说："贾谊之所以宣传投鼠忌器，其最终目的也是为了维护人主的权威，即所谓'尊君之势'。"（参见《贾谊评传》，南京大学出版社1992年版，第94页）

节行。"(《新书·阶级》)总之,如果"上设廉耻礼义以遇其臣",则"群臣不以节行而报其上者,即非人类也"。相反,如果"人主遇其大臣如犬马",那么大臣"将犬马自如也",如此一来,大臣就廉耻不立,行为无节,贾谊说"廉耻不行也,大臣无乃握重权,大官而有徒隶无耻之心"(《新书·阶级》)。如果大官没有礼义廉耻之心,而只有徒隶无耻之行的话,那么就会"苟若而可,见利则逝,见便则夺,主上有败,则因而推之矣;主上有患,则苟免而已,立而观之;有便其身者,则欺卖而利之耳"(《新书·阶级》)。

最后,贾谊从礼的高度要求君王体貌大臣、主张刑不至君子,其实质意义还在于试图让君王能够使臣以礼,从而在礼的规范下形成稳定的君臣关系。唐雄山指出,"体貌大臣"所表达的君臣观,"是贾谊理想与现实相结合的产物,也就是说,是贾谊理想君臣观的发展。"① 所谓理想的君臣观,是指君臣之间是亦师亦友的关系,而不是"主人与厮役的关系"②。在贾谊看来,君主"体貌大臣"能够使大臣的忠德永远合于"义"的标准,他说道:"故化成俗定,则为人臣者,主丑亡身,国丑亡家,公丑亡私,利不苟就,害不苟去,惟义所在,主上之化也。"(《新书·阶级》)概而论之,贾谊对礼治功能的宣扬,对礼之数与礼之质的论述,以及强调礼容、君臣之礼,尤其主张君王要体貌大臣,其根本意图仍然是倡导用仁爱的大德去感化大臣及士民,从而达到上下和协而士民顺一。因此,"德化"是他礼治思想的本意所在,那种从法律不平等角度对贾谊礼治思想的批判实为不察。③

六　法——仁义之辅

在贾谊看来,"刑不至君子"是礼范畴之下的一个合理命题,这一命

---

① 唐雄山:《贾谊礼治思想研究》,中山大学出版社2005年版,第176页。

② 徐复观指出:"在贾谊的心目中,当时的人君与人臣的关系,实际只不过主人与厮役的关系。"参见《贾谊思想的再发现》,载《两汉思想史》(卷二),台湾学生书局1987年版,第133页。

③ 杨鹤皋云:"贾谊继承了儒家法律不应平等的思想,明确提出了'黥劓之罪不及大夫'的主张。"(参见《贾谊的法律思想》,群众出版社1985年版,第48页)于传波说:"这一理论的消极作用非同小可,因为大臣享有刑事豁免权,罪大也不过是自杀,这就等于公然宣布,法律主要是用来镇压下层人民的工具。"(参见《试论贾谊的思想体系》,《中国哲学史研究》1987年第3期)

题无疑隐含着在礼治系统中法用的边界问题。在先秦儒家的礼治主张中，并不是因礼而废法，而是礼中有法，礼居于主导地位，而法处于从属地位。孔子主张"道之以德，齐之以礼"的礼治，反对"道之以政，齐之以刑"的刑罚，孟子推行仁政，强调礼主刑辅，一方面主张"暇治礼义"（《公孙丑上》），另一方面又要"国家闲暇，及是时也，明其政刑"（《告子下》）。关于礼法关系的问题，荀子的论述最为详备，荀子援礼入法，使孔、孟的礼治思想有了刑法这个强有力的保障。

贾谊关于礼法关系的思想继承了先秦儒家礼主刑辅的理念。他说道："凡人之智，能见已然，不能见将然。夫礼者禁于将然之前，而法者禁于已然之后，是故法之所用易见，而礼之所为生难知也。若夫庆赏以劝善，刑罚以惩恶，先王执此之政，坚如金石，行此之令，信如四时，据此之公，无私如天地耳，岂故不用哉？然而曰礼云礼云者，贵绝恶于未萌，而起教于微眇，使民日迁善远罪而不自知也。"（《汉书·贾谊传》）礼禁于将然之前，是就礼的化成作用而言，法禁于已然之后，是就法的惩戒功能而言。百姓沐浴在礼化也即德化的润泽中，一般不容易感觉到礼化所成就的远离邪恶的效果，而只能真切地感受到拥有罪恶时所受到的刑罚之惩。因此礼有积极的功能，能够切断源头之恶，使人由善而为，而法只能使人意识到导致受罚行为的错误性，更多地使人产生畏惧感，而相应的教化功能明显不足。可以推知，贾谊礼主刑辅、以礼统法的思想是显而易见的。

正因为法对礼而言有着辅助功能，所以在治国之中，法也是必不可少的。王兴国指出，贾谊追随荀子的足迹，扩大了人们对法的范围的理解，即由以刑、罚为主升进为法则、法度。[①] 贾谊对法的这种推进是否直接承自荀子？这难以遽断。因为从《黄帝四经》的相关篇章看来，其中的法同样指的是法度、法制，所以贾谊论法也可能是受到了当时盛行的黄老道家的影响。不管是受哪家的影响，王兴国所指出的贾谊将法升进到法则、法度的观点是切实的。贾谊说道：

> 屠牛坦一朝解十二牛，而芒刃不顿者，所排击，所剥割，皆众理解也。然至髋髀之所，非斤则斧矣。仁义恩厚，此人主之芒刃也；权

---

① 王兴国：《贾谊评传》，南京大学出版社 1992 年版，第 104—105 页。

势法制,此人主之斤斧也。势已定,权已足矣,乃以仁义恩厚因而泽
之,故德布而天下有慕志。今诸侯王皆众髋髀也,释斤斧之制,而欲
婴以芒刃,臣以为刃不折则缺耳。(《新书·制不定》)

可见,贾谊礼主刑辅的思想是一贯的。正常情况下,是以礼化为主,
刑法为辅,这就如同解牛时用得更多的是芒刃一样,而只有在芒刃将要受
到摧残的髋髀之处,才动以斤斧,也即当对付那些无顾礼义,甚至践毁仁
义之徒时,才动用法制,这当然是非常之举。此喻中,芒刃对应于仁义,
斤斧对应于法。斤斧之用是为了保护芒刃免受摧折,法之用即是为了确保
仁义的大行。法之用不是为了取代仁义,而是为了更好地施行仁义。因
此,贾谊所谓的法,不是指具体的法律条文,而是指法制,指能够保证仁
义之德得以推行的政治制度。孟子曰:"徒善不足以为政,徒法不能以自
行"(《孟子·离娄上》),意谓只有仁心而没有保证仁心推行的制度将难
以为政。①

顺便指出,不仅贾谊如此,在西汉儒家的典籍中,凡论及礼法关系的
无不倡导礼的主导功能,法之用在于使礼的功能更好地发挥。如在贾谊之
前的陆贾说道:"夫法令者所以诛恶,非所以劝善"(《新语·无为》),
陆贾虽没有直接说明礼的劝善功能,但他宣扬的"仁义之治"无疑是礼
治的实质所在。稍晚于贾谊之后的《淮南子·泰族》②指出:"民无廉
耻,不可治也;非修礼义,廉耻不立。民不知礼义,法弗能正也;非崇
善废丑,不向礼义。无法不可以为治也,不知礼义不可以行法","法
能杀不孝者,而不能使人为孔、曾之行;法能刑盗窃者,而不能使人为
伯夷之廉",法虽然是治国的大柄,但是没有礼,法就无法施行。这显
然强调礼的根本性,而且法的刑杀作用永远只能惩戒,以儆效尤,却不
能收教化之效。西汉大儒董仲舒称:"化大行,故法不犯,法不犯,故

---

① 朱熹说:"有其心,无其政,是谓徒善;有其政,无其心,是为徒法。"见《四书章句
集注》,中华书局1983年版,第275页。
② 据徐复观的推测,《淮南子·泰族》篇乃是儒家的经典之作(参见徐复观《两汉思想
史》(卷二),台湾学生书局1987年版,第265页)。其他如陈静、孙纪文都有这个观点(分别
参见陈静《自由与秩序的困惑:〈淮南子〉思想研究》,云南大学出版社2004年版,第167页;
孙纪文:《淮南子研究》,学苑出版社2005年版,第107—205页)。

刑不用，刑不用，则尧舜之功德，此大圣之道也"（《春秋繁露·身之养重于义》），董子论天道佑阳不佑阴，阳为实，阴为虚，在治道上，当然主张仁义之阳德，而反对以刑法之阴杀为主。东汉王符也说道："民亲爱则无相害伤之意，动思义则无奸邪之心。夫若此者非法律之所使也，非威刑之所强也，此乃教化之所致也"（《潜夫论·德化》），本于仁义的礼化能够使百姓相互亲爱，行为义字当先，这些绝非刑法能够企及。可以看出，汉代儒家哲人，厕身于现实的专制政体之下，仍然没有放弃儒家先仁义、后刑法的王道理想。现今研究者动辄将"为封建专制服务"的帽子扣在以董仲舒为代表的西汉儒家头上，其实是相沿成习，人云亦云之见。

而贾谊所谓的法制其实就是在礼治的基础上，根据汉初的政治问题与隐患所制定的一系列法制措施，即试图从制度的层面确保礼治的顺利执行。

第二节 定立经制

西汉至文帝时代，黄老道家的清静无为之治已使社会积弊累层，亟待拯治。贾谊敏锐地觉察到：郡县制与封建制的夹杂导致各诸侯王与中央政府的矛盾逐渐凸显；匈奴寇边已使得夷夏大防问题成为关乎国计民生、国体尊严的大事件；豪民越礼侈费，社会风俗日渐衰坏致使"郁郁乎文哉"的斯文传统面临倾颓的危险。这与贾谊所构思的理想社会相差甚远。有鉴于此，他基于礼的精神有针对性地进行了相应地定立经制的构建。

一 诸侯王的隐患与对策

（一）诸侯做大之患与众建诸侯而少气力

秦朝一统天下，在政体上以郡县制取代封建制。① 由于秦王朝国祚不

---

① 事实上，郡县制秦统一以前已经存在，秦以郡县制取代封建制并不突兀，而是有迹可循的。参见钱穆《秦汉史》，载《钱宾四先生全集》（26），台湾联经出版事业有限公司1998年版，第14页。

长，郡县制也因此没有经历长期的积淀而最终没有形成一种共识，①这便促成了大汉初立之时郡县制与封建制夹杂的政治局面。清代王夫之对此评价道:"汉初封诸侯王之大也，去三代未远，民之视听，犹习于封建之旧，而怨秦之孤，故势有所不得遽革也。"又道:"汉之剖地以王诸侯，承三代之余，不容骤易。"②此论可谓真知灼见。据《汉书·高帝纪下》载，汉高祖刘邦问群臣道:"吾所以有天下者何？项氏之所以失天下者何？"大臣答曰:"陛下嫚而侮人，项羽仁而敬人。然陛下使人攻城略地，所降下者，因而与之，与天下同利也。项羽妒贤嫉能，有功者害之，贤者疑之，战胜而不与人功，得地而不与人利，此其所以失天下也。"可见，群臣之所以追随刘邦打天下，有得地共利的心理预期是原因之一，这一点是十分明确的。事实上，鉴于"亡秦孤立之败"，刘邦平定天下后，封了七个异姓诸侯王。③不过，因为毕竟郡县制才符合帝王的"私天下之心"④，所以从封王开始，诸侯王与中央政权的矛盾就已经凸显，异姓诸侯王的存在当然威胁着"非刘氏而王者，天下共击之"⑤的家天下目标，因此刘邦在他驾崩之前将七个诸侯王逐渐消灭，只剩下吴姓长沙王。与此同时，他大封同姓诸侯王意图捍卫刘姓政权。⑥

汉文帝初登基时，诸侯王有十几个，其中除长沙王属异姓外，其他的都是同姓王。但是这些同姓王并没有像刘邦预期的那样能够成为捍卫朝廷的坚固屏藩，反而在某种程度上已经对朝廷构成了威胁。如文帝三年济北王刘兴居的叛乱，文帝六年淮南王刘长的谋反，俨然已经成为朝廷的心头

---

① 据《史记·秦始皇本纪》载博士淳于越是反对郡县制的，他说:"臣闻殷周之王千余岁，封子弟功臣，自有枝辅。今陛下有海内，而子弟为匹夫，卒有田常、六卿之臣，无辅拂，何以相救哉？事不师古而能长久者，非所闻也。"

② （清）王夫之:《读通鉴论》（上册），中华书局1975年版，第35—36页。

③ 《汉书·诸侯王表·序》曰:"汉兴之初，海内新定，同姓寡少，惩戒亡秦孤立之败，于是剖裂疆土，立二等之爵。功臣侯者百有余邑;尊王子弟，大启九国。"

④ （清）王夫之指出:"秦以私天下之心而罢侯置守，而天假其私以行其大公。"见《读通鉴论》（上册），中华书局2001年版，第40页。

⑤ 《汉书·张陈王周传》（第七册）（卷四十），第2047页。

⑥ 据《史记·吕太后本纪》载，汉高祖逝世时，同姓诸侯王已有九个:"是时高祖八子:长男肥，孝惠兄也，异母，肥为齐王;余皆孝惠弟，戚姬子如意为赵王，薄夫人子恒为代王，诸姬子子恢为梁王，子友为淮阳王，子长为淮南王，子建为燕王。高祖弟交为楚王，兄子濞为吴王。非刘氏功臣番君吴芮子臣为长沙王。"

大患。再如吴王刘濞在吴国铸钱造盐，经济实力相当雄厚，恰因吴太子被皇太子所杀，吴王于是"由此稍失藩臣之礼，称病不朝"①。虽然文帝平息了济北王、淮南王的反叛，也通过"赐吴王几杖"②的安抚措施而暂时缓解了朝廷与吴国矛盾的进一步激化，但是这并不能说明各诸侯国暂时的安分就代表着永久的臣服。

关于诸侯王的强大对朝廷政权的威胁，贾谊有很深刻的认识。首先，他认为因地制不确定而带来的困扰，自黄帝始就已经存在了。贾谊说："炎帝者，黄帝同父母弟也，各有天下之半。黄帝行道，而炎帝不听，故战涿鹿之野，血流漂杵。夫地制不得，自黄帝而以困。"（《新书·制不定》）黄帝行道，炎帝之所以能够不听，是因为炎帝有一半的天下，能够与黄帝势均力敌。其次，就汉政权而言，自高祖始，因为没有确定地制，而有七国之乱，致使爱信之臣成为寇仇。以高祖的威望尚且如此，遑论文帝与群臣的关系并非是"亲角材而臣之"（《新书·亲疏危乱》）患难战友。因此，在诸侯王与皇帝的德性不够圆满的情况下，诸侯国与中央政权的关系不能单纯地靠君惠臣忠来维系。再次，贾谊指出，文帝时"天下之势方病大瘇。一胫之大几如要，一指之大几如股，臣闻'尾大不掉，末大必折'，恶病也。平居不可信，一二指搐，身固无聊也。"（《新书·大都》）贾谊时汉朝的行政格局是，秦统一天下后划定的三十六个郡，由朝廷直接管辖的地方只有十五个郡，其他的大多归各诸侯管辖。在这种情况下，如果各诸侯国的关系发展到"至其相与，持之以纵横之约相亲耳"，那么就极有可能出现"汉法令不可得行矣，犹且橐立而服强也"的局面（《新书·益壤》）。即在大部分郡县被诸侯王管辖的情况下，如果各诸侯王相亲相约，那么就会对朝廷的权威构成莫大的威胁。这种尾大不掉的窘境导致的最终结果是"本细末大，弛必至心"（《新书·大都》）。汉高祖至汉文帝期间持续不断的诸侯王谋反事实已经有力地说明了这一点。这意味着自建汉以来，诸侯国的问题频繁凸显，如果不采取有效措施，那么将贻祸深远。最后，贾谊不仅认识到汉政权存在着本细末大的重病，而且深刻地指出诸侯王的谋

---

① 《史记·吴王濞列传》（第九册）（卷一百六），第2823页。
② 同上。

逆行为与同姓异姓、亲疏关系没有必然的联系。他说："且异姓负强而动者，汉已幸而胜之矣，又不易其所以然。同姓袭是迹而处，骨肉相动，又既有征矣，其势尽又复然。"（《新书·制不定》）那么什么是诸侯王谋反的"所以然"呢？贾谊指出：

> 窃迹前事，大抵强者先反。淮阴王楚最强，则最先反；韩王信倚胡，则又反；贯高因赵资；陈豨兵精强，则又反；彭越用梁，则又反；黥布用淮南，则又反；卢绾国北最弱，则最后反。长沙乃才二万五千户耳，力不足以行逆，则少功而最完，势疏而最忠。全骨肉时（侍）长沙无故者，非独性异人也，其形势然也。（《新书·藩强》）
>
> 权力不足以徼幸，势不足以行逆，故无骄心无邪行。（《新书·藩伤》）
>
> 诸侯势足以专制，力足以行逆，虽令冠处女，勿谓无敢；势不足以专制，力不足以行逆，虽生夏育，有仇雠之怨，犹之无伤也。（《新书·权重》）
>
> 诸侯王虽名为人臣，实皆有布衣昆弟之心，虑无不帝制而天子自为者。（《新书·亲疏危乱》）

一方面，贾谊认为"力"与"势"成为政治博弈的决胜因素，即国力的强弱是决定诸侯王是否谋反以及何时谋反的关键条件。七国叛乱之时，七国势强先反，长沙王势疏而最忠。长沙王的"忠"并不是因为对君上有发自内心的忠君爱民之"忠"，而是因为势单力薄而产生的求全之"忠"，因此这种"忠"和贾谊基于儒家立场所谓的"忠"是两个概念。也就是在求全的意义上，贾谊说长沙王之"忠"并不是因为他的本性异于七国之王，而是势与力不足以徼幸行逆下的产物。

另一方面，贾谊也指出各诸侯王"虑无不帝制而天子自为者"的权力欲望，即诸侯国国力的强大，以及因此而有的权力欲的膨胀是其叛乱的根本原因。这是贾谊的深刻之处。在政治的运作中，势力往往能够开启权力之欲，并进而成为权欲的帮凶，在这种情况下，如果没有"道心"的制约与引导，那么所谓的礼义廉耻、仁孝忠信也一并为政客们所利用，成为粉饰权欲的教条。因此在儒家的思想中，总是在仁义的大纲下谈"势"。文王西迁是"势"之所然,"文王一怒而安天下之民"也是"势"之所然,但是这都是文王出于仁心仁德对"势"的把握与利用,强调的是"道心"对"势"的规导作用,而反对用"势"来扩张权欲。

因为"势"与"力"是催生权力欲望的温床,所以如果要使诸侯王没有反叛之心,那么防止诸侯国势力的强大就有禁于将然之前的意义。针对诸侯王日渐强大所带来的威胁,贾谊提出了一个根本的解决方案,即"众建诸侯而少气力",因为"力少则易使以义,国小则无邪心"(《新书·藩强》)。那么如何实施这一举措呢?具体而言就是"割地定制"。贾谊说道:

> 割地定制,齐为若干国,赵、楚为若干国,制既各有理矣。于是齐悼惠王之子孙王之,分地尽而止。赵幽王、楚元王之子孙,亦各以次受其祖之分地。燕、吴、淮南他国皆然。其分地众而子孙少者,建以为国,空而置之,须其子孙生者,举使君之。诸侯之地其削颇入汉者,为徙其侯国及封其子孙于彼也,所以数偿之。(《新书·五美》)

> 且藩国与制,力非独少也。制令:其有子以国其子,未有子者建分以须之,子生而立。其身而子,夫将何失?于实无丧,而葆国无患,子孙世世与汉相须,(皆如)长沙可以久矣。(《新书·藩伤》)

如何看待贾谊"割地定制"的思想呢?

首先,贾谊是基于仁义的原则提出这一措施的。他指出如果能够割地定制,那么天下将没有祸乱,人民安居乐业,天子就不会与民争利,从而没有诛伐之志。如此一来,则民心向善,皇帝也因此而有明、廉、仁、义、圣之五美。也因此,王兴国指出贾谊割地定制的主张继承了孟子"正经界"的思想,都是基于仁政目的而发的。[1] 贾谊的目的就在"正"

---

[1] 王兴国:《贾谊评传》,南京大学出版社1992年版,第159页。

上,即正西汉的政治秩序,这是贾谊王道政治的理想所在。①

其次,贾谊这种既主张分封又强调限制诸侯势力的思想是秦汉之际思想界的一种通识。据《吕氏春秋·慎势》载,天下一统后,仍然应当施行分封的制度,但是在这个过程中,一定要保持王权的绝对优势,王畿不仅要处于天下的中心,而且面积要最大;而诸侯的数量要尽量得多,但是面积要小,势力要弱。② 贾谊的"众建诸侯而少气力"的主张不是要从根本上取消诸侯王,这与儒家的亲亲尊尊之礼不符,而是主张增加诸侯的数量,弱化诸侯的力量。这显然是基于上古王道理想而设的。萧公权指出:"贾生对于始皇之郡县制亦不能同情。始皇废封建,不信功臣,其失故不待论。倘使二世能'裂地分民以封功臣之后,建国立君以礼天下'(《过秦中》),何至一夫作难而天下土崩。汉制郡国兼用本所以矫秦之弊。然分土过广,授权太大,故高祖时已多叛国,文帝时尚伏危机。贾生乃建议使诸王分封子孙,数世之后国土自然缩小。盖治安之计,'莫如众建诸侯而少其力。力少则易使以义,国小则无邪心'。如此则天子当阳,郡国相维,'海内之势如身之使臂,臂之使指,莫不从制'。贾生此论欲兼用封建郡国之长,盖亦根据汉代之实际经验以立言,又非纯惩秦弊矣。"③ 可见,贾谊关于"众建诸侯而少气力"的主张是王道理想与现实政治结合的产物。

最后,王夫之批评贾谊"众建诸侯而少气力"的主张是"阳予阴夺

---

① 唐雄山指出贾谊割地定制思想的理论依据"是'礼',是礼制,即'天子地方千里','公侯地方百里'……由于这个理论(政治理想),贾谊就不能、也不会反对分封制。从这个意义上来说,贾谊与晁错、主父偃存在根本性的区别。文帝与贾谊之间的分歧不仅仅是策略的问题,而是政治理想的问题,也可说与策略灵活与否无关。"(参见《贾谊礼治思想研究》,中山大学出版社2005年版,第204页)此论甚为精当,唐氏以此批驳了顾文栋以为贾谊与文帝之间的矛盾不是根本性的矛盾,而是策略与方法上的矛盾的观点。顾的观点参见顾文栋《汉文帝为何不用贾谊》,《贵州文史丛刊》1998年第2期。另外,需要指出的是,唐氏还解决了王夫之提出、王兴国说明的贾谊"割地定制"思想存在内在矛盾的问题(参见《贾谊礼治思想研究》,第205—207页)。

② 《吕氏春秋·慎势》曰:"古之王者,择天下之中而立国,择国之中而立宫,择宫之中而立庙。天下之地,方千里以为国,所以极治任也。非不能大也,其不若大也。其大不若小也,其多不若少也。众封建,非以私贤也,所以便势全威,所以博义。义博利则无敌,无敌则安。故观于上世,其封建众者其福长……以大使小,以重使轻,以众使寡,此王者之所以家以完也。"

③ 萧公权:《中国政治思想史》,辽宁教育出版社1998年版,第271—272页。

之术，于骨肉若仇雠之相逼，而相縻以术，谊之志亦奚以异于嬴政、李斯？"王夫之认为贾谊"为汉谋"，欲"巩固王室"，要做的就是"修文德以静待其自定"，没必要"无事怵然以惊也"。王夫之的这种批评显然是基于儒家的王道立场而发。贾谊固然在一些方面吸取了法家的思想，但是他坚持儒家王道立场的原则是一贯的。事实上，贾谊的这一建议有很强的现实针对性，并且提出这一建议的目的除了巩固王权外，还有避免骨肉相残以破坏亲亲之礼、避免战祸连连以至生灵涂炭等。因此王夫之说贾谊的这一举措是"贼仁害义而启祸者"，实是"求全之毁"（《孟子·离娄上》）。① 对于王夫之所说的贾谊之志无异于嬴政、李斯，可以借用萧公权的对贾谊的评价给予回应。萧曰："贾生于《制不定篇》虽有'髋髀之所，非斤则斧'之喻，其所主分封之办法实不失'仁义恩厚'之意。与晁错削诸侯支郡之计有别。"② 此言颇得贾子深意。

（二）诸侯僭拟与制服之道

诸侯王除了国力日渐强大而成为朝廷稳固的威胁外，还有严重的僭越行为，对朝政的稳定也十分不利。诸侯王的僭越行为，徐天麟称为"原本以为大，末流滥以致溢，小者淫荒越法，大者睽孤横逆。"③ 具体表现为诸侯王的宫室、法令、称号、印信、标志、官名、服饰、器用都是效仿皇帝而为，或者说与皇帝的规格相同。即贾谊所说的："一用汉法，事诸侯王乃事皇帝也。谁（推）是则诸侯王乃将至尊也。"（《新书·等齐》）

贾谊认为在这种情况下，首先，诸侯王与天子等尊，试问："诸侯何损而天子何加焉？"（《等齐》）诸侯王乃将至尊，就造成天子的威严在一定程度上旁落下坠，天子高高在上之"势"就会因此而受损。相反，诸侯王的尊势得到了加强，这客观上能够助长诸侯王的叛逆之心、权力之欲。其次，如果任由诸侯王的各种法制与皇帝的法制等齐，那么试问"所谓主者安居，臣者安在？"（《等齐》）这严重背离了贾谊强调的"主主臣臣，礼之正也""君臣、上下、父子、兄弟，非礼不定"的礼治思

---

① 此处所引王夫之的观点俱出自《读通鉴论》（上册），中华书局 1975 年版，第 35—36 页。

② 萧公权：《中国政治思想史》，辽宁教育出版社 1998 年版，第 272 页注①。

③ （宋）徐天麟：《西汉会要》（卷五）《帝系五·诸侯王》，中华书局 1955 年版，第 37 页。

想。君臣之辨没有直观的界限,君臣之礼、君臣之义也就难以分晓。再次,诸侯王的这种僭拟行为不仅致使君臣之义黯而不彰,而且还混淆了民众的视听,使民众无法谙习尊尊贵贵之礼。贾谊指出:"人之情不异,面目状貌同类,贵贱之别非人天根着于形容也。所持以别贵贱明尊卑者,等级、势力、衣服、号令也。"(《等齐》)人与人面目状貌相同,人与人之间的贵贱之别并非天生就表现在容貌上,对人与人之间贵贱尊卑的判断只能根据等级、势力、衣服、号令等这些外在于人的东西。因此,既然人与人"天性则同",而如果"人事无别"的话,那么就会导致"疏远无所放(望),众庶无以期",因此就会有"下疑其上""上眩其下"的现象。如此一来,君主之"神"、君主之"势"将受到折损。最后,贾谊指出这种僭拟现象的背后隐藏着一种"争"的心理活动。"衣服疑者,是谓争先;厚泽疑者,是谓争赏;权力疑者,是谓争强;等级无限,是谓争尊。"(《新书·服疑》)争尊则分尊,分尊则天子的尊严必定减少。

贾谊进而指出,这种君臣同伦、异等同服的现象与圣贤之教完全背道而驰。贾谊说道:"孔子曰:'长民者,衣服不二,从容有常,以齐其民,则民德一。'《诗》云:'彼都人士,狐裘黄裳','行归于周,万民之望'。孔子曰:'为上可望而知也,为下可类而志也,则君不疑于其臣,而臣不惑于其君。'"(《等齐》)这段引文又见于《礼记·缁衣》。孔颖达《疏》曰:"从容,谓举动有其常度。则民德一者,一谓齐一,则万人之德皆齐一不参差……幽王之时,君臣衣服无常,故诗人引彼明王之时,都邑之人有士行者,服此狐裘黄黄然。……周,谓忠信。言都人之士,行归忠信,万民所以瞻望以法则之。……为上可望而知者,谓貌不藏情,可望见其貌则知其情。为下可述而志者,志,知也。为臣下率诚奉上,其情可述叙而知。"[1] 由此可见,贾谊主张等级分明的根本目的是践行儒家的"德政",是希望在位者能够行有常度而成为万民瞻望的明王。而贾谊之所以反复拿君势君威说事,是因为这更能够打动君王之心,这样更有利于使皇帝采纳与践行儒家的礼治思想。

贾谊认为:"等级分明,则下不疑上;权力绝尤,则臣无冀志。"(《新书·服疑》)那么如何实现这一目标呢?贾谊指出一个根本的原则是

---

[1] (清)阮元校刻:《十三经注疏·礼记正义》(上),中华书局1980年版,第1648页。

"天子之于其下也，加五等已往，则以为臣例；臣之于下也，加五等已往，则以为仆。仆则亦臣礼也，然称仆不敢称臣者，尊天子，避嫌疑也。"（《新书·服疑》）

他说道："是以高下异，则名号异，则权力异，则旗章异，则符瑞异……"即根据人们的身份地位而确定相应的标准，并把这一切通过礼制而固定下来。不过，正如贾谊所说的那样，人的贵贱尊卑并不是先天写在脸上的，而只能通过外在的东西标示出来，在贾谊看来，最好的标志莫过于服饰。因此，他特别提出了"制服之道"。他说道："制服之道，取至适至和以予民，至美至神进之帝。奇服文章，以等上下而差贵贱……等级既设，各处其检，人循其度。善退则让，上僭则诛。建法以习之，设官以牧之"，至适至和用之于民，百姓就会"定其心"，至美至神用之于帝，则民众"望其章而知其势"，如此尊卑上下分明，"则人伦法矣"（《新书·服疑》）。人们谨守伦纪，就不会发生混乱。

需要指出的是，贾谊倡导王道，使民向善，以致"民德一"，通过服饰等外在礼节的修习固然能够达到民众定心养性的效果，但是他这种严守尊卑的做法无疑在客观上助长了帝王的威戾之气。黑格尔说："在中国，实际上人人是绝对平等的，所有的一切差别，都和行政连带发生。"① 贾谊所说的"人之情不异，面目状貌同类"就是人人绝对平等之论，而"高下异，则名号异，则权力异，则旗章异，则符瑞异"则是从政治地位与等级上确立人的差别。在这种意义上，"服装是一种权力，等级服饰的结构就是一个权力结构，或权力结构的一个'元件'"②。附加在这个"元件"上的，就是智力、道德和社会地位方面的优越性。这种优越性在民智未开、民心未化之时，就是社会上一种默认的共识。这种后天的共识就抹杀了人的先天绝对平等性。

二　匈奴寇边与三表五饵

（一）匈奴寇边

汉代初期，朝廷政权除了有诸侯王这个潜在的威胁外，还有来自边境

①　[德] 黑格尔：《历史哲学》，王造时译，上海书店出版社 2001 年版，第 125 页。
②　阎步克：《官阶与服等》，复旦大学出版社 2010 年版，第 106 页。

游牧民族匈奴的显性威胁。自先秦以来，中原地区防御匈奴侵扰的战事一直没有中断过。战国时期，秦、赵、燕等国为了防御匈奴，都在各自的边境修筑长城。秦始皇统一天下之后，命蒙恬率十万大军北击匈奴，悉收河南之地，又依山傍水，缮治防御，使得周边在一段时间内比较安宁。① 及至建汉初年，匈奴扰边的事情屡有发生，民族关系一度非常紧张，大汉帝国在对匈问题上可谓威严扫地。先是高祖七年，匈奴攻打韩王信，韩王信投降匈奴。刘邦亲自带兵迎击，结果惨遭白登之围达七日之久，最终靠贿赂单于阏氏方得脱险。吕后时期，匈奴单于冒顿曾遣使致书吕后，尽是亵渎之辞，可谓无礼之极。② 吕后看后，无比气愤，要出兵匈奴，而众将劝道："以高帝贤武，然尚困于平城。"③ 吕后无奈，只能极尽谦和之辞回复冒顿。不仅匈奴的咄咄逼人已经构成了大汉政权的威胁，而且诸侯王勾结匈奴成里应外合之势更是朝廷的心头大患。文帝时期，淮南王谋反，就曾"与谋使闽越及匈奴发其兵"④。因此，诸侯王日渐强大的威胁与匈奴屡屡犯难的威胁在一定程度上很可能形成一股更大的合力从而构成更大的威胁。而自高祖白登之围后，汉初一直奉行"与匈奴约为兄弟"⑤ 的和亲政策。和亲政策确实在很大程度上缓和了汉匈关系，在贾谊生前，虽然二者时有摩擦，但大体上相安无事。但是贾谊认为这种表象上的风平浪静，只是一种虚幻的安宁，它只是掀起狂风巨浪的前奏。他说道：

> 进言者皆曰："天下已安矣。"臣独曰："未安。"或者曰："天下已治矣。"臣独曰："未治。"……夫抱火措之积薪之下而寝其上，火未及燃，因谓之安，偷安者也。方今之势，何以异此！夫本末舛逆，首尾横决，国制抢攘，非有纪也，胡可谓治！（《新书·数宁》）

需要指出的是，贾谊对汉初政局的这种概括，即"本末舛逆，首尾横决，国制抢攘，非有纪也"不仅仅是针对来自匈奴的威胁而言，而且

---

① 《史记·匈奴列传》（第九册）（卷一百一十），第2886页。
② 《史记·匈奴列传》，第2894—2895页。
③ 《史记·匈奴列传》，第2895页。
④ 《史记·淮南衡山列传》（第十册）（卷一百一十八），第3076页。
⑤ 《史记·匈奴列传》，第2897页。

也是就诸侯王的僭拟及民俗的败坏而言。为什么说匈奴寇边是本末舛逆、首尾横决呢？贾谊根据礼制的原则指出三方面的原因：第一，"凡天子者，天下之首也，何也？上也。蛮夷者，天下之足也，何也？下也。蛮夷征令，是主上之操也；天子共贡，是臣下之礼也。足反居上，首顾居下，是倒县之势也。"（《新书·解悬》）贾谊认为身为万民仰赖的天子向蛮夷行礼上贡，这是上反为下，手反为足的天下倒悬之势。不仅倒悬，而且西北诸郡因为匈奴的屡屡犯难而苦甚不堪；中原大地的粮草供给绵延数千里；在边将士身穿介胄而卧。这种消极防御的战略致使举国上下疲敝不堪，不仅没有收到很好的防御效果，反而助长了匈奴的侵扰气焰。第二，"匈奴侵甚、侮甚，遇天子至不敬也，为天下患，至无已也。以汉而岁致金絮缯彩，是入贡职于蛮夷也。顾为戎人诸侯也，势既卑辱，而祸且不息，长此何穷！"（《新书·势悲》）匈奴侵侮之甚，而朝廷只是一味地曲意逢迎，这在很大程度上削弱了帝皇的威势，进而使天子的威严不能声张，天子的仁德不能广播。第三，"古之正义，东西南北，苟车舟之所达，人迹之所至，莫不率服，而后云天子；德厚焉，泽湛焉，而后称帝；又加美焉，而后称皇。今称号甚美，而实不出长城。"（《新书·威不信》）在贾谊看来，率土之滨，莫非王土，朝廷苟安于长城之内，对匈奴处处忍让的举措只会使皇帝徒有天子之名，而没有天子之实，而有德有威的皇帝名号也仅仅是口头上的美誉。

（二）三表五饵

贾谊之所以如此罗列匈奴的威胁，主要是试图通过汉文帝来改变汉初黄老道家的清静无为之治，放弃与儒家礼治精神不合的和亲政策，而能够基于王道的立场处理汉匈关系。他讯谏文帝道："陛下胡忍以帝皇之号特居此？"（《新书·势卑》）又说："昔高帝起布衣而服九州，今陛下杖九州而不行于匈奴。窃为陛下不足。"（《新书·威不信》）贾谊之所以力谏文帝要有所作为，主要还是因为作为儒家知识分子的贾谊迫切要求用儒家大义救治朝廷之弊的愿望。他说道："进谏者类以为是困不可解也，无具甚矣。陛下肯幸听臣之计，请陛下举中国之祸而从之匈奴，中国乘其威而富强，匈奴伏其辜而残亡……"（《新书·解悬》）贾谊所谓的计策就是要将汉朝廷的祸患转嫁给匈奴，具体的措施就是"建三表，设五饵"（《新书·匈奴》）。所谓"三表"就是"以事势谕天子"之信、爱、好。谕天子之信是指皇帝一言九鼎，"梦中许人，觉且不背"，如"日之灼灼"，从而"使匈奴大众之信陛下也"。谕天子之爱，就是使匈奴大众知道虽然他们"胡面而戎状"，不知礼仪，斯文未逮，但是天子依然像仁爱中原百姓一样仁爱匈奴之民。谕天子之好是谕天子之爱的延伸，就是让匈奴民众知道天子喜欢他们的游牧技艺等。之所以强调这"三表"，贾谊说道："爱人之状，好人之技，仁道也；信为大操，帝义也。爱好有实，已诺可期，十死一生，彼必将至。"可见，贾谊的"三表"法乃是将仁义之道用之夷狄，其目的是解除由匈奴所带来的倒悬之势，其实质则是对仁义忠信思想的践行，这其实对皇帝提出了更高的要求。什么是"五饵"呢？其一是用锦绣衣服、华丽的坐乘以怀取匈奴之目；其二是通过美味佳肴令其垂涎相告以怀取匈奴之口；其三是通过丝竹管弦之乐令其希盱相告以怀取匈奴之耳；其四是通过高堂邃宇、困京之畜令其安居乐业以怀取匈奴之腹；其五是通过厚待来汉匈奴及其子弟以怀取匈奴之心。贾谊认为通过这"五饵""牵其耳、牵其目、牵其口、牵其腹，四者已牵，又引其心，安得不来？"

贾谊认为"三表五饵"是应对匈奴政策的大经，但又不可固执于此，而要做到"以权决塞，因宜而行"。因此，在"三表五饵"的大经下，贾谊还设定了"战德"与"德胜"两条路线。所谓"战德"指的是要通过和亲政策使汉朝的谋士尽可能多地在单于政权中占有要职，使其君臣相疑，最终使单于"无臣之使，无民之守"。所谓"德胜"就是利用匈奴深求关市的心理，将欲取之必先与之，"许之大市"，然后用汉代的物资消耗匈奴的财产，直至单于无力承担，而导致匈奴军民纷纷倒戈，"攻其王"而希心慕汉。①

关于贾谊的"三表五饵"之说，班固《汉书·贾谊传》赞曰："及欲试属国，施五饵三表以系单于，其术故以疏矣。"班氏的评价无疑是基于汉武帝发动大规模、旷日持久的对抗匈奴的战争并取得胜利的事实之上的。在用战争取得胜利的意义上，班氏认为贾谊的策略是疏阔之论无疑是不可辩驳的。不过也正如班固所说："如武帝之雄才大略，不改文景之恭

---

① 以上论"三表五饵"的引文均出自《新书·匈奴》。

俭以济斯民，虽《诗》、《书》所称何有加焉!"① 即在班固看来，如果汉武帝能够施行恭俭济民的仁惠之政，那么他就可以与《诗》《书》所称道的圣王相媲美了。而汉武帝之所以不像文、景二帝那样恭俭仁惠，其中一个重要原因就是汉武帝穷兵黩武、旷日持久地对匈作战的巨大消耗，可谓是倾一国之力。汉武帝尚武的做法显然不是贾谊所要提倡的。贾谊说道："伯国战智，王者战义，帝者战德。故汤祝网而汉阴降，舜舞干羽而南蛮服。今汉帝中国也，宜以厚德怀服四夷，举明义，博示远方。"(《新书·匈奴》) 上文也提到"德厚焉，泽湛焉，而后称帝"，拥有帝之号，就要行帝之义，即要以德服人，以德化人。因此，贾谊所谓的"战德""德胜"都是基于儒家理想的帝王之义而提出的。这与《礼记·中庸》所云"柔远人则四方归之"的思想是一致的。不过，虽然是基于战德的仁义立场，但是贾谊提出的"五饵"之说也受到了很大的非议。如朱熹弟子昌父指出："'五饵'之说，恐非仁人之用心。"朱熹答道："固是。"② 现今学者王兴国也指出，贾谊所谓的"举中国之祸而从之匈奴"有悖于儒家提倡的"己所不欲，勿施于人"的信念，并进而指出"五饵"之说乃是法家所擅长的"术"，因此"三表五饵"说虽然是儒家的词句，但却是法家的实质。③ 仅就"五饵"而言，确实是一种权谋之术，因此对贾谊的上述批评是有道理的，但是从贾谊以"战德""德胜"作为应对匈奴的战略方针来看，"三表五饵"之说无疑是为此战略服务的。如果能够以兵不血刃的方式解除匈奴带来的忧患，那么可谓是功莫大焉。因此，朱熹说："虏奴人分明是遭饵。但恐金帛尽则复来，不为则已，为则五饵须并用。然以宗室之女妻之，则大不可。如乌孙公主之类，令人伤痛。"④ 况且，在贾谊"本末皆道"的思想中，一切能够为仁义的大本服务的都是善的。区分儒法的标准，不在于是否用"术"，而在于此"术"是在居仁由义的范畴之下，还是在苦心孤诣经营之中。笔者认为，贾谊关于"战德"与"三表五饵"的思想，是儒家关于经权关系的一次运用。具体而言，避免

---

① 《汉书·武帝纪》(第一册)(卷六)，第 212 页。
② (宋) 黎德靖编:《朱子语类·历代二》(卷一三五)，中华书局 1985 年版，第 3226 页。
③ 王兴国:《贾谊评传》，南京大学出版社 1992 年版，第 173—177 页。
④ (宋) 黎德靖编:《朱子语类·历代二》(卷一三五)，中华书局 1985 年版，第 3226 页。

生灵涂炭、流血漂杵、民生疲敝而取得对匈的胜利是大经，而"三表五饵"是实现这一目标的权宜之计。从实际情形来看，要想取得不战而屈人之兵的效果，贾谊的"三表五饵"法无疑具有可行性。

需要指出的是，贾谊的对匈政策有很强的现实意义。贾谊说："陛下何不使能者一试理此，将为陛下以耀蝉之术振之。为此立一官，置一吏，以主匈奴。"（《新书·匈奴》）耀蝉之术就是"三表五饵"之法。立一官，置一吏是指设置专门的机构由专人负责。关于这一点的意义，王夫之《宋论》中的一段话颇有启发性：

> 自春秋以及战国，中国自相争战，而燕、赵独以二国之力，控制北陲。秦人外应关东，而以余力独捍西圉，东不贷力于齐，南不借援于韩、魏。江、淮以南，则尤耳不闻朔漠之有天骄也。及秦灭燕、代，并六合，率天下之力以防胡，而匈奴始大。汉竭力以御之，而终莫之能抑。至于灵、献之世，中国复分，而刘虞、公孙瓒、袁绍，不闻有北塞之忧。曹操起而抚之，鲜卑、匈奴皆内徙焉。蜀、吴不相闻也。晋兼三国，而五胡竞起。……东汉之强，不敌西汉，而无北顾之忧者，有黎阳之屯在也。天宝以后，内乱方兴，不敌开元以前，而无山后之警者，有魏博之牙兵在也。外重渔阳、上郡、云中之守，而黎阳承其后；外建卢龙、定难、振武之节，而魏博辅其威。以其地任其人，以其人守其地。金粟自赡也，士马自简也，险隘自固也，甲仗自营也。无巡边之大使以督其簿责，无遥制之廷臣以掣其进止，虽寡而众矣，虽弱而强矣。故曰："天子有道，守在四夷。"言四夷之边臣各自守，而不待天子之守之也。牵帅海内以守非自守之地，则漫不关情而自怠；奔走远人以战非所习战之方，则其力先竭而必颓。然而庸主具臣之谋，固必出于此者。事已迫，则不容不疲中国以争；难未形，则唯恐将帅之倚兵而侵上也。①

根据王夫之的观点，边境问题是由于中央集权带来的。中央集权就意味着不能容忍地方势力，因此要匿武，要"牵帅海内"。如此则地方空

---

① （清）王夫之：《宋论》，中华书局1964年版，第261—262页。

虚，戍边将士及粮草都需要朝廷供给，而朝廷为了维护中央集权的稳定不仅不能全力支持边守，而且会派大使、廷臣行监督之权，这样又对戍边之将有所掣肘。戍边之将守非所守，战非所习，因此不能全力以赴。在这种情况下，就有赖于"天子有道"，方能"守在四夷"。而如何才能"有道"呢？王夫子指出："平其情，公其志，立其义，以奠其维。"即要求家天下的皇帝须以公心待天下。以公心待天下，就要放弃猜忌之心，培养地方势力。贾谊在对匈奴问题上，主张设置专门机构，由专人管理，这一方面可以重新培养应对匈奴的势力，这可以说是天下一统之前地方势力的变相恢复；另一方面由于该机构是朝廷设置，官员是朝廷任命，这在一定程度上可以打消皇帝因害怕地方势力威胁朝廷政权而生得猜忌之心。

三 民俗败坏与定立经制

（一）汉初民俗的败坏现象

贾谊所处的时代，除了诸侯王日渐强大及匈奴不断侵扰成为朝廷政权稳定的重大威胁外，社会上普遍存在的破坏礼义廉耻的现象也不利于社会秩序的安定、百姓生活的安宁，从而也对汉帝国的泱泱大国风范造成了负面影响。

在贾谊看来，当时社会风气败坏之处主要体现在出伦逾等和以富相竞两个方面。关于出伦逾等，贾谊在《新书·孽产子》中说道："民卖产子，得为之绣衣、编经履、偏诸缘，入于闲中。"而这种装扮是"古者天子后之服也"，而且是"后之所以庙而不以燕也"的衣服。如此尊贵奢华的衣服，"而众庶得以衣孽妾"；又"古者天子之服，今富贵人大贾者丧资"，甚至用来覆墙贴壁。贾谊指出这种侈靡出逾行为一方面会使天下穷竭，因为"古者以天下奉一帝一后而节适，今贵人大贾屋壁得为帝服，贾妇优倡下贱产子得为后饰，然而天下不屈者，殆未有也"。此处，贾谊从物欲之辨的角度说明礼的必要性与荀子关于礼的起源的思想是一致的。① 另一方面，皇帝穿戴的衣服，富贵大贾们不仅能穿之在身，甚至还

---

① 《荀子·礼论》道："礼起于何也？曰：人生而有欲，欲而不得，则不能无求；求而无度量分界，则不能不争；争则乱，乱则穷。先王恶其乱也，故制礼义以分之，以养人之欲，给人之求，使欲必不穷乎物，物必不屈于欲，两者相持而长，是礼之所起也。"

用来覆墙，皇后用来装饰衣领的物件，孽妾用来装饰鞋子，这些行为明显与尊尊贵贵之礼不符，从而也使皇帝的威严受损，贾谊称这种行为就是他所谓的"蹄"，即这是一种舛逆之举。关于以富相竞，具体表现为："今世贵空爵而贱良，俗靡而尊奸；富民不为奸而贫为里侮也，廉吏释官而归为邑笑；居官敢行奸而富为贤吏，家处者犯法为利为材士。"（《新书·时变》）这种以不择手段获取财富为荣、耻笑廉而贫、鼓励奸而富的社会风气导致的结果就是"取妇嫁子，非有权势，吾不与婚姻；非贵有戚，不与兄弟；非富大家，不与出入"（《新书·时变》）。

这种歪风邪俗的日益滋长，使得民众"相然席于无廉丑，行义非循也"。当整个社会纯粹是以追求利益为最高目的时，那么利益与否就是衡量一切社会现象是与非的标准，在利益的指挥棒下，人们不会在乎采取何种手段去取得成功与财富，更不会有见利思义的道德诉求。贾谊指出当时的社会状况是，"今其甚者，到父矣，财大母矣，踝姁矣，刺兄矣"，如此践毁人伦，试问"岂且为人子背其父，为人臣因忠于主哉？岂为人弟欺其兄，为人下因信其上哉？陛下虽有权柄事业，将所寄之？"（《新书·俗激》）显然，贾谊认为社会风气的败坏如此之甚，已经不仅仅是一种社会现象，而是这种不顾礼义廉耻的社会习俗的养成终将会导致朝廷没有忠义之臣、廉孝之士，从而影响朝廷政权的有效运作。贾谊无论是说明诸侯僭礼、匈奴无礼，还是分析社会中礼义不行的现象，他最终都是将无礼现象的危害指向朝廷政权，其间不仅是因为作为忠臣孝子的贾谊为汉文帝尽忠进谏的责任所在，而且还因为贾谊想通过刺激朝廷政权安危与否这根敏感的神经而使汉文帝放弃清静无为的治国理念，随之转向儒家的礼治路径。

如何根治这种邪俗日长的社会弊病呢？为正本清源，还要从导致这种弊病的原因入手。根据贾谊的分析，导致民风大败的原因有两个。一是秦朝社会风俗的流弊。贾谊在《时变》中指出"商君违礼义，弃伦理，并心于进取，行之二岁，秦俗日败"，又"秦国失理，天下大败"，当时汉高祖虽然覆灭了秦朝，建立了汉政权，但是这仅仅意味着政权的变更，而社会民俗仍然还是秦朝遗留下来的，即贾谊所说的"曩之为秦者，今转而为汉矣"。并且汉初在制度设定上是"汉承秦制"，在治国理念上倡导清静无为，这两种措施不仅无助于移风易俗，反而在某种程度上由于相沿成习的力量而助长了社会风俗的进一步恶化。二是国家不因时制宜从而在选拔官吏时忽略德行的考察。贾谊说道:"进取之时去矣,并兼之势过矣。胡以孝悌循顺为?善书而为吏耳。胡以行义礼节为?家富而出官耳。骄耻偏而为祭尊,黥劓者攘臂而为祭政……"这种现象主要针对班固《汉书》所称的"富商大贾""豪强并兼之家""大姓""大族"而言的,仲长统称这一阶层为"豪人"。西汉的豪人是社会上的一股强大势力,其中朱家、郭解、剧孟尤为突出,他们甚至具有威胁社会安定的实力。① 这些"豪人"也因此而仗势犯禁,具体表现为:"盗者虑探柱下之金,剟寝户之帘,搴两庙之器,白昼大都之中,剽利而夺之金。骄伪者出几十万石粟,赋六百余万钱,乘传而行郡诸侯,此靡无行义之尤至者也。"(《新书·俗激》)

(二) 定立经制

针对上述原因,贾谊提出了"定经制"的对策,即通过设定礼仪制度来移风易俗,以达到"主主臣臣,上下有差,父子六亲各有其宜,奸人无所冀幸,群众信上而不疑惑"(《新书·俗激》)的理想效果。贾谊指出"立君臣等上下,使父子有礼,六亲有纪,此非天所设也",即君臣、上下、父子、六亲之间的礼节并不是先天就预设了的,虽然如父子关系是天然的伦常,但是父子之间所遵守的礼节却并不是先天就存在着的,这些礼节不是天所设的,那就意味着是因人而设的。因此,人所立足的礼文世界也就是一个人化的世界。贾谊之所以强调这些纲常礼节不是天设而是人为的,主要还是因为他试图劝谏文帝清静无为的政策是不能够解决纲常紊

---

① 据《史记·游侠列传》载,吴楚七国谋反时,汉朝廷领兵大将周亚夫到河南后,看到剧孟没有随合吴楚,大喜道:"吴楚举大事而不求孟,吾知其无能为已矣。"由此可以略见当时豪人势力的强大。豪强的势力不仅可以影响战争的局势,而且豪强习俗甚是至汉代民间秩序构造的主要机制,成为影响乡里秩序的重要力量。日本学者增渊龙夫指出:"所为当时的民间秩序,超越了家家户户的界限,不是各统一、客观的非人格性秩序,而是在其含义上,也不是西欧人所感觉的那种地方自治的意思,若对秩序命名的话,可理解为以具体的人,或以具体的家族结合为中心,通过在其外延扩展具体的人际关系,以维持极个别、具体性质的意思。在这种场合,任侠习俗通过人们之间的联系,把家家户户结合到外延的世界。游侠对相结诸家是可依靠的秩序维持者,而对不相结的他家则可能成为秩序破坏者。他们在社会秩序中发挥着极重要的机能。"参见增渊龙夫《汉代民间秩序的构成和任侠习俗》,载刘俊文主编,黄金山、孔繁敏等译,《日本学者研究中国史论著选译》(第三卷上古秦汉),中华书局1993年版,第551—552页。

乱、伦理废弃的社会问题的。如果想世代安宁、长治久安，那么就必须在
治国策略上改弦易辙，从根本上放弃清静无为之道，而推行儒家的仁义之
道，具体而言就是把汉代的政治、社会、民风都纳入礼制的轨道上来，即
"去淫侈之俗，行节俭之术，使车舆有度，衣服器械各有制数。"（《新
书·瑰玮》）

就礼制而言，除了要使车舆有度，衣服器械各有制数外，汉初还有一
项关乎国计民生的大事亟待处理，那就是私人铸钱的问题。据《汉书·
食货志下》载："孝文五年，为钱益多而轻，乃更铸私铸钱，其文为'半
两'，除盗铸钱令，使民放铸。"① 贾谊极力反对这个政令，他认为如果放
开铸钱令，使铜布于天下，将会导致更大的祸害。这主要表现在：第一，
民间铸钱时会掺杂铅铁等非铜金属，这样就导致民众触犯黥罪；第二，如
果让民间铸钱，就很难避免伪钱泛滥的现象，从而导致"钱用不信，民
愈相疑"；第三，如果让民间铸钱，人们就会因此而废弃农事，从而可能
会出现饥荒现象。鉴于此，贾谊强烈劝谏文帝禁止民间铸钱，如此一来，
不仅上述三祸可除，而且还有七福可致。并且这七福与设定礼制、对抗匈
奴、重农抑商政策都有直接的关系。如贾谊说："挟铜之积以铸兵器，以
假贵臣，小大多少，各有制度，以别贵贱，一差上下，则等级明矣"，这
显然与礼数有关，又如"挟铜之积，治吾弃财，以与匈奴逐争其民，则
敌必怀矣"，这又与对匈政策有关，可见贾谊针对汉初的政治困境而提出
的救治之策并非是头痛医头脚痛医脚，而是各个政策之间有着一贯的思想
主线，即通过仁惠之政、礼义之道来确保汉政权的长治久安。在贾谊看
来，要使仁政理念大行天下，泽惠苍生，除了要有礼制上的保证外，还需
要培养最高统治者的"仁义之性"，使其知礼、懂礼、躬身行礼，从而推
行仁政。关于如何培养最高统治者的"仁义之性"，贾谊完全根据儒家的
修身养性思想设定了一套具体的教育方案，这主要体现在《新书·保傅》
篇中。

---

① 汉初私人铸钱开始于高祖，"汉兴，接秦之弊……于是为秦钱重难用，更令民铸钱，一
黄金一斤，约法省禁。而不轨逐利之民……"（《史记·平准书》第四册，卷三十，第1417页）

第三节   任亲与传贤的弥合——保傅制度

在贾谊看来，不仅"制度疏阔"是朝廷政权的不安因素，而且皇帝的德行更是关乎国家长治久安的命运。因此，如何让皇帝成为居有法则、动有文章、德行可象的理想君主也是贾谊"定立经制"时要特别考虑的一项重要内容。在贾谊的思想中，他一方面基于礼的意义论证"立后"是"天下之至义"，另一方面又从保傅之礼上着手以确保太子德行的完善。

一   让贤观念及其对汉初统治者的影响

（一）先秦让贤观念简述

最高权位的授受问题是先秦儒家政治哲学的一个重要论题。此论题以尧舜禹三帝的禅让传说为理论出发点而形成了一套有关禅让政治的哲学观念。相关研究表明，先秦儒家的禅让政治观念一直是在建构中的，即是一种未完成的形态。[①]

郭店楚简中的《唐虞之道》篇是儒家建构尧舜禅让观念的重要文献。[②] 该篇指出："唐虞之道，禅而不传。尧舜之王，利天下而弗利也。禅而不传，圣之盛也；利天下而弗利也，仁之至也。古昔贤仁圣者如此。身穷不均，没而弗利，躬仁矣。必正其身，然后正世，圣道备矣。故唐虞之（道，禅）也。"这里指出历史上存在的两种关于最高权位传授的方式，即尧舜时代主要是以"禅"的方式完成最高权位的交接问题，禅让的方式以尚德授贤为原则。"传"则是基于血亲本位、以世袭制为原则的权位交接方式，夏商周三代是"传"的基本模式。在"传"的模式中，出于"欲王以小民受天永命"[③] 的家天下思想，传贤也是其中的一个基本

---

① 关于先秦儒家禅让观念的内涵界定，参考夏世华《先秦儒家禅让观念研究》，博士学位论文，武汉大学，2009 年，第 1 页。

② 关于《唐虞之道》的学派归属问题，学界曾众说纷纭，本文认同并采用丁四新的观点及论据，即该篇的学理性质属于儒家。参见丁四新《郭店楚墓竹简思想研究》，东方出版社 2000 年版，第 376—379 页。

③ 《尚书·召告》。

要求，不过贤始终依附于血亲本位，是亲之中的贤。而禅让则是从根本上打破权位传授模式中的血亲本位，使"贤"的标准作为权位传授的根本原则。从《唐虞之道》的写作意图来看，作者试图通过对唐虞禅让之道的追颂而否定当时的血亲世袭制度。唐虞禅让之道蕴含了哪些政治原则呢？从上述引文中可以看出：第一，唐虞之道要求权位获得者要像尧舜之王那样本着"利天下而弗利"的至仁精神爱利天下之人，这就要求当位者以天下之公利为利，而不能借由天子之位谋取丝毫私利。因此，这一原则的贯彻，同时也说明唐虞禅让之道内涵着廓然大公之道，公利的沛然流行是通过推扩仁爱精神，以达到仁之至的境地而实现的。在这个意义上，公利是源自仁爱之公德的流行、外显。第二，公德是基于一己之德的扩大。至仁的实现其实就是一己之仁性的彰显。因此，唐虞禅让之道又意味着当位者仁德、仁性的完成，从而能够实现一己之仁的显豁，立己立人，达己达人。"身穷不均，没而弗利，躬仁矣"，仁者不以物喜，不以己悲，忧道不忧贫，"必正其身，然后正世，圣道备矣"，仁者以天下为己任，德渥周治人物。正身以正世，正本以为用，这与《大学》所倡导的修身齐家治国平天下的路数是一致的，"壹是皆以修身文本"，强调的是德的根本性。第三，根据《唐虞之道》的内在逻辑，唐虞之道就是仁圣之道，而践行仁圣之道则具体显现为尧舜之行，"尧舜之行，爱亲尊贤。爱亲故孝，尊贤故禅"。由此也可以看出，唐虞之道是通过孝亲尊贤等人伦实践可以企及的理想状态。唐虞之道可以通过道德践履而实现，这一方面意味着这种仁圣之道的可经验性就确保了个体之德的可查证性，从而能够保证被推选的天子德位相当；另一方面也意味着唐虞之道的可行性，即无滞无碍。

从上文的简略分析可以得出，尧舜禅让之道包含三个基本属性，即公性、德性、可行性，而公性与德性正是在可行性的政治实践中完成的。正因为可行性的诉求，所以《唐虞之道》在试图解决爱亲与尊贤这对在权位授予领域很难化解的矛盾。爱亲就意味着可能会排斥贤能，尊贤就暗含着可能要避嫌亲者。因此，这两者的纠葛势必会影响禅让的施行，而尧舜之王的廓然大公、至仁属性必不应有如此勉强的境遇。所以《唐虞之道》指出："爱亲忘贤，仁而未义也。尊贤遗亲，义而未仁也。古者虞舜笃事瞽叟，乃式其孝；忠事帝尧，乃式其臣。爱亲尊贤，虞舜其人也。"在

《唐虞之道》的理论中，爱亲与尊贤并不是对立的矛盾，而是兼容统一的，不仅是理论上的统一，也是事实上的统一。而这种统一的基础就在于"德性的沟通与相融，在于'尊贤'首先是尊重其德性，并通过对德性的尊重而把爱亲的原则及这一原则所包涵的德性精神融入其中"。①

《唐虞之道》融摄爱亲与尊贤，合内外之道，不失仁义，在禅让观念的建构上无疑是偏重禅让的精神内核，而没有对禅让制的确立有更多的论述。关于禅让制较为详备的论述则见于楚简《容成氏》篇。根据《容成氏》的论述，禅让观念是由帝尧确立的，它是从"不授其子而授贤"的授贤观念演进出来的。② 之所以说禅让制是由尧确立的，是因为尧率先反省到"兴贤"观念对于授贤的重要性。因此，在尧的政治实践中，他能够自觉地发明、提倡、维护这一原则，也可以说尧是通过对"兴贤"观念的自觉而发展出禅让观念。为了确保禅让的有效展开，就必须有一套相应的实施措施。在尧这里，首先是"视贤"的政治活动，即通过"履地戴天，笃义与信"与"毕能其事"两条原则来考察、甄别真正的贤人。其次是"让贤"的政治活动。尧摄天子之位后，通过"让"的行为开创了"尧以天下让于贤者，天下之贤者莫之能受也"理想局面，至尧年衰后又有"求贤者而让焉"的让贤行为。再次，通过"视贤""让贤"的政治行为，而达到了"兴贤"的结果，"于是乎天下之人，以尧为善兴贤，而卒立之"。尧的天子之位因此而确立，禅让原则也因此被揭示出来。最后，在尧舜的权力交接过程中，尧"见舜之贤，欲以为后"，尧在权位的继承上不以其子为后的行为，真切地反映了"禅让"所内涵的贤德为至上性的标准，即权位始终与贤德相关联，而具体的在位者只是临时性的。尧禅位于舜，舜"乃五让天子之贤者，不得已，然后敢受之"，至此"五让"概念出场，则说明禅让原则的程序化，即"'让'的原则已从精神的原则转化为具体的礼制法则"。③

---

① 丁四新：《郭店楚墓竹简思想研究》，东方出版社 2000 年版，第 366—367 页。
② 丁四新指出，先秦儒墨两家都有尚贤、进而授贤的思想，而"禅让"说在思想特性上更趋近儒家的政治哲学观念。参见丁四新《楚简〈容成氏〉"禅让"观念论析》，载刘大钧主编《简帛考论》，上海古籍出版社 2007 年版，第 215 页注二。
③ 丁四新：《楚简〈容成氏〉"禅让"观念论析》，载刘大钧主编《简帛考论》，上海古籍出版社 2007 年版，第 204 页。

从《容成氏》的内在逻辑来看,禅让制在尧的继续推进中,其内在的否定因素也日益彰显,即由于舜的"用贤"所体现的实用主义色彩使得"'贤'一格的道德性根基在一定程度上确实具有隐蔽不彰的危险因素存在。"① 正是这样一种实用主义的用贤因素的存在,使得舜在对禹的选择过程中在一定程度上忽略了道德性的考察。因此,基于《容成氏》的文本,在禹的禅让活动中,尧的视贤方式与内涵已经荡然无存,道德理想与追求也湮没在禅让制的程序化中。从皋陶"遂称疾而死"的不得已之举而逃避被选择的行为可以推测当时的政治、人事的复杂性已经凸显甚至紧张起来,而最终以启攻益自取的暴力事实结束了禅让制。

禅让制所内涵的否定因素,从一个侧面也暗示了启攻益自取这一暴力事件的合理性,这是政治文明进程中权力异化进而吞噬道德的一种必然结果。而问题在于,这种暴力革命的根基不在于成王败寇的武力诉求,而在于以有道伐无道的道德使命。也正是在道德使命促成暴力革命的意义上,"《容成氏》对权力转移过程的描述是'历史主义'态度的,即既肯定传贤不传子的唐虞禅让之道,也肯定商汤、武王的革命行为。"② 这与孟子基于仁政思想肯定汤武革命的思想十分吻合。如果我们认同禅让制中内涵的自我否定因素,如果我们给启攻益自取的政治事实搭上贤者攻不贤的历史帷幕,那么我们就可以推知,汤武暴力革命在某种意义上就是禅让精神在形式上的蜕变,支撑这种形式的仍然是儒家在论证权力运作中倡导贤德当位的道德自觉与责任意识。

(二) 让贤观念对汉初统治者的影响及臣民的立后观念

在以天下为己任的道德标准肯定汤武革命时,就难免出现仁义成为武力征伐的旗号,这正如孔子指出的"当仁不让于师"③ 反而成了野心勃勃的政客追求权力而兴师用兵的一种合理的借口。孟子批评五霸假仁义就是针对权力欲望侵蚀道德理想这一现象而发的。尽管遭到严厉的批评,但是

---

① 丁四新:《楚简〈容成氏〉"禅让"观念论析》,载刘大钧主编《简帛考论》,上海古籍出版社 2007 年版,第 207 页。

② 吴根友:《"传贤不传子"的政治权力转移程序——上博简〈容成氏〉篇政治哲学及其学派问题初探》,载《在道义论与正义论之间——比较政治哲学诸问题初探》,武汉大学出版社 2009 年版,第 37—38 页。

③ 《论语·卫灵公》。

"假仁义"一直以来无可避免地成为政客们追求权力的表演中所必需的道具。汉代刘氏政权的建立也不外乎如此。楚汉战争结束后，刘邦所封的七个诸侯王联名奏请刘邦"拜上皇帝尊号"，刘邦道："寡人闻帝者贤者有也，虚言亡实之名，非所取也。今诸侯王皆推高寡人，将何以处之哉？"诸侯王皆曰："大王起于细微，灭乱秦，威动海内。又以辟陋之地，自汉中行威德，诛不义，立有功，平定海内，功臣皆受地食邑，非私之也，大王德施四海，诸侯王不足以道之，居帝位甚实宜，愿大王以幸天下。"刘邦道："诸侯王幸以为便于天下之民，则可矣。"① 可以看出，首先，刘邦及各诸侯王都还认同"帝者贤者有也"的历史传统，其强调"虚言无实之名"也是受了"非贤者不能当位"思想的影响。其次，诸侯拥立刘邦，根本原因在于他能够行威德、诛不义、立有功，即说明刘邦在打天下的过程中至少在举措上有不以天下为一己私有的表象。最后，刘邦是以"便于天下之民"的名义即位的，即打着为公的旗号获得最高权位。不过，刘邦在被各诸侯推举时，他没有做出"五让"之举，而是在一定程度上逼问诸侯王说出他何以有德居位的原因。因此，虽然唐虞禅让之道所蕴含的贤德当位的精神还在以各种方式流传着，但是除了能够给获位者蒙上伪善的面纱外，已经不能疏通当位者的蓬心了。

如果说刘邦在诸侯王拥戴之时的略表谦虚之举还有贤贤相让的意味的话，那么刘邦在弥留之际关于"非刘氏而王者，天下共击之"的申明，则私天下的本意已呈露无遗。及至惠帝驾崩，诸吕谋乱，丞相陈平、太尉周勃等诛杀吕氏后，欲迎立代王（文帝）即天子之位，文帝道："奉高帝宗庙，重事也。寡人不佞（不材），不足以称。愿请楚王计宜者，寡人弗敢当。"② 从文帝的谦让之辞中，我们可以看到：一方面，文帝的谦让仍然说明了贤者当位思想的影响之深；另一方面，文帝"请楚王计宜者"，即这个所谓的"宜者"是从刘氏宗正中选择出来的，凡属宗正之外的人，无论多么贤德，都不在"宜者"的范畴。③ 这说明，在帝王的观念中，首

---

① 《汉书·高帝纪下》（第一册）（卷一），第52页。

② 《汉书·文帝纪》（第一册）（卷四），第108页。

③ 据《汉书·高帝纪》载，刘邦徙长安未央宫后，令"置宗正（官）以序九族"（第一册，卷一下，第64页）。楚王刘交是刘邦同父异母的弟弟，与刘邦共打天下，且高后时以楚王子郢客为宗正（《汉书·楚元王传》）。

先是从"亲",其次是从"贤"。当"亲""贤"不得兼顾时,从"亲"弃"贤"。

从群臣迎立文帝的原因中,也可以看出臣民对待天子之位的态度。《汉书·文帝纪》载宋昌进言群臣迎立的原因有四:(1)"秦失其政,豪杰并起,人人自以为得之者以万数,然卒践天子之位者,刘氏也,天下绝望。"(2)"高帝王子弟,地犬牙相制,所谓磐石之宗也,天下服其强。"(3)"汉兴,除秦烦苛,约法令,施德惠,人人自安,难动摇。"(4)"方今高帝子独淮南王与大王,大王又长,贤圣仁孝,闻于天下,故大臣因天下之心而欲迎立大王。"第一个原因是说刘氏取得天子之位后,天下暂时无人觊觎天子之位,因为能在万数之人中卒践天子之位,有某种"天意"的因素。而"天意"能够引导人们的行为。这意味着臣民认为刘氏得天下是理所当然的,因此天子之位应该在刘姓宗亲中传递。而群臣之所以选择文帝,是因为:(1)文帝是高祖刘邦之子;(2)文帝在刘邦的现有子嗣中居长;(3)文帝个人的品性优良,符合贤能的要求。因此,在群臣的观念中,天子之位的传递原则应该是:立子、立长、立贤。这从另一则事例中也可看出:汉文帝时,有司请早立太子,文帝起初还装腔作势,说能不能"博求天下贤圣有德之人而嬗天下焉"。在有司的辨明下,文帝又说"诸侯王宗室昆弟有功臣,多贤及有德义者","今不选举焉,而曰必子","非所以忧天下也"。但有司据"理"力争,申明"立嗣必子,所从来远矣",乃是"天下之大义"。汉文帝即不再推辞,以刘启为太子。原因是"子启最长,敦厚慈仁"①。由此可以看出,一方面汉初群臣认为"立长"制由来已久,且是"天下之大义",在这种情况下,很可能出现的结果是,凡是"长"者,只要没有先天性的智障表现,就必定是"贤"的。另一方面,文帝反复表示让贤,出现了"二让"的情形,但是这种"二让"是口头上的谦逊之辞,与尧表现出"让贤"的政治活动是不可相提并论的,群臣也意识到了这一点,因此就一致反复申明"立后"的大义。由此可见历经三代世袭制的长期浸染,在人们的价值判断中,立后已经近乎是天经地义的事了。

————————

① 《汉书·文帝纪》(第一册)(卷四),第110页。

二　立后：天下之至义

《唐虞之道》主张禅而不传，将"爱亲"的原则融入"尊贤"的原则之中，使"爱亲"与"尊贤"相统一，这是原始儒家解决权位交替问题的理想途径。抛开历史的现实情况不论，仅就学理而言，公天下的贤贤相授原则无疑更符合道德的理想信条，也更有利于王道政治的开展。而与之相对的世袭制的亲亲相授原则则意味着在权位的交接中贤德一格的失落。从这个角度来看，"在中国延续了几千年的世袭专制，不但非常的不合理，而且实际上它也不断地遭到诸派异端的批判和学理上的怀疑、否定，因为在权力世袭制的一统天下中本来就有怀疑、批判、否定其自身的因素存在着。"① 吊诡的是，学理上不合理的，却是事实上存在着的。因此，我们在坚持学理的理想性与批判性的同时，也应该深入事实本身，这样可能更有利于理想的落实、批判地建设。《唐虞之道》所揭示的贤贤禅让原则无疑是试图通过对远古圣王的追怀以突出理想的权位授予方式，从而对现行的世袭制进行批判，这无疑是理想主义的；《容成氏》以历史主义的态度既肯定禅让制也肯定汤武革命，其对汤武革命的肯定也意味着对夏商周三代的世袭制的肯定，不过《容成氏》在何种意义上及如何肯定三代世袭制没有具体的说明，我们也难以蠡测。孟子比较详备地把唐虞禅让之道与三代的世袭制放在一个系统里讨论，孟子的解释是基于"天子不能以天下与人"而只能是"天与之"的理论之上。② 在此理论中，天子的职能仅限于"荐人于天"，舜就是由尧荐之于天，天通过"暴之于民而民受之"而授予其天子之位的。禹也是通过同样的方式被授予天子之位的。在"天与之""民受之"的原则下，权位授予就完全突破了"禅而不传"及"亲亲相授"两种模式所内在的困境。因此，孟子就以民意的选择而解释禹启相继并非禹之德衰，而是民心向启从而天授位于启。不过，在孟子的设定中，民意之所以选择启，其中有启乃"吾君之子也"的因素，这就暗示着血亲关系在权位的授予中已经成为一条重要的辅助原则，

---

① 丁四新：《郭店楚墓竹简思想研究》，东方出版社 2000 年版，第 365 页。

② 关于孟子对权位授予解释的理论突破，参见夏世华《先秦儒家禅让观念研究》，博士学位论文，武汉大学，2009 年，第 80—87 页。

且有着民意的支撑。《唐虞之道》主张"爱亲"与"尊贤"相统一的理想信念在遇到亲与贤具有同等的条件时就会出现理论中的困境。这个理论的困境在孟子这里得到了解决,即"爱亲"作为一种辅助条件能够支撑继世为王。"尊贤"与"爱亲"通过民意的整合,从而为解释三代继世为君的事实做了铺垫。为了论证"唐虞禅,夏后殷周继,其义一也",孟子不得不设计一套权位授受程序①以说明"夏后殷周继"是"天与之""民继之"的结果,而非所谓的世袭制。不过,这套程序是建立在"天子荐人于天"的基础之上的。可以试想在爱亲原则日益凸显,像尧舜那样的圣人不可能必然在位的情况下,②"天子荐人与天"就很有可能演变为"天子荐亲于天"。"天与之""民受之"的理想模式就难免在亲亲相继的重复事件中变成继世为君的潜规则。孟子当然意识到了这种权力怪相的存在,因此他指出"天之所废,必若桀、纣",即肯定汤武革命的正当性。

与《唐虞之道》的权威授受理论相比,孟子的相关设计无疑更有现实的解释力。这种解释力是从理想的权位授予模式出发去观照现实的历史事实,试图将具体的历史现实纳入合理的解释轨道上来,这是先秦儒家政治哲学的一个特色,即或通过王道理想批判现实,或通过王道理想解释现实。秦以后,先秦儒家的这种王道理想并没有因为大一统的政体而失落,这种理想性一直以各种形式存在着,试图约束君权的无限膨胀。其中,基于现实、利用现实以达到理想也是儒家王道理想在大一统的政体下的一种存在形式。这可以从贾谊对权位授予过程中立后原则的解释中略见一斑。贾谊对立后之义的解释主要表现在以下三个方面:

首先,贾谊指出立后应有一套完整的程序。"古之圣帝将立世子,则

---

① 夏世华指出这套程序主要包括三个环节:(一)避让先王之子于偏远之地;(二)由朝野之人共同在贤人和王之子之间做出选择;(三)如果民意最终还是选择了贤者,那么他就可以返回中国,正当地登上天子之位。见氏著《先秦儒家禅让观念研究》,博士学位论文,武汉大学,2009年,第89页。

② 在孟子的权位授受理论设计中,合理地解释了孔子、伊尹、周公等圣人不能为君的原因,《孟子·万章上》曰:"匹夫而有天下者,德必若舜禹,而又有天子荐之者,故仲尼不有天下。继世而有天下,天之所废,必若桀纣者也,故益、伊尹、周公不有天下。伊尹相汤以王于天下,汤崩,太丁未立,外丙二年,仲壬四年。太甲颠覆汤之典刑,伊尹放之于桐三年。太甲悔过,自怨自艾,于桐处仁迁义三年,以听伊尹之训己也,复归于亳。周公之不有天下,犹益之于夏、伊尹之于殷也。孔子曰:'唐虞禅,夏后殷周继,其义一也。'"

帝自朝服升自阼阶上，西乡于妃。妃抱世子自房出，东乡。太史奉书西上堂，当两阶之间，北面立，曰世子名曰某者参。帝执礼称辞，命世子曰，度大祖大宗与社稷于之者参。其命也，妃曰不敢者再；于三命，曰谨受命，拜而退。太史以告太祝，太祝以告太祖太宗与社稷。太史出以告太宰，太宰以告州伯，州伯命藏之州府。凡诸贵以下至于百姓男女，无敢与世子同名者，以此防民百姓犹有争君者。"（《新书·立后义》）可以看出，古之立世子的仪式充满了神圣性，因为这是关乎天下社稷的大事件。庄严地完成这一仪式，需要皇帝、后妃、太史、太祝、太宰秉着对天下的敬畏之心来共同承担。从皇帝"自朝服""执礼称辞"也可以推知，命世子一事有具体的礼制的规定，在原则上皇帝也不能凭借手中的威权肆意妄为，这就在一定程度上规避了篡位夺权、骨肉相残的政治斗争现象的发生。不难看出，立世子之时，世子尚处于襁褓之中，这意味着一方面，皇帝必须坚持立嫡长子为后的原则，为了使皇帝严格执行这一原则，就在长子出生一段时日后完成立世子的仪式；另一方面在世子尚幼时就确立世子，可以避免皇子之间因为争夺世子之位而相互倾轧的局面。此外，从"其命也，妃曰不敢者再；于三命，曰谨受命，拜而退"可以看出，在立世子的仪式中，母亲要代替世子执行"让"礼。这里的三让而受的礼仪是否受到禅让程序中五让之礼的影响，不得而知，不过三让之礼的背后之义无疑渗透着让贤精神。

其次，贾谊指出立后不仅可以避免皇亲内部相争，而且可以使民无争。"夫势明则民定而出于一道，故人皆争为宰相而不奸为世子，非宰相尊而世子卑也，不可以智求，不可以力争也。今以为知子莫若父，故疾死置后者，恣父之所以。此使亲戚不相亲，兄弟不相爱，乱天下之纪，使天下之俗失所尊敬而不让，其道莫经于此。疾死致后复以嫡长子，如此则亲戚相爱也，兄弟不争，此天下之至义也。民之不争，亦惟学王宫国君室也。"（《新书·立后义》）上则引文中指出，当世子确立之后，要将世子的名字告知天下，以便从王宫贵胄至百姓庶民都不能与世子同名，如此就可以防止世人争夺君王的名讳。这种做法，不仅可以铸就未来君王的独尊之势，而且可以让世人望峰息心，杜绝对天子之号、天子之位的觊觎之心。因为天子之位不同于宰相之位，它是不可以智求，不可以力争的。民众没有如此觊觎之心，从而在一定程度上也就相对安定平静而没有反叛之举。这里,贾谊清楚地点明确立嫡长子是"天下之至义",因为嫡长子的确立一方面可以避免宗亲内部争斗,这是儒家"爱亲"原则的必然要求;另一方面,宫室之内的和睦无争可以起到上行下效的作用,从而使民不争,这也就避免了家天下的权力旁落的危险。

最后,贾谊通过肯定汤武革命以论证汉高祖建立政权的合法性。贾谊首先认为:"为人臣而放其君,为人臣而弑其上,天下之至逆也。"这显然是继承了先秦儒家臣不能弑君放君的思想。但是,为什么殷汤放桀、武王伐纣的事迹会成为天下的美谈呢?那是因为汤武"所以有天下者,以为天下开利除害,以义继之也"。同时汤武革命并没有弑君之嫌,因为当桀纣之时,天下根本就没有天子。他说道:"其道之下,当天下之散乱,以强凌弱,众暴寡,智治愚,士卒疲弊,死于甲兵,老弱骚动,不得治产业,以天下之无天子也。"(《新书·立后义》)这种以天下无天子来解释汤武革命与孟子"闻诛一夫纣矣,未闻弑君也"的思想如出一辙。贾谊之所以肯定汤武革命的义举,除了是继承代代相传的儒家传统外,还是为了说明汉高祖刘邦以布衣兼有天下的合法性。因为汉高祖"兴利除害,寝天下之兵",这与汤、武一样是"天下之至德"。贾谊之所以如此高扬汉高祖的功业,是因为他试图劝谏汉文帝"相时而立仪,度务而制事"(《新书·立后义》),以绍继汉高祖的功业。在贾谊看来,立仪、制事中的其中重要的一项就是要从礼制上确定嫡长子为世子。

综上可知,贾谊同汉初的其他大臣一样,也认为立后是"天下之至义",所谓的"立后"指的就是立嫡长子为太子,也即为天子之位的继承人。既然如此,那么我们应该如何看待贾谊的这一思想呢?

首先,贾谊早立太子的思想与吸取秦亡的教训有很大关系。秦始皇虽然有"朕为始皇帝,后世以计数,二世三世至于万世,传之无穷"(《史记·秦始皇本纪》)的伟大理想,但是因为他身前并没有选定皇位的继承人,所以才临危"乃为玺书赐公子扶苏"。在叔孙通看来,不早立太子,正是秦朝迅速灭亡的原因之一,"秦以不早定扶苏,胡亥诈立,自使灭祀"。因此,叔孙通说:"太子天下大本,本一摇,天下震动。"(《汉书·叔孙通传》)文帝时,有司奏立太子,同样是说"豫建太子,所以重宗庙社稷,不忘天下也。"(《汉书·文帝纪》)贾谊之所以强调在世子出生不久就要行立太子之礼,其用意也在于此。

其次，夏、商、周三代在天子之位的继承问题上，曾出现过"兄终弟及"和"父死子继"两种继承制度。但是，由于涉及最高权位的继承，相对来说，"兄终弟及"更容易造成纷争，导致统治的不稳定。① 因此，在周公制礼时，就将立嫡立长在礼制上确立起来。王国维指出，"殷以前无嫡庶之别"，"周人制度之大异于商者"，其中之一就是"立子立嫡之制"，并形成"百王不易之制"。② 徐复观指出："立嫡立长，是周公所定宗法制度中以大宗为中心的安定力量，在封建政治的秩序中，居于首要的地位。"③"西周宗法的起点是嫡长的传子制。"④ 以此为起点建立的封建宗法制度，其实质是"以宗法中的亲亲达到尊尊的目的，以尊尊建立统治的体制，奠定政治的秩序。"⑤ 亲亲是仁，尊尊为礼。因此，立嫡立长的制度渗透着仁与礼的精神。坚持这种制度就意味着在维持亲亲尊尊的政治秩序。相反，打破这种制度就意味着对由宗法而来的亲亲尊尊政治秩序的破坏。而幽王破坏立嫡立长的制度是西周覆灭的直接原因。⑥ 汉初儒生一般接受"汉家法周"之说，据《史记·梁孝王世家》载："殷道亲亲，立弟；周道尊尊，立子。殷道质，质者法天……周道文，文者法地。尊者敬也，敬其本始，故立长子。周道，太子死，立嫡孙。⑦ 殷道，太子死，立其弟。……方今汉家法周，周道不得立弟，当立子。故《春秋》所以非宋宣公。宋宣公死，不立子而立弟。弟受国死，复反之与兄之子。弟之子争之，以为我当代父后，即刺杀兄子。以故国乱，祸不绝。故《春秋》曰：'君子大居正，宋之祸宣公为之'。"而从《新书》的相关内容来看，贾谊也十分认同周道。如《过秦中》说："故周王序得其道，千余载不

① 白钢主编：《中国政治制度通史》（第3卷），人民出版社1996年版，第65页。
② 王国维：《殷周制度论》，载《观堂林集》，河北教育出版社2001年版，第232页。
③ 徐复观：《两汉思想史》（卷一），台湾学生书局1987年版，第67页。
④ 同上书，第14页。
⑤ 同上书，第67—68页。
⑥ 据载，幽王因宠褒姒，竟废申后及太子，立褒姒为后，立褒姒所生子伯服为太子。结果申侯与缯、西夷、犬戎，攻杀幽王于骊山之下，西周遂因之以亡。参见《史记·周本纪》（第一册）（卷四），第148—149页。
⑦ 《左传》的记载与此略有不同："太子死，有弟则立之，无则立长，年均择贤，义钧则卜。"吕思勉指出："古之立君者，年均以德，德均则卜。"参见吕思勉《读史札记》（上册），上海古籍出版社1986年版，第560页"探筹"条。

绝,秦本末并失,故不能长",又《保傅》云:"殷为天子,二十余世,而周受之。周为天子,三十余世,而秦受之。秦为天子,二世而亡。人性非甚相远也,何殷周之君有道之长,而秦无道之暴也?其故可知也"。正所谓"周失道而《春秋》作"(《史记·太史公自序》),孔子作《春秋》,正是为了拨乱反正,"立嫡以长不以贤,立子以贵不以长"① 正是《春秋》之义。这是贾谊主张立嫡立长的深层原因。

最后,需要说明的是,贾谊提出的嫡长子继承制与周公设定的立嫡立长制的社会背景是迥然不同的,二者处于不同的政治制度下。周代的立嫡立长制是建立在宗法与封建的基础之上,而贾谊的立后制思想是在皇帝制度及郡县、封建相杂的基础上提出的。一个是周王统治下的王太子,一个是皇帝统治下的皇太子。在周代严格实行分封制和宗法制的情况下,王位的继承制度相对稳定,天下的大宗只有一个,因此影响王位继承的因素相对较少。而在宗法制全无的汉初,宗法制所具有的约束力就非常弱小,甚至没有。在皇帝制度下,影响皇位继承的因素就相对复杂得多,如皇帝的意志、后妃外戚的干预、宦官的作用、权臣的力量以及皇子自身的素质等都能够影响皇位的继承,且影响的力度在某种程度上远比王位继承制要大得多。在这种情况下,立嫡立长制因为缺乏强有力的保障体系,其政治效力也就被大大削弱了。事实上,在汉代,立爱不立长的现象时有发生。尽管如此,贾谊乃至儒家主张立后立长制仍有其合理性。在皇帝多妻多子的情况下,立嫡长子继承制为正法,无疑可以最大程度地减少皇室血亲相残,最大限度地维持政治秩序稳定。对此,王国维有精到的分析:"盖天下之利莫如定;其大害莫如争。任天者定,任人则争。定之以天,争乃不生。故天子诸侯之传世也,继统法之立子与立嫡也,后世用人之以资格也,皆任天而不参以人,所以求定而息争也。古人非不知官天下之名美于家天下,立贤之利过于立嫡,人才之用优于资格,而终不以此易彼者,盖惧夫名之可藉而争之易生,其弊将不可胜穷,而民将无时或息也。故衡利而取重,挈害而取轻,而定为立子立嫡之法,以利天下后世。"② 因为立嫡立长制本身是亲亲、尊尊精神的制度化,而亲亲、尊尊又是行"仁"

---

① 《春秋公羊传·隐公元年》。

② 王国维:《殷周制度论》,载《观堂林集》,河北教育出版社 2001 年版,第 234 页。

的必由之路，在这种意义上，立嫡立长制其实就是仁政的开端。此外，根据公羊家的立场，立嫡立长制，虽然与大同社会的"立贤"制不合，但这在"小康之世人性尚欠完满的情况下则是不得已的事，因而也是必要的制度"①。

三 保傅：保其身体、傅其德性

在礼制上确立嫡长子为世子，在"爱亲"的意义上，确实能够在一定程度上防止亲亲相残，避免血亲伦理的毁败。由于嫡长子在襁褓之中就被确立为世子，并不能保证世子将来就是一位贤德之君，因此，就立嫡立长制本身而言，"在专制政治的大前提下，它只能流于一种非智能的选择方式"，其难免导致"君主在权力和实际能力之间发生严重的脱节和矛盾"。② 如果这样的话，那么在权位授予中禅让模式所提倡的贤德一格就不仅仅是退居二线，甚至是被置于无顾之地。如此一来，就与儒家主张贤人在位的思想完全背道而驰。因此，如何在"爱亲"作为第一原则的同时，又最大限度地保证贤德在位，是儒家面对大一统的家天下政体所做的必要思考。贾谊也不例外，他从胎教、保傅、傅职三个方面着手以确保世子是一位贤德之人。③

首先，正本慎始——胎教之道。贾谊重视胎教的思想是从儒家典籍《春秋》《诗》《礼》《易》的慎始敬终观念中引申出来的。他说："《易》曰：'正其本而万物理，失之毫厘，差以千里。'④ 故君子慎始。《春秋》之元，《诗》之《关雎》，《礼》之《冠》《婚》，《易》之《乾》《坤》，皆慎始敬终云尔。"（《新书·胎教》）不仅如此，胎教之道，古已有之，"书之玉版，藏之金柜，置之宗庙，以为后世戒"，它具体包括以下几个方面：（1）选后之善。为皇帝选妃的时候，要选择行义之家的女子。因

---

① 蒋庆：《公羊学引论》，辽宁教育出版社 1995 年版，第 155—158 页。

② 张星久：《中国君主专制政体下的皇位嫡长制继承新论》，《武汉大学学报》（哲学社会科学版）1998 年第 5 期。

③ 贾谊《新书》中《胎教》《保傅》两篇及《傅职》中的后半部分亦见于《大戴礼记·保傅》篇。很可能是贾谊任梁王太傅时的教材，虽非贾谊原创，但贾谊将该篇析为三篇并冠以切实的篇名，也能够说明他对《大戴礼记·保傅》篇的用心之精。

④ 此处引文一说出自《易说》，一说出自古《易传》文。参见阎振益、钟夏校注《〈新书〉校注》，中华书局 2000 年版，第 394 页注一。

为"凤凰生而有仁义之意,虎狼生而有贪戾之心",所以要"谨为子孙婚妻嫁女,必择孝悌世世有行义者",如此才能够保证"子孙孝慈,不敢淫暴,党无不善",并且在客观上也会有父族、母族、妻族"三族辅之"的良好效果。(2)孕期之善。在皇后怀孕七个月时,要将她转移到燕室闭门而处。此时,太师、太宰、太卜以及诸官都要执相应的礼器而御侍相应的位置。① 这样做的目的就是防止奸邪之气浸染皇后。在太子出生前三个月内,太师不容许皇后听习非礼之乐,太宰不容许煎调非正味的菜肴。当太子出生啼哭之时,太师要根据哭声确定某个音律,太宰要根据太子出生的季节确定具体的滋味,② 太卜为之卜名,"上毋取于天,下毋取于土,毋取于名山通谷,毋悖于乡俗"(《新书·胎教》)。这在先秦儒家的命名学中应该是一种通例。③ 然后为太子行悬弧之礼。④ (3)以孝道举之。贾谊指出,"古之王者,太子初生,固举以礼,使士负之,有司齐肃端冕,见之南郊,见于天也。过阙则下,过庙则趋,孝子之道也。故自为赤子而教固已行矣。"(《新书·保傅》)之所以在初生之时就以孝道陶养太子,是因为在儒家的德性培养中,始终贯彻"孝悌也者,其为仁之本与"的践行原则。可见,从为皇帝选妃的考虑到太子呱呱坠地的一系列仪式,无不渗透着敬慎的精神,而所敬所慎者,就是为了保证太子德性的纯美至善,而使其行为合礼中道。当然,所有的这一切谨始慎微的举措都还是为了试图使太子在没有任何智识之前不被邪道所浸染。而当太子初有智识之后,则当选择贤德之人为其保傅。

其次,为太子设置保傅。其实在太子刚出生后,就已经有保傅辅助了。"昔者周成王幼在襁褓之中,召公为太保,周公为太傅,太公为太师。保,保其身体;傅,傅之德义;师,道之教训。"(《新书·保傅》)如果依据宋儒对人性的分辨的话,那么不仅要保护太子的气质之性,还要

---

① 如太师持铜而御户左,太宰持斗而御户右,太卜持著龟而御堂下,诸官皆以其职御于门内。(《新书·胎教》)

② 孔广森曰:"春上酸,下上苦,秋上辛,冬上咸。"载阎振益、钟夏校注《〈新书〉校注》,中华书局2000年版,第397页注二九。

③ 如《左传·桓公六年》载:"(名)不以官,不以山川,不以隐疾,不以畜牲,不以器币。"又《礼记·曲礼》曰:"名子者,不以国,不以日月,不以隐疾,不以山川。"

④ 悬弧之礼,《礼记·内则》道:"子生,男子设弧于门左。""射人以桑弧蓬矢六,射天地四方。"《注》曰:"示有事于武也。"

涵养其天理之性。除此之外，身为未来的天子，还要知道古今兴废之道。除太保、太傅、太师三公是专门在固定的时间教养太子外，还要设置少保、少傅、少师三少以陪伴太子燕居之时。此外，出入太子居处的护卫也必须是从"天下之端士，孝悌博闻有道术者"中选拔出来的。这样做的目的是使太子在初生之时就能"见正事，闻正言，行正道"，通过耳濡目染"孝仁礼义"之道，从而能够"以道习之"（《保傅》），使邪恶不能入之于心。等到太子长大知道美色之时，就让他到官舍学习。根据《学礼》，古之帝者要接受东学、南学、西学、北学、太学五种不同而又相关的教育，其目的是要将皇帝培养成一位贵仁、贵信、贵德、尊爵、德智长而理道得的贤明之君。等到太子行冠礼成人之后，虽然可以免于保傅的严厉督导，但是当太子有错失时，有执掌正曲之职的司直（官名）专门记载，当司直因为太子利用权威的阻挠不能伸张职权时，就要以死相争。"于是有进善之旌，有诽谤之木，有敢谏之鼓，瞽史诵诗，工诵箴谏，大夫进谋，士传民语"（《保傅》），即通过广开言路，使臣民进善，采纳民智，以避免皇帝刚愎自用从而有偏听则暗的过失。此外，贾谊还特别提到太子长大后，不能养私臣，而只能率领诸臣之子。大臣以礼也不能私奉太子，因为"身朝王者，妻朝后，之子朝王太子"（《保傅》），所以太子只能率领诸臣之子。这样就可以避免奸佞之徒蛊惑太子入于邪道。

最后，保傅之道。从太子出生一直到太子行冠礼成年之时，都有保傅等人以孝仁礼义之道严加督责。虽然太子在成年以后可以免于保傅之严，但保傅必须继续发挥教导作用。这样，保傅之道对太子德性的养成而言就是至关重要的一环。基于这个要求，"傅人之道也，非贤者不能行"（《新书·傅职》）。这里所谓的贤者，只能是精通儒家六艺之学、深谙儒家精神要义的大贤大德之人。精通六艺之学，就能够通过称颂《春秋》，"而为之从善而抑恶，以革劝齐心"；通过教授太子《礼》学，"使知上下之则宜"；通过教其颂《诗》，"而为之广道显德，以驯明其志"；通过教其《乐》，"以疏其秽，而填其浮气"（《新书·傅职》）。六艺之中，唯独没有教授

《易》学一项，原因不明。① 除此之外，作为未来皇帝的保傅，还要"教之语，使明于上世而知先王之务明德于民也。教之故志，使知废兴者，而戒惧焉。教之任术，使能纪万官之职任，而知治化之仪。教之训典，使知族类疏戚，而隐比驯焉。"（《新书·傅职》）因此，保傅就要使太子通过对经典故志的研习以成就他的圣人之德。保傅不仅要让太子研习儒家经典，而且还必须要求太子能够内化儒家的精神要义，从而践行此道，即要使太子做到"明惠施以道之忠，明长复以道之信，明等级以道之礼，明恭俭以道之孝，明敬戒以道之事，明慈爱以道之仁，明闲雅以道之文，明除害以道之武，明精直以道之伐，明正德以道之赏，明齐肃以道之敬。"（《新书·傅职》）此外，由于三公三少各司其职，因此当太子某一方面的德行不足或者缺位时，就要由具体的个人担当教化责任。

从上面三个方面可以看出，儒家所倡导的教育是成德之教。这种成德之教是从娃娃抓起，甚至从胎教抓起，这样就能够使人之德性的养成类似于自然的形成，"习与智长，故切而不愧；化与心成，故中道若性。"（《新书·保傅》）所习之业与心智同步长成，语默动静，纯乎自然，就如同性之所出一样，因此就会使习者有亲切进取之感而没有愧退之义。在儒家的成德之教中也必然内涵有才能之教。这种由德开出能、由德规范能的教育方式如果能够切实地贯彻落实，那么就能够保证贤德在位，从而能够推动仁政的实施、王道的大行。而问题是面对波谲云诡、尔虞我诈的宫廷权力斗争，由于立嫡长子为太子的制度经常被人为地毁弃，因此这种教育模式就会成为一种没有载体的理想。但是古圣先贤从娃娃抓起的"化与心成，故中道若性"的成德之教，救治当今道德缺位、价值紊乱的功利之心，不失为一剂良方妙药。

---

①　贾谊在《六术》《道德说》篇中都指出，六艺从不同的侧面对德性修养的重要意义，或者说六艺之学的相互配合才能达到德性的圆满。贾谊这里之所以遗漏《易》学之教，很可能不是有意为之，而是由于《傅职》篇的这部分是直接引自《楚语》的原因。

第 四 章

体道君子:专制初期士人的生存境遇

从第二、第三两章的分析可以看出，贾谊对汉初政权的思考及对汉文帝的建议可谓是用心尽矣。贾谊一生虽然短暂，而真正在政坛上大展宏图的时间更是少之又少，但他却有显赫的政治思想。对此，王兴国称他为"西汉前期政治舞台上的一颗明亮的彗星"①。从《过秦论》到《论定制度兴礼乐疏》再到《论积贮疏》，我们能够清晰地看到，贾谊对汉文帝的所有策论无不基于儒家的仁义之道而发。在他的政治思想中，无不体现了以民为本、以天下为己任的担当精神。不仅如此，他对汉文帝的建议可谓言辞恳切，从中又可看出他真诚惨怛的忠臣之心。尽管如此，贾谊短暂的一生却充满了悲愿，他遭受排挤，出任长沙王太傅，及渡湘水，而有屈子之怀。也正是这种由天子近臣贬到千里之外的经历，使贾谊对生命有了更多的体悟，这集中体现在他的几篇赋作之中。贾谊一生虽然短暂，但是他的经历却是大一统政体形成后中国传统士大夫的一种人生写照。从太史公将他与屈子并传，经后世文人的诗喻，贾生意象已成为一种文化符号。

第一节 道之将行——真诚惨怛的忠臣

一 "质胜"时代的理性光芒

据《史记》记载，洛阳儒生贾谊，少年英才，"年十八，以能诵诗属书闻于郡中"②。这里的诵诗属书当然不是就为学的识记阶段而言，而是

---

① 王兴国:《贾谊评传》，南京大学出版社 1992 年版，第 11 页。
② 《史记·屈原贾生列传》（第八册）（卷八十四），第 2491 页。

指贾谊能够阐发诗书大意，甚至能够切于当下的时事风俗。可能正是由于贾谊不仅能够述说诗书，阐发宏论，而且可以验于当世，不失疏阔的才气得到了"治平为天下第一"时任河南守的吴公的赏识，并将其"召置门下，甚幸爱"。也正是这个契机，当吴公在文帝初年被征为廷尉后，才能向文帝举荐道："贾生年少，颇通诸子百家之书"。贾谊也因此被召为博士。① 当时贾谊年方二十出头，是最年轻的一位博士，但是他才华横溢、出类拔萃。"每诏令议下，诸老先生不能言，贾生尽为之对，人人各如其意所欲出。诸生于是乃以为能不及也。孝文帝说之，超迁，一岁中至太中大夫。"② 不仅如此，贾谊还试图对汉初的政治制度进行一番大刀阔斧的变革。"贾生以为汉兴至孝文二十余年，天下和洽，而固当改正朔，易服色，法制度，定官名，兴礼乐，乃悉草具其事仪法，色尚黄，数用五，为官名，悉更秦之法。"贾谊的这一番基于礼的想法与建议在汉初可谓闻所未闻、发所未发，"诸律令所更定，及列侯悉就国，其说皆自贾生发之。"③

那么贾谊能够如此迅速地展露锋芒的原因是什么呢？首先，贾谊自身的才气、"诵诗属书"的能力及得意少年跃跃欲试想要大展才华的心理是主观原因。其次，贾谊的这种经历除了有他自身的原因外，还受到了一些客观因素的促就。其中一个因素来自汉文帝。同贾谊一样，汉文帝当时也是二十出头，血气方刚，④ 当时群臣迎立文帝时也称其"贤圣仁孝，闻于天下"。如此一来，君臣二人，年龄相当，一者有"位"，一者有"才"，"位"需要"才"的辅助方能稳固，"才"需要"位"的支持方能显发，"位"和"才"通过贤圣仁孝之德而使年轻有为的君臣能够配合得更加默契。君仁臣忠这种理想架构必然会引发贤德之臣的大有为之举。⑤ 而从"天子议以为贾生任公卿之位"来看，贾谊的建议其实打动了文帝，如果

---

① 以上事迹俱载于《史记·屈原贾生列传》。根据《汉书·百官公卿表》："博士，秦官，掌通古今，秩比六百石，员多至数十人。"

② 《史记·屈原贾生列传》（第七册）（卷八十四），第2492页。

③ 同上。

④ 《汉书·文帝纪》注引臣瓒曰："帝年二十三即位，即位二十三年，寿四十六也。"

⑤ 牟宗三说："这两个少年（贾谊和文帝）代表了两个不同的性格，而能互相默契，亦可谓盛遇。"参见牟宗三《历史哲学》，广西师范大学出版社2007年版，第219页。

没有权臣的谤谏，那么这就是贾谊进一步施展才能的契机。最后，汉初奉行清静无为的治国思想，从"每诏令一下，诸老先生不能言"来看，诸老先生几乎对这种无为之弊缺乏基本的反思能力。而这种群臣无策的局面更加促就了诸说"皆自贾生发之"的可能。因此，汉初的无为政治是贾谊初试锋芒的另一客观因素。

如何理解贾谊的这种经历呢？牟宗三从历史哲学的视域出发，借用亚里士多德"形式"与"材质"的概念，指出汉初高祖集团是"材质"型人物，他们以力胜，以气质胜。"而在汉初唯一可以代表精神理想或理性，总之可以代表'形式'的，以贾生为第一人。"① 这种理解很有启发性，但用文、质概念更符合中国古代哲学的传统，② 也更适合牟氏对"事理"的"历史判断"的理论。③

用文、质概念来解释贾谊的经历要从汉初的"长者"政治切入。任用"长者"，是汉初基本的人才路线，汉初历任丞相皆长者，正是这种"长者"政治的反映。虽然先秦经籍描述的"长者"意指年长之人，如《礼记·曲礼》云："谋于长者，必操几杖以从之"，长者的特征有仁慈、宽厚、守信、谨慎、廉洁、无私、不贪诸端，但是汉初"长者"政治中的"长者"有其特有的内涵，那就是多质少文与信奉黄老。

关于"长者"多质少文的特征，《史记·高祖本纪》载刘邦语曰："周勃厚重少文"，又《绛侯周勃世家》云："勃为人木强敦厚……不好文学，每召诸生说士，东乡坐而责之：'趣为我语。'其椎少文如此。"《索

---

① 牟宗三：《历史哲学》，广西师范大学出版社 2007 年版，第 219 页。
② 西方哲学中的"形式"与"材质"概念与中国古代哲学中的文、质概念有根本的区别，"形式"与"材质"可用"精神"与"物质"来理解，而文、质概念则不能如此理解，就人性而言，孔子强调"质胜文则野，文胜质则史。文质彬彬，然后君子。""质"带有质朴、拙野的特色。汉儒将"质"理解为自然之资，如董仲舒云："生之自然之资，谓之性，性者质也。"刘向认为"质"是内，"文"是外，认为"君子虽有外文，必不离内质。"汉儒不仅用文、质概念来讨论人性，而且还将文、质概念与历史观结合起来以形成一种政治史观。如董仲舒云："王者之治，一商一夏，一质一文。"（《春秋繁露·三代改制质文》）又《白虎通·三正篇》云："王者必一质一文者何？所以承天地、顺阴阳。阳之道极，则阴道受，阴之道极，则阳道受，明二阴二阳不能相继也。质法天，文法地而已。故天为质，地受而化之，养而成之，故为文。"因此，无论是从人性论上而言，还是基于历史哲学的立场，文、质概念都更加能够说明问题。
③ 牟宗三认为历史哲学所依以可能的关键概念有三，其中两个是"事理如何可能""历史判断如何可能"。参见牟宗三《历史哲学》，广西师范大学出版社 2007 年版，旧序三。

引》曰:"其质朴之性,以斯推之,齐少文皆如此。"又据《张释之列传》载,释之问文帝曰:"绛侯周勃何如人也?"文帝答曰:"长者也。"又问:"东阳侯张相如何如人也?"复答曰:"长者。"虽然《史记》《汉书》对张相如都没有立传,但据张释之的判断,此人与周勃一样,"言事曾不能出口",亦是"木强敦厚""不好文学"之人。张相如正是和绛侯周勃一起弹劾贾谊的东阳侯。

关于"长者"信奉黄老的特征,《史记·乐毅列传》载黄老道家的师承关系道:"河上丈人教安期生,安期生教毛翕公,毛翕公教乐瑕公,乐瑕公教乐臣公,乐臣公教盖公。盖公教于齐高密、胶西,为曹相国师",又《史记·曹相国世家》载,曹参相齐,"其治要用黄老术",及为汉相,"择郡国吏木诎于文辞,重厚长者,即召除为丞相史。吏之言文刻深,欲务声名者,辄斥去之",又《田叔列传》载,田叔曾"学黄老术于乐巨公所"……"孝文帝既立,召田叔问之曰:'公知天下长者乎?'对曰:'臣何足以知之?'上曰:'公,长者也,宜知之'",又《汲郑列传》云:"郑庄……好黄老之言,其慕长者如恐不见",《日者列传》载卜者问司马季主,向贾谊、宋忠大谈"长者之道",曰:"君子处卑隐以辟众,自匿以辟伦,微见德顺以除群害,以明天性,助上养下,多其功利,不求尊誉",这显然是黄老道家之言。

有了这样一个背景,我们就可以给贾谊的经历、思想作出历史的定位。

一方面,与汉初"长者"偏"质"的特征相比,贾谊可谓"少而有文"。"长者"们凭借军功居于要职,但是他们对现实的政治缺乏反思的能力,因而养成了持重守成的习惯。而贾谊不同,他能"诵诗属书",拥有批判的武器,又能改制更法,拥有建设的能力,又加上少年人血气方刚、勇于突破,他既能够看到近忧,又能够顾及远虑。因此,牟宗三说道:

> 高祖集团是材质上的开国,而贾生则是精神或理想上的开国。故吾谓其为"开国之盛音、创建之灵魂、汉代之精神源泉也"。他是汉代的观念理想,总之汉代的心灵之开辟者。他之代表观念理想,也不像后来的经院式的博士,他无学究气;他之诵诗书,通晓百家言,好

像也并未经过经院式的研究。这点，你可以说他的学力不够深。他并未内在于学术思想方面做独立的研究、独立的发展。从学术方面讲，他不及后来的董仲舒之典实与富建构性。但是他比董仲舒活泼新鲜，具体而真切。他之通晓诸家书，好像是马上能握住其领导观念而顿时消化之于自己生命中而转为智慧。他能审时势，察事变，识大体，这是具体的智慧，即了解具体事变之智慧也。而他之了解又不是张良式的了解，而是儒家式的了解。他能以理导事，以超脱的理性心灵以鉴别时势、匡正时势，故常能提起而综合地建构地涌现观念理想以开治体之规模。故刘向谓其"通达国体，虽古之伊、管，未能远过也"。这绝非当时材质人物所能至。这是精神人格的事，不是材质人格的事。他是一个天才的理想家、政论家。①

所谓"汉代理想""汉代心灵"的开辟者，所谓"儒家式的了解"是指贾谊所代表的儒家王道理想，所代表的儒家士人的人格情操，以及由此理想及性情对社会的把握与认识。"儒家式的了解"就意味着"儒家式"的解决方式，即钱穆所云的"文治思想"。钱穆指出"西汉中央政府之文治思想，最先已有贾谊发起端。……尊礼大臣，阐扬文教，转移风俗，此诸点均针对当时病象，其议论渐渐从法律刑赏转到礼乐教化，此即由申、韩转到儒家。以后之复古更化，贾谊已开其先声。"② 而所谓的"精神人格"，正指出贾谊乃汉初儒家人格的代表，是仁道灌注下的人格体现。这种精神的人格一旦得到契机，就会散发一种精神的力量，贾谊就是汉初散发这种精神力量的人。牟子对贾子的评价甚为精到，故引以为论，以免续貂之辞。

另一方面，汉初的社会民生状况决定了无为之道的畅行，③ 这也决定

---

① 牟宗三：《历史哲学》，广西师范大学出版社 2007 年版，第 219—220 页。

② 钱穆：《国史大纲》，商务印书馆 1994 年版，第 143 页。

③ 据《汉书·食货志》载："汉兴，接秦之敝，诸侯并起，民失作业，而大饥馑。凡米石五千，人相食，死者过半。高祖乃令民得卖子，就食蜀汉。天下既定，民亡盖藏，自天子不能具醇驷，而将相或乘牛车。上于是约法省禁，轻田租，什五而税一，量吏禄，度官用，以赋于民。而山川园池市肆租税之人，自天子以至封君汤沐邑，皆各为私奉养，不领于天子之经费。漕转关东粟以给中都官，岁不过数十万石。"

了汉初执政的"长者"多是信奉黄老道家之学。自秦以来，先有法家独尊之势，以致有"焚书坑儒"，捐弃斯文之举，经有刘邦的不好儒，① 再有后来的文、景二帝及窦太后推尊黄老，② 期间儒学一直处于退隐状态。退隐并非完全地消失，而是处于潜龙勿用之势等候利见大人之机。从丽食其等一批儒者坚持分封制可以看出，当时至少有一批儒者仍在坚持儒家的理想。③ 陆贾犯颜直谏仁义守成之道正是儒学的一次声张，这也在一定程度上改变了刘邦对待儒生的态度。④ 贾谊逢遇文帝，畅所欲言，事君以仁义之道，可谓是儒学在汉初的最强音。除此之外，西汉初年有很多传播儒家思想、整理儒家著述的儒生。⑤ 可见，汉初的儒生，或立功，或立言，都从不同的侧面践行着儒家之道，⑥ 而贾谊在试图践行儒家之道的表现上最为激烈。他的那些针对汉初时势的建议完全是根据儒家精神而设定的，他这种强烈希望践行儒家之道的想法在一定程度上也反映了儒学在暗而不

① 据《史记·郦生陆贾列传》载："沛公不好儒，诸客冠儒冠来者，沛公辄解其冠，溲溺其中。与人言，常大骂。未可以儒生说也。"

② 据《汉书·扬雄传》赞曰："昔老聃著虚无之言两篇，薄仁义，非礼学，然后世好之者尚以为过于《五经》，自汉文、景之君及司马迁皆有是言。"

③ 据《史记·留侯世家》载丽食其向刘邦建言施行分封制以兼取项羽权力道："昔汤伐桀，封其后于杞。武王伐纣，封其后于宋。今秦失德弃义，侵伐诸侯社稷，灭六国之后，使无立锥之地。陛下诚能复立六国后世，毕已受印，此其君臣百姓必皆戴陛下之德，莫不向风慕义，愿为臣妾。德义已行，陛下南乡称霸，楚必敛衽而朝。"其实，在汉初儒者看来，分封制在某种意义上是儒家王道理想的一种表现形式。

④ 关于陆贾的学派归属，争论颇多。《四库全书总目提要》称其为"汉儒自董仲舒外，未有如是之醇正也"。徐复观称其为"汉初的启蒙思想家"。参见《两汉思想史》（卷二），台湾学生书局1987年版，第85页。李存山称其为"秦后第一儒"（《秦后第一儒——陆贾》，《孔子研究》1992年第3期）；胡适曾认为《新语》"仍是一种'杂家'之言"（胡适：《述陆贾思想》，载胡适编辑、蔡元培、王云五编辑《张菊生先生七十生日纪念论文集》，商务印书馆1938年版）；熊铁基则认为"《新语》是汉初新道家的代表作"（《秦汉新道家略论稿》，上海人民出版社1984年版，第69页）。笔者认为，《新语》之"新"就在于陆贾提出了"仁义之治"的观点，这显然是对攻取之术、严刑酷法的一种反叛，《新语》虽然也提到尧舜之王的无为而治，但是尧舜之王的无为而治与黄老道家的无为而治有着根本的区别。

⑤ 据《汉书·儒林传》载，《易》《书》《诗》在秦至文景时期一直在传播，其中的师承关系也能考证。

⑥ 秦汉儒生中还有一个颇受争议的儒生，那就是叔孙通。根据《汉书·郦陆朱刘叔孙传》的相关记载，叔氏基本属于枉道保身的一类，他猜摸刘邦的意图所制定的一系列礼仪，使刘邦有"吾乃今日知皇帝之贵也"的感叹。这虽然有察言观色、投机取巧的一面，但这可能也从一个侧面使刘邦改变对儒生及儒学的看法。

彰之际所酝积的践行仁道、济世救民的能量正蓄势待发。因此，贾谊的礼制构想可谓是当时儒生的一种普遍愿望，只是儒学所蕴积的能量由这位脱颖而出的少年才俊激荡出来而已。

二 事君以道、忠而忘身

贾谊对道的体认，一方面体现在他对儒家仁义之道的自信，这种自信不再是忧道之不能行，而是坚信道之必能行。这种自信的显豁，自然就是将此善道献之于君，贾谊极力地向文帝推献仁义之道正是践行他所说的"思善则献之于上，闻善则献之于上，知善则献之于上"（《新书·大政上》）的人臣之道。另一方面体现在他的忧君忧天下之心，即用他的生命世界践行儒家的人伦之道。贾谊的忧君忧天下之心通过三个方面体现出来：

第一，正道直言，不畏权臣。贾谊的忧君之心通过他的肺腑之言直陈出来："臣窃惟事势，可为痛惜者一，可为流涕者二，可为长太息者六。若其它倍理而伤道者，难遍以疏举。进言者皆曰'天下已安矣'，臣独曰：'未安'。或者曰'天下已治矣'，臣故曰'未治'。恐逆意触死罪，虽然，诚不安，诚不治，故不敢顾身，敢不昧死以闻。"（《新书·数宁》）痛惜、流涕、长太息，虽是忧愤之情的外溢，但是从其程度的不同可以推知，在贾谊看来，当时文帝面临的事势不仅有近忧而且有远患。面对这些近忧远患，朝廷的大臣都视而不见，或者其中的大臣根本就看不到其中的隐患，他们都异口同声称道："天下已安"。据载"及孝文即位，躬修玄默，劝趣农桑，减省租赋。而将相皆旧功臣，少文多质，惩恶亡秦之政，论议务在宽厚，耻言人之过失[1]。可见当时的朝廷上下可谓贪安现状，一团和气。正因为"将相皆旧臣"，他们是利益的既得者，[2] 一致安于现

---

[1] 《汉书·刑法志》（第四册）（卷二十三），第1097页。

[2] 说他们是利益的既得者，并非无稽之谈。据《风俗通义·正失篇》载："中垒校尉刘向对孝成帝曰：'太中大夫邓通以佞幸吮痈痔汁见爱，僭于至亲，赐以蜀郡铜山，令得铸钱。通私家之富侔于王者。封君又为微行，数幸通家。文帝代服衣罽，袭毡帽，骑骏马，从侍中近臣常侍期门武骑，猎渐台下，驰射狐兔雉刺彘。是时代诏贾山谏，以为不宜数从郡国贤良吏出游猎。重令此人负名不称其与。及太中大夫贾谊亦数陈止游猎。是时谊与邓通俱侍中同位，谊又恶通为人。数廷讥之，由是疏远，迁为长沙太傅。'"参见吴树平《风俗通义校释》，天津人民出版社1980年版，第74页。由此可见，邓通因佞，不仅富侔王者，而且甚得文帝喜欢。

状,坐享其成,所以他们不可能提出任何对自身不利的建议。又加之他们不仅对汉政权的建立立下汗马功劳,而且还有迎立文帝之功,因此这些旧臣之外的新臣畏于他们的功劳威势,也不敢对他们的行为、建议有所非议,这就是"耻言人之过失"的另一层含义。因此,这些"质胜于文"的元老重臣,构成了乱臣变动的威慑力量的同时也是兴建改制的障碍。从本书第三章可以看出,贾谊对汉初政权的内忧外患进行了精到的分析,因此,他不可能意识不到他的建议触及利益群体敏感的神经。从他"不敢顾身,敢不昧死以闻"的陈辞中也能看出,他意识到坦言直谏、揭示事实真相将要招致的不测后果。贾谊之所以在洞悉可能危及自身的情况下仍然义无反顾地谏言不止,当然不是为了加官晋爵,封侯拜相(虽然官相可能更有利于仁义之道的实施,但是不以其道得之,君子不齿焉),而是因为宁为君子儒,毋为小人儒的人格追求内在地驱使着良知呈现的儒者正道直行,以道事君,而拒斥那种为了一己之私,不惜蝇营狗苟的鄙陋之事。①

第二,议论切于时要,无蹈虚临空之言。之所以说贾谊是正道直行,以道事君,是因为他呈给文帝的疏奏不是信口开河,迎合君心的兴致使然,而是有理有据、深思熟虑的结果。他说:"臣谨稽之天地,验之往古,案之当时之务,日夜念此至孰也,独太息悲愤,非时敢忽也。虽使尧舜生而为陛下,何以易此? 为之有数,必万全无伤,臣敢以寸断。陛下幸试召大臣有识者使计之,有能以为不便天子、不利天下者,臣请死。"(《新书·数宁》)"稽之天地,验之往古",说明此道上彻下达,自古皆然,实乃不刊之论。"案之当时之务"说明此道通同古今,切于时务,不是高谈空旷之言。尧舜复生,不易此道,说明贾谊其实就是将尧舜仁圣之

---

① 也有人指出,贾谊这种"疏直激切,尽所欲言"的风格是由于汉去古未远的原因所致。如贾谊在《治安策》中,说文帝"生为明帝,没为明神,使顾成之庙,称为太宗,上配太祖,与天无极。"宋人真德秀评论"生为明帝,没为明神"时说:"汉去古未远,故人臣言事无所忌讳如此。"曾国藩在评论"使顾成之庙,称为太宗"时说:"此疏陈于文帝时,便谓文帝死后,庙号应称太宗,足见当时风俗近古。"贾谊的直言不讳与仗义直谏,固然与"汉去古未远"或"当时风俗近古"不无关系,但应该看到的是,同是文帝近臣,同是去古未远,有邓通的因媚得宠,有贾谊的敢谏敢言。因此,用"去古未远"的模糊之论来抹杀人物的个性是不妥的。况且,秦俗多忌讳的风气难道对汉初的大臣没有一点影响吗? 因此,贾谊的直言不讳的风格更多的是他以道事君的使命与刚直不阿的大无畏精神决定的。

道谏之于君。贾谊试图使文帝传召有见识的大臣审核他的建议，并以死相邀，足见他对道之可行的自信，如此苦心相谏，他的忠臣忧君之心跃然纸上。贾谊在文帝元年（前179年）上奏的《论定制度兴礼乐疏》、文帝二年上奏的《论积贮疏》，及在朝期间关于"列侯就国"的建议①等，都是他忠君之事、分君之忧的具体体现。不仅在朝廷意气风发之时如此，即使是被遣往长沙之后，贾谊也并没有因为见疏被贬而放弃分君之忧的臣道。在长沙生活的四年中，贾谊仍不忘关心国家大事，可谓是"位卑未敢忘忧国"。此间，他仍不断向文帝上疏，这主要表现在他向文帝提出"体貌大臣"的建议（《新书·阶级》）及反对文帝五年"除盗铸钱令，使民得以自铸"的《谏铸钱疏》。在牟宗三看来，贾谊的这些建议不仅能够解决当时的现实问题，而且很多还具有深远的历史文化意义。如他指出"反秦与法家而复华族传统之文化生命，乃西汉初年之普遍意识，而视为一大事，而由贾生开其始"。并指出贾谊的"移风易俗"即董仲舒的"复古更化"，是"本文化意识而言治体之大者"，这是一"崇高之心灵、综合之智慧"。又牟宗三指出贾谊的"体貌大臣"之论"为中国本其文化生命而表现于政治上之最有体统者"。②

第三，爱民、忧民——忠君之事，分君之忧。需要指出的是，贾谊的忠君之事、分君之忧并不是法家意义上的尊君抑臣、尊君抑民，即他不是把士民之事看作君王之事的对立面。相反，在贾谊，或者儒家的思想观念中，忠君之事就是要忠于民众，即所谓"吏以爱民为忠"（《新书·大政上》）。忧君之忧，也就是以天下为忧，忧天下苍生。因此，贾谊试图让文帝传召有见识的大臣审核他的建议时，他的标准是"便于天子，利于天下"，即在他看来，这两者是一而二，二而一的。从《新书·忧民》篇中可以看出，贾谊的忧君忧民之心并无二致。贾谊指出，民耕种三年土地可以结余一年的粮食，如此累积三十年，就能够有十年的积蓄。因此，大禹之时，遭遇九年洪水，商汤之时，逢有七年之旱，甚至出现野无青草的

---

① 据《史记》与《汉书》的记载，贾谊有关于"列侯就国"的疏奏，现已不存。根据《汉书·文帝纪》，贾谊的这个建议后被采纳："朕闻古者诸侯建国千余，各守其地，以时入贡，民不劳苦，上下欢欣，靡有违德。今列侯多居长安，邑远，吏卒给输费苦，而列侯亦无由教训其民。其令列侯之国，为吏及诏所止者，遣太子。"

② 牟宗三：《历史哲学》，广西师范大学出版社2007年版，第222—223页。

状况,在年景转好之后,需要一年后再耕种,那时人民面无饥色,道无乞讨,野无饿殍。因此,古时的圣王治理天下,要有丰厚的储备。根据王者之法,"国无九年之蓄谓之不足,无六年之蓄谓之急,无三年之蓄曰国非其国也"。而贾谊身处时代的情况是,"汉兴三十年矣,而天下逾屈,食至寡也",如果当年没有收获,则"富人不贷,贫民且饥;天时不收,请卖爵鬻子"。试想根据王者之法,如果一个国家没有三年的积蓄,就不能称为国,那么像汉朝这样甚至连一年的积蓄都没有的情况,应该如何评判呢?而一般的自然状况是"五岁小康①,十岁一凶,三十岁而已大康,盖曰大数也",面对这样一种大数,贾谊指出:"必须困至乃虑,穷至乃图,不亦晚乎",万一"不幸有方二三千里之旱,天下何以相救?"若此时外敌乘虚而入,岂不是雪上加霜?贾谊称:"窃伏念之,逾使人悲。"不仅是浸润于儒家仁义之道的人如此,大凡有恻隐之心者,念及于此,想到"兵旱相承,民填沟壑"的悲惨现象,怎能不痛惜流涕?而这一切都系于一人之身。面对这种情况,皇帝有不可推卸的责任,不能以国中无人作为推诿之辞,"所谓国无人者何谓也",也不能等到"魄然事困,乃惊而督下曰:'此天也,可奈何'",这种怨天尤人之举,不是忧民忧天下的君王所为。因此,贾谊指出要解决这种潜在的兵荒之患,"上弗自忧,将以谁偷"②,不仅要有此忧,而且要相时而作,"方今始秋,时可善为,陛下稍闲,可使臣谊从丞相、御史计之"。事实上,贾谊的这种忧虑并非庸人自扰。据《汉书·文帝纪》载:"九年春,大旱",而此时贾谊已经是长沙王太傅,他在《旱云赋》中不仅表达了对劳苦大众的悲悯之心,而且抒发了对在位者寡恩少义的不满之情。贾谊指出,这场大旱致使"农夫垂拱而无聊兮,释其锄耨而下泪。忧疆畔之遇害兮,痛皇天之靡惠"。百姓埋怨皇天不仁,是因为昊天"失精和之正理"才有此苦旱。而在贾谊看来,或者说在当时的儒家看来,天之失理是因为"政治失中而违节",而这种批判的标准就是唐虞三代之道。他说"独不闻唐虞之积烈兮,与三代之风气;时俗殊而不还兮,恐功久而坏败,何操行之不

---

① 康,《穀梁·襄公二十四年传》曰:"四谷不升谓康。"

② 俞樾曰:"偷,读为输。言上弗自忧,则此忧无可委输也。"参见阎振益、钟夏校注《〈新书〉校注》,中华书局 2000 年版,第 126 页注一五。

得兮，政治失中而违节"。根据王者之法，"古之为天下，诚有具也"，即只要诸事皆有防备，是可以应付水、旱天灾的。因此在某种意义上，天灾所导致的惨烈局面至少在一定程度上是由于当位者准备不足，甚至是毫无准备的结果，所以天灾也可以说是产生人祸的引线。当遭遇天灾之时，古时皇帝下罪己诏，反躬自省，时而收到良好的效果，这也从一个侧面说明了人力在一定程度上可以控制天灾带来的危害。因此，面对当时的旱情，贾谊只能是"怀愿心而不能已兮，窃托咎于在位"，正是在位者的失制失礼，气感于天，才有此旱。① 所以他希望朝廷上下能够像唐虞三代之时，"虽不能无水旱，君臣上下，相与敬戒，饬躬修政，是以召天地之和"②。

　　贾谊在《旱云赋》中说："遥望白云之蓬勃兮，滃澹澹而妄止"，即看着似乎是云朵叠积，山雨欲来，而其实只是一种虚妄的表象。这正如汉文帝一样，虽然他"专务以德化民""兴于礼义"，但其骨子里喜好黄老道家之学，而没有试图实施一系列改革的想法。《汉书·文帝纪》也说："（博士儒生）孝文时颇登用，然孝文本好刑名之言。"孝文帝的这种喜好决定了他不可能重用贾谊去施行一番大刀阔斧的改革，又加之朝廷元老忠臣绛、灌等人的排挤，他们毁短贾生道："洛阳之人，年少初学，专欲擅权，纷乱诸事"，所以"天子后亦疏之，不用其议，乃以贾生为长沙王太傅"③。用世俗的眼光去打量，贾谊是不幸的。但正如牟宗三说的："彼之使命已尽，任公卿与否无关也。于个人尊荣为不遇，而于时代精神上则已遇矣。"④ 贾谊为汉初"多质少文"的政治氛围打开了智慧之门，使仁义精神、王道理想开始透射进来，这是贾谊作为体道的生命个体在历史长河中留下的不可磨灭的印记。

---

　　① 据《春秋·考异邮》载："国大旱，冤狱结。旱者，阳气移，精不施，君上失制，奢淫僭差，气感于天，则旱征见。"
　　② 章樵关于唐虞三代的解释，参见阎振益、钟夏校注《〈新书〉校注》，中华书局2000年版，第450页注二八。
　　③ 《史记·屈原贾生列传》（第八册）（卷八十四），第2492页。
　　④ 牟宗三：《历史哲学》，广西师范大学出版社2007年版，第224页。

第二节　道之不行——体悟生命之道

从天子近臣到贬谪千里之外，从议论风发的朝廷议臣到"竢罪长沙"（《吊屈原赋》）的太傅，[①] 这中间的巨大落差使贾谊在洞悉现实的残酷、官场的诡谲的同时，也从这人世的沧桑中对生命有着进一步的体悟。这些体悟集中体现在《吊屈原赋》《鵩鸟赋》中。

一　品性高洁，异乎犬羊

贾谊在赴长沙王太傅途中，托湘水以敬悼屈子，作有脍炙人口的《吊屈原赋》。在赋中贾谊首先指出，屈子的"自湛汨罗"是因为"遭世罔极兮，乃陨厥身。乌乎哀哉兮，逢时不祥"。即当世缺乏中正之道，才导致了屈子之悲。贾谊可谓是借屈子酒杯以抒发胸中块垒，因此有时命不济之叹。"逢时不祥"指个体所禀受的天命与所遭逢的时运之间不相契合，二者的错位与分离使天命在具体的时间段中不能廓然大公地彰显，或者说天命被时命所遏制。但是在先秦儒家那里，天命被时命所限制，只是指在彼一段时间里，个体通过修己成性而通达的天命不能畅行于天地间，即一己之成性不能推扩以至于成物成人。但这并不影响受命者对个体德性生命的涵养，也不影响受命者虽受时命的阻遏但不放弃对天命的信念与理想。孔子云："君子无终食之间违仁，造次必于是，颠沛必于是。"（《论语·里仁》）孟子曰："古之人修其天爵而人爵从之。"（《孟子·告子上》）这都意味着孔孟圣人对天命的自信以及因对此天命的体贴而对内在德性生命的不懈培养，这种主体的内在自定不会因为造次颠沛的辛苦、人爵的引诱而动摇。内在德性的养成，上达天命，通达人我，可谓"万物皆备于我，乐莫大焉"（《孟子·尽心上》）。在这种意义上，贾谊闻知被贬时，"闻长沙卑湿，自以寿不得长，又以适（谪）去，意不自得"，[②]

---

① 长沙王吴姓是汉代的最后一个异姓诸侯王，之所以能够存在，是因为当时长沙王的国力、实力都不足以构成朝廷政权的威胁，并且也需要一个异姓王的符号来表明刘姓政权不忘功臣的意思。因此，长沙王其实是一个无关轻重的诸侯王，贾谊到此任太傅，基本上不会有任何作为。

② 《史记·屈原贾生列传》（第八册）（卷八十四），第 2492 页。

这种忧愁与孔孟先贤之忧显然相去甚远。孔孟先贤是君子之忧，忧道之不闻，忧道之不行，忧己之不能得道，不能上达天命，因此有"朝闻道，夕死可矣"（《论语·里仁》）的豁达心胸。这种忧完全是由于道的引发，是一种先验的道德之忧。这种先验的道德之忧在郭店楚简《五行》篇中有更加详备的论述，"君子亡中心之忧则无中心之智，亡中心之智则亡中心（之悦），亡中心（之悦则不）安，不安则不乐，不乐则亡德"，这种由忧而通往道德的和乐之境是先秦儒家内圣学的一个重要内容，并且可以说是作为一种文化基因存在着。① 所以，与先秦儒家相比，贾生之忧在境界上跌落了，或者说二者之忧有着根本的区别。当然孔孟等往圣先贤都曾有贾谊这种以道事君而不见用的遭遇，即贾谊所谓的"逢时不祥"的境遇，但由于先秦儒家对天命有着深刻的体察，因此不会囿于时命的泥淖而暗自神伤。孔子云："道之将行也与？命也。道之将废也与？命也。公伯寮其如命何。"（《论语·子路》）道命之于人，人能弘道，非道弘人，人能做的就是坚执道的信念，使这个信念不因道之行与废的影响而动摇、更改，更不会将道之行或者废归因于某一种外界的因素。也就是说道的流行显发，是因为天命使然，道的废置不用，也是因为天命使然，这并不是某个人能够左右的。因此，在天命的意义上，甚至根本没有时命的存在，因此也就不存在时之祥与不祥的问题。如此，道之行废与否，圣人都能够泰然处之，不会反思出这是因为受制于时命而后才能安泰。② 所以，这不是一种命定论，相反，恰是对命定论的超越。

虽然贾谊嗟叹"逢时不祥"，但是他并没有表现出命定论的悲观思想，而是揭示出在此不祥之时正义之士的生存状况："鸾凤伏窜兮，鸱鸮翱翔。阘茸尊显兮，谗谀得志；贤圣逆曳兮，方正倒植。谓随夷溷兮，谓跖蹻廉；莫邪为钝兮，铅刀为铦……斡弃周鼎，宝康瓠兮"（《吊屈原赋》）。在这种黄钟毁弃瓦釜雷鸣的是非颠倒、黑白混淆之时，贤圣之士的刚正清廉反而被奸邪之徒的阿谀奉承所淹没。在这种情况下，正义之士

---

① 徐复观指出这种对道的忧患乃是人类精神对事物发生责任感的表现，也即是精神上的自觉，实际上是人文理性的觉醒。参见徐复观《中国人性论史·先秦卷》，上海三联书店 2001 年版，第18—22页。

② 朱熹对此的解释是："圣人于利害之际，则不待决于命而后泰然也。"见《四书章句集注》，中华书局 1983 年版，第 158 页。

的忠言良谋不仅不能被采纳，反而忠良会莫名其妙地遭受排挤，以至于流离他乡。贾谊称"于嗟默默，生之无故兮"，就是指出屈原如果能够缄默不语，随波逐流，就不至于招来忠而被谤之祸。这显然是贾谊借屈原的际遇来抒发自己的悲愤之情。虽然悲愤若此，但贾谊并没有因此而自怨自艾，也没有因此而动摇对道的信念。相反，他认为正义之士之所以逢时不祥，不是因为正义本身出了问题，而是因为正义之士怀道据德，志存高远，不会因为俗世的利益而与世同浊，更不会让道德本体屈从于现实遭遇。因此，在道之不行之时，有道君子不会枉道而行，只会坚持道的理想，畅游在道的悠悠高远之境。贾谊借屈子的遭遇抒发的正是得道君子品性高洁、悠游高远的心境，他说:

> 凤缥缥其高逝兮，夫固自引而远去。袭九渊之神龙兮，沕深潜以自珍；偭蟂獭以隐处兮，夫岂从虾与蟥？所贵圣之神德兮，远浊世而自藏。使麒麟可系而羁兮，岂云异乎犬羊？……历九州岛而相其君兮，可必怀此都也？……彼寻常之污渎兮，岂容吞舟之鱼！横江湖之鳣鲸兮，固将制于蝼蚁。(《吊屈原赋》)

贾谊指出，像屈子这样品性高洁之士就应该像凤翔高远、龙潜深渊一样，应该有适宜自己的栖息之所，纵横于江海的吞舟之鱼岂能在浅滩污渎中悠游？这与庄子在《逍遥游》中说的"覆杯水于坳堂之上，则芥为之舟，置杯焉则胶，水浅而舟大也"是一个道理。有道君子不仅要有适宜的悠游之境，而且也要有与自己品性相似的友伴。就好像潜龙如果与虾、蟥为伴，则难免出现搁置浅滩、受制于蝼蚁的困境。孔子云:"无友不如己者"(《论语·学而》)，即要求仁义君子要自藏其德，不与污浊的世道、奸佞的小人同流合污。因此，贾谊说，麒麟之所以与犬羊不同，就在于它自觉高贵，不会屈从、受制于流俗的羁绊。当然，这种自觉高贵，不在于自觉其形貌的高贵，而在于对内在德性的自信与确认。不过，贾谊在此并不赞同屈原在"遭世罔极"时"自湛汨罗"的做法，因为他说"历九州而相其君兮，何必怀此都也"，即贾谊认为屈原既然知道举世皆浊，就应该遍历九州，择贤君而以道事之，大可不必因为思怀一都而致殒身坠命。需要指出的是，贾谊的这种评价是在大一统的政治背景下发出的，贾谊之时谓"历九州"与屈原时代的去父母之邦而"历九州"在政治意义上有很大的不同。不过，贾谊的这种思想无疑与孔子"邦有道，不废。邦无道，免于刑戮"① 所要表达的思想是一致的，有道君子内修德性，上达天命，能行则行，能止则止，能速则速，能迟则迟，有杀身以成仁，舍生以取义，但不会因为道之不见用而自瘝其身。孔孟先圣载道而行，去父母之邦，颠沛流离，但并没有因此而有轻生念死的想法。这当然是孔孟圣达洞彻天命的自然结果。道的表现形式不一而足，体道君子，执中达权，不囿于一隅，相君为政虽然是更为直接的行道路径，但并不是唯一的路径。道之不能行于当世，并不意味着道就此而废止，体道君子也不能因为道的暂时不能行而放弃载道之身。相反，在道之不行之时，有道君子能够通过对大道变化流行的体察而展现生命之道。

二　"天不可与虑，道不可与谋"的生命哲学

在《吊屈原赋》中，贾谊虽然表达出了品性高洁、自引高远的精神追求，但是当时毕竟是在贬谪途中，其中依然洋溢着愤世嫉俗的情绪。当贾谊在任长沙王太傅后，经过一段时间的沉潜，他对生命有了更加深刻的觉解。这主要体现在他的另一篇著名的赋作——《鵩鸟赋》中。《鵩鸟赋》有着特殊的写作背景。在贾谊任长沙王太傅第三年的一个夏日，有一种叫鵩的怪鸟飞入窗来，因为鵩鸟来栖是一种怪异的事情，所以贾谊就"发书占之，谶言其度"，占卜的结果是"野鸟入室，主人将去"，即鵩鸟的到来预示着屋室的主人即将逝去。面对这大限之期，贾谊不禁进一步追问鵩鸟："余去何之？吉乎告我，凶言其灾；淹速之度，语余余期。"贾谊的追问用现代的语言去表达有三层含义，即人死之后将归于何处？吉凶祸福是怎样一回事？人应该如何对待生死？贾谊的《鵩鸟赋》正是有感于这三个与人的生命密切相关的哲学问题而发。

第一，关于人死之后将归于何处的问题，贾谊回答道："万物变化，固无休息。斡流而迁，或推而还。形气转续，变化而嬗。沕穆亡间，胡可胜言！"（《鵩鸟赋》）天地间的万物都处于永不停息的变化

---

① 《论语·公冶长》。

过程之中，这就如同旋涡的转动一样，虽然向前不断地推进，但也是往返回复地运动。万物的变化，并不意味着万物的消亡，而只是天地之气在不同形体之间的转变，因此这种变化其实就是物与物之间的禅代，其区别也仅仅是形貌的不同，就其本然状态而言，并没有发生任何改变。在贾谊看来，万物之间这种变与不变的道理极其深微，言语是不能够尽数呈现的。在这个意义上，人死之后，其形体复归为气，因此，人的死亡只是人的个体形貌转化为另一物体。贾谊这种以气为天地万物扭转的媒介促使万物相互禅代的思想无疑来源于先秦道家思想，尤其是受到了庄子思想的影响。[①] 庄子认为："人之生，气之聚也，聚则为生，散则为死。若死生为徒，吾又何患？故万物一也，是其所美者为神奇，其所恶者为臭腐，臭腐复化为神奇，神奇复化为臭腐。故曰通天下一气耳。"[②] 究其根本，天地万物只是一气，生而为人，只是气的抟聚，而人的死亡也只是气的弥散。因此，就气而言，只有聚散两种不同的状态，而无所谓生死的截然分别。在"通天下一气耳"的意义上，人之生，始于气，人之死，归于气。从贾谊的相关文本中可以看出，他正是在气化的基础上探讨生命之道。贾谊虽然没有像庄子那样直接提出"人之生，气之聚也，聚则为生，散则为死"的哲学命题，但是他的"形气转续，变化而嬗"的思想无疑继承了庄子提出的"万物皆种也，以不同形相禅"[③] 的观点。虽然万物之间变化相代，但是推原至气的层面则又是一，所以说是"始卒若环，莫得其伦"，即起点与终点就如同圆环上的点，相续相继，忽始忽终，因而也很难把握其中的奥妙道理，贾谊谓"斡流而迁，或推而还……汩

[①] 在中国古代哲学中，气的观念至少在西周末年就已出现。据《国语》记载，周幽王二年，伯阳父解释地震的原因说："夫天地之气，不失其序。若过其序，民乱之也。阳伏而不能出，阴迫而不能蒸，于是有地震。"又《左传·昭公元年》载医和的话道："天有六气……六气曰阴阳风雨晦明也。"此后孟子讲浩然之气，说："气，体之充也。"（《孟子·公孙丑上》）虽然气的观念产生较早，但是将气作为天地万物变化的媒介，而指出天地万物都是一气的哲学家当属庄子。

[②] 《庄子·知北游》。

[③] 《庄子·寓言》。

穆亡间，胡可胜言”与此是同一个道理。①

第二，关于吉凶祸福的问题，贾谊说道：

> 祸兮福所倚，福兮祸所伏；忧喜聚门，吉凶同域。彼吴强大，夫差以败；越栖会稽，句践伯世。斯游遂成，卒被五刑；傅说胥靡，乃相武丁。夫祸之与福，何异纠缦！命不可说，孰知其极？水激则旱，矢激则远。万物回薄，震荡相转。云蒸雨降，纠错相纷。大钧播物，坱轧无垠。天不可与虑，道不可与谋。迟速有命，乌识其时。（《鹏鸟赋》）

人生在世，吉凶祸福相伴。世人无不希望迎吉纳福、远凶避祸，也因此而有相应的思虑与举措以希望达到这一目的。在贾谊看来，世人的思虑与举措都是建立在吉与凶、福与祸的绝对对待关系之上的，而殊不知吉与凶、祸与福之间是相互倚伏，可以互相转化的。《老子》第五十八章云：“祸兮，福之所倚；福兮，祸之所伏。”贾谊关于吉凶祸福的观点显然是直承老子的思想。福依傍于祸，祸潜伏于福，祸福相生。喜忧吉凶并没有严格的分畛，而是处于同一界域。这与荀子所谓：“庆者在堂，吊者在闾”②的观点一样，都是表达了祸福相因、吉凶不定的思想。这就如同昔时吴国国富兵强，而最终吴王夫差败死，越王勾践为逃避吴国的追杀避难于会稽山，而最终成为霸主一样。贾谊指出，祸福、吉凶之间的这种相互依存与转捩的关系就如同纠缦（绳索）一样纠缠难分、互为表里。因此，就其所呈现的表象而言，祸与福、吉与凶是截然对待的，而深究其理，则二者之间又存在着相互转化的因素与契机。在这种意义上，一时之祸福只是人的生命进程中暂时所呈现出的状态，没

---

① 我们可以通过《庄子·至乐》关于生死的论述来进一步说明人死之后将归于何处的问题。《至乐》曰：“庄子妻死，惠子吊之。庄子则方箕踞鼓盆而歌。惠子曰：‘与人居长子，老身死，不哭亦足矣。又鼓盆而歌，不亦甚乎？’庄子曰：‘不然。是其始死也，我独何能无概然，察其始而本无生，非徒无生也，而本无形，非徒无形也，而本无气。杂乎芒芴之间，变而有气，气变而有形，形变而有生，今又变而之死，是相与为春秋冬夏四时行也。人且偃然寝于巨室，而我噭噭然随而哭之，自以为不通乎命，故止也。’”也正是在无生、无形，甚至无气的意义上，庄子说：“未尝死未尝生也……万物皆出于机，皆入于机。”

② 《荀子·大略》。

有绝对的祸，也没有绝对的福。因此，祸与福、吉与凶是不可期许的、不可预测的，因而也就不能刻意地去索取与躲避。作为修养的主体，人只能通过修心养性，令己我之内在坚定不拔，面对福的到来，没有必要喜不自胜，面对祸的临头，也没有必要忧难自禁。需要指出的是，贾谊这种祸福相生、吉凶难定的思想是他的"形气转续，变化而嬗"的气化观的自然延伸。所谓"万物回薄，震荡相转"，即万物之间相互往复迫击，从而彼此相互转化禅代。在"通天下一气"的哲学视域下，一切具体之物都是偶然的、暂时的，不同形体、不同物体之间不仅可以实现转化，而且必然要发生转化。因此，由此气化流行所开显出的吉凶祸福等人生状态也必然是暂时的、偶然的。就其客观性而言，吉凶祸福也是由于天地之气难以捉摸的聚散运动形成的；就其主观性而言，面对这难以忖度的吉凶祸福，个人主体要保持内在的坚定，不为外物所扰。贾谊说"命不可说，孰知其极"，即是有感于吉凶祸福的偶然不定性而发。"孰知其极"，正是老子反思出祸福相因相生后，而感慨人之不能把握祸福轮环的终极之时。在先秦道家哲学中，老子极少讨论命的问题，而庄子对命则有较多的论述。如《大宗师》道:"死生，命也，其有旦夜之常，天也"，庄子指出死生有命，就如同天有昼夜之常，这是就命之必然性而言。《庄子·德充符》说:"游于羿之彀中，中央者，中地也，然而不中者，命也"，这是就命之偶然性而言。《庄子·达生》谓:"不知吾所以然而然，命也"，指出命的不可预知性。《庄子·秋水》称:"我讳穷久矣，而不免，命也；求通久矣，而不得，时也"，说明命是不可强求的。贾谊论"命不可说，孰知其极"显然是受到了庄子的影响。人生在世，必然有生死，也就必然有命的存在，但是命所呈现的吉凶祸福等形态又是偶然不定的，因此世人又难以把握命的所以然，既然不能把握命的所以然，也就没有必要费尽心思去为之谋虑。因此，贾谊说:"天不可与虑，道不可与谋，迟速有命，乌识其时。"这与《庄子·大宗师》所云:"天无私覆，地无私载，天地岂私贫我哉？求其为之者而不得也。然而至此极者，命也夫"，以及由此而在《庄子·人间世》中表达出的"知其不可奈何而安之若命"是一个道理。需要指出的是，贾谊有感于祸福相生、吉凶相伴的生命现象的偶然性而发出"命不可说，孰知其极"之叹，继而反思出"天不可与虑，道不可与谋"的哲学观念，这更多的还是人对于生命现象的一种反思性的知识。而问题在于，如何将这种对生命的知识，乃至对天地万物，以及对道的知识转化为生命的智慧以对生命有更高的觉解，从而提升生命的境界？这就转入了贾谊在《鹏鸟赋》中所要表达的第三个问题。①

第三，关于如何对待生死的问题。贾谊说道：

> 且夫天地为炉，造化为工，阴阳为炭，万物为铜。合散消息，安有常则？千变万化，未始有极。忽然为人，何足控抟，化为异物，又何足患！小智自私，贱彼贵我；达人大观，物亡不可。贪夫徇财，烈士徇名；夸者死权，品庶每生。怵迫之徒，或趋西东；大人不曲，意变齐同。愚士系俗，僒若囚拘；至人遗物，独与道俱。众人惑惑，好恶积意；真人恬淡，独与道俱。释智遗形，超然自丧；寥廓忽荒，与道翱翔。乘流则逝，得坎则止；纵躯委命，不私于己。其生兮若浮，其死兮若休。澹乎若深渊之靓，泛乎若不系之舟。不以生故自保，养空而浮。德人无累，知命不忧。细故蒂芥，何足以疑！（《鹏鸟赋》）

可以看出，首先，贾谊指出天地造化、一气之聚散"恶乎往而不可"②，道之流行是没有规则可言的，这就彻底否定了人们殚精竭虑地寻觅生命规则的努力。"千变万化，未始有极。忽然为人，何足控抟，化为异物，又何足患"，这显然是从庄子的思想化来的。《庄子·大宗师》道："若人之形者，万化而未始有极也。"即人形只是气化流行中的一种偶然遭遇，在道的视域下，人形与其他物形一样都不能穷尽万千变化。既然与其他物形相比，人形并没有什么高超之处，那么人们也就没有必要因为获得了人的形体而沾沾自喜。既然其他物形并不比人形低劣，那么即使人形消散转化为其他物形，也没有必要因此而忧患不堪。其次，贾谊指出人们之所以会好生怕死，是因为人们自贵而贱人的小聪明导致的，而在达人的

① 《文心雕龙·诠赋》说："贾谊《鹏鸟》，致辨于情理"，意思是说《鹏鸟赋》是贾谊致力于情感与哲理的思辨。这种思辨中蕴含着深刻的生命哲学思想。
② 《庄子·大宗师》云："今一以天地为大炉，以造化为大冶，恶乎往而不可哉？"这里贾谊的思想无疑直接来源于《庄子》。

视域中，"无物不然，无物不可"①，彼此没有高低贵贱之分。贪财之辈以身徇财，忠烈之士以身徇名，夸者死于权力，品庶大众唯独贪生，众人追求各异，也因此而患得患失。而与天地合其德的大人，则不曲私己身，只与变化齐同。那些所谓的聪明人，其实恰是愚蠢之人，因为他们被世俗中所谓的荣宠显达、名利富贵所囚禁而不自知，反而汲汲追求这些束缚人的生命自然展开的外在之物，"茶然疲役而不知其所归"②。而不离于真的至人③，能够捐弃这些世俗的物累，而与道俱行。正因为众人惑于荣利，才会心中积满好恶，从而扰乱心神的安宁。而得天地之道的真人虚静恬淡，静漠无为，不知悦生，不知恶死，从而能够绝去人事，与道同在。最后，贾谊指出要达到达人、大人、至人、真人与道同在的境界，就要摒弃世俗的小聪明，超然于形骸之外，即通过庄子所谓"堕肢体，黜聪明，离形去知，同于大道"④ 的"坐忘"之法以"与道翱翔"。一切听任自然，无心于行止，视己之生命与万物齐同，而不自贵自爱。洞悉了这些，生就是将此躯体浮寄于天地之间，死而休息。通过对生命之道的这样一番反思，贾谊针对鵩鸟来栖这一事件说道："不以生故自保，养空而浮。德人无累，知命不忧。细故蒂芥，何足以疑。"即体道之人，"但养空性而心若浮舟"，⑤ 不会殚精竭虑以求生；得道之士，上德之人，"居无思，行无虑"⑥，无累于物，"乐天知命，故不忧"⑦，如此一来，像"野鸟入室，主人将去"就是小事一桩，而不足以扰乱其心了，因此也就没有那么多关于吉凶祸福生死的疑问了。在这种意义上，贾谊是通过对道的体认而对人的生命有了更高层次的觉解，与其说他是宿命论者⑧，或者他屈服

---

① 《庄子·齐物论》。

② 同上。

③ 据《庄子·天下》，"不离于宗，谓之天人。不离于精，谓之神人。不离于真，谓之至人"。

④ 《庄子·人间世》。

⑤ 参见阎振益、钟夏校注《〈新书〉校注》，中华书局 2000 年版，第 436 页注五〇。

⑥ 《庄子·天地》。

⑦ 《周易·系辞上》。

⑧ 侯外庐评价贾谊《鵩鸟赋》的思想道："万物皆种，以不同形禅的相对变化思想，有些辞句引老子、鹖冠子文，申叙老庄是非吉凶相对之义，归纳到庄子的宿命哲学。"载《中国思想通史》（第二卷），人民出版社 1957 年版，第 65 页。

于命运①，毋宁说他是用道的智慧观照生命。

第三节　文以载道与不遇现象

在《旱云赋》中，贾谊表达了忧民于水火的赤子之诚。通过《吊屈原赋》，贾谊表达出"使麒麟可系而羁兮，岂云异乎犬羊"的思想，相对于屈原自投汨罗的轻生之举，他更倾向于孔子"能行则行，能止则止，能速则速，能迟则迟"的释怀。在《鵩鸟赋》中，他通过对生命有关问题的不断追问，而解除了面对死亡的苦恼。可见，贾赋虽然文字极尽铺陈之美，但在文字背后却蕴藏着"道"的精神。贾谊的一生虽然短暂，但是他因敏锐的政治洞察力，源源不竭的文学才思，以及年少有为得以超迁提拔，继而贬谪千里之外的人生经历所谱写的盛世悲音在历史的天空中回荡不绝。可以说，在贾谊身后的每一朝代，都存在着与贾谊经历相似的士人，贾谊现象在历史的舞台上不断地上演，贾谊也因此而成为后世思想家、文学家思想迸发的诱因。

一　文以载道：纽之王教，本乎劝诫

关于贾谊的辞赋，扬雄评价道："如孔氏之门人用赋也，则贾谊升堂，相如入其室矣。如其不用何？"② 意思是说，如果儒家的学说是"以赋为教"的话，那么贾谊与司马相如的作赋水平可谓是升堂入室了，而问题是赋并不是孔门学说的文字载体，因此在扬雄看来，贾谊、相如的辞赋就难入大雅之堂了。扬雄把《诗经》作为评判的标准，他说："诗人之赋丽以则，辞人之赋丽以淫"③。"则"，就是文以载道，"陈威仪，布法则"。"淫"是指言辞敷陈铺张，过度浮华，"奢侈相胜，靡丽相越，不归于正"④。可以看出，扬雄将赋分为诗赋与辞赋，其中"丽以则"的诗赋

---

① 金春峰认为贾谊"面对自己坎坷的命运和政治上的挫折，陷入了严重的悲观消极状态。……对生死固然置之度外，对自己曾经珍惜的事业，也一概视若浮尘。……在命运的压力面前疲惫、悲观，完全屈服了。"载《汉代思想史》，中国社会科学出版社1987年版，第106页。

② 《法言·吾子》。

③ 同上。

④ （清）汪荣宝：《法言义疏》（上），中华书局1987年版，第49页。

与"乐而不淫，哀而不伤"以及"思无邪"的儒家诗教传统更相契合。
这里，扬雄关于诗赋与辞赋的区分已经暗示了赋的发展演变过程，即由
"丽以则"的诗赋转变为"丽以淫"的辞赋。这种区分，晋人挚虞在其
《文章流别论》中有更加清楚的辨析:

> 古之作诗者，发乎情，止乎礼义。情之发，因辞以形之;礼义之
> 指，须事以明之。故有赋焉，所以假象尽辞，敷陈其志。古诗之赋，
> 以情义为主，以事类为佐;今之赋，以事形为本，以义正为助。情义
> 为主，则言省而文有例矣;事形为本，则言富而辞无常。文之烦省，
> 辞之险易，盖由于此。夫假象过大，则与类相违;逸辞过壮，则与事
> 相违;辩言过理，则与义相失;丽靡过美，则与情相悖;此四者，所
> 以背大体而害政教。是以司马迁割相如之浮说，扬雄疾辞人之赋丽
> 以淫。①

从挚虞的辨析可以看出，"丽以则"的古诗之赋是以情义为主，止于
礼义，这正是扬雄所要倡导的。而"丽以淫"的今之赋则以言辞事形为
本，以义正为辅，可谓是"背大体而害政教"，所以扬雄对此不以为然，
认为这是雕虫小技，不足以登大雅之堂。②扬雄年少居蜀之时，认为"赋
莫深于《离骚》"而"辞莫丽于相如"，因此在赋的创作风格上极力模仿
司马相如。③扬雄也因此而能够离开蜀地进入京师。④然而扬雄为何要贬
低他得以晋升的赋呢?这是因为在扬雄看来，赋的本义是为了讽谏、讽喻
而发，而现实的状况却是，在更多的情况下赋不仅没有达到讽的目的，相

---

① (唐)欧阳询:《艺文类聚》(卷五十六《杂文部》二"赋")，中华书局 1982 年版，第
1018 页。

② 《法言·吾子》载道:"或问:'吾子少而好赋。'曰:'然。童子雕虫篆刻。'俄而，曰:
'壮夫不为也。'"

③ 《汉书·扬雄传》载:"先是时，蜀有司马相如，作赋甚弘丽温雅，雄心壮之，每作赋，
常拟之以为式。"

④ 据载"雄始能草文，先作《邸铭》、《王佴颂》、《阶闼铭》及《成都城四隅铭》。蜀人
有杨庄者为郎，诵之于成帝，成帝好之，以为似相如，雄遂以此得外见。"参见钱绎《方言笺
疏》，上海古籍出版社 1984 年版，第 827 页。

反却成了所讽现象的帮凶。① 尽管赋有"劝而不止"的弊端，但赋之讽的特性是不可否认的，而讽的目的就是使社会现象"归之于正"。因此，司马迁认为司马相如的赋与《春秋》《易》《大雅》《小雅》一样，"言虽外殊，其合德一也"，"虽多虚辞滥说，然其要归引之节俭，此与《诗》之风谏何异"②，所以他在立传时只是"割其浮说"，并非全盘否定。

通过上述分析，可以推知扬雄对贾、马之赋的评价如果是针对辞人之赋极尽其铺陈之事的流弊而言，则是十分必要的，而如果因此而否定汉赋的道义精神，那么就有失允当。也正是在后一种意义上，朱熹批驳扬雄道："谊有经世之才，文章盖其余事，其奇伟卓绝，亦非司马相如辈所能仿佛。而扬雄之论，常高彼而下此，韩愈亦以马、扬厕于孟子、屈原之列，而无一言以及谊，余皆不能识其何说也。"③ 在朱子看来，不仅扬雄对贾赋的批评是不合理的，而且贾谊经世才华，旁及辞赋，这远非司马相如所能及，因此也不能将二者相提并论。朱熹对贾赋的辩护不无道理。根据班固的观点，赋的产生是由于学《诗》之士散落民间，贤人不得志的原因造成的，荀子、屈原作赋以讽，仍有古诗之义，而后来的司马相如等人的赋已经没有讽喻的意思。④ 贾赋正是秉承屈赋遗风，其间不乏讽怨之义。⑤ 其实，早在朱子以前，皇甫谧、沈约等已经肯定了贾谊的辞赋是载道之作。皇甫谧指出贾谊的赋"节之以礼"，属于"昔之为文者，非苟尚

---

① 《汉书·扬雄传》载道："雄以为赋者，将以风也，必推类而言，极丽靡之辞，闳侈钜衍，竞于使人不能加也，既乃归之于正，然览者已过矣。往时武帝好神仙，相如上《大人赋》，欲以风，帝反缥缥有陵云之志。由是言之，赋劝而不止，明矣。又颇似俳优淳于髡、优孟之徒，非法度所存，贤人君子诗赋之正也，于是辍不复为。"又《法言·吾子》载道："或曰：'赋可以讽乎？'曰：'讽乎！讽则已，不已，吾恐不免于劝也'。"又"或曰：'女有色，书亦有色乎？'曰：'有。女恶华丹之乱窈窕也，书恶淫辞之淈法度也'。"这些都可以看出扬雄对早年所作辞赋的反思。

② 《史记·司马相如列传》（第九册）（卷一百一十七），第3073页。

③ （宋）朱熹：《楚辞集注》，上海古籍出版社2001年版，第154—155页。

④ 《汉书·艺文志》载："春秋之后，周道浸坏，聘问歌咏不行于列国，学《诗》之士逸在布衣，而贤人失志之赋作矣。大儒孙卿及楚臣屈原离谗忧国，皆作赋以风，咸有恻隐古诗之义。其后宋玉、唐勒、汉兴枚乘、司马相如，下及扬子云，竞为侈丽闳衍之词，没其风谕之义。"

⑤ （清）程廷祚说："贾生以命世之器，不竟其用，故其见于文也，声多类骚，有屈氏之遗风，若其雄伟卓革冠于一代矣。"参见程廷祚《骚赋论中》（卷三），载《青溪文集》，东山草堂藏版。（晋）挚虞在《文章流别论》也说："楚辞之赋，赋之善者也。……贾谊之作则屈原铸也。"载（唐）欧阳询：《艺文类聚》（卷五十六）《杂文部·二"赋"》，中华书局1982年版，第1018页。

辞而已，将以纽之王教，本乎劝戒也"的一类，其颇能矫"宋玉之徒，淫文放发，言过其实"之弊，① 沈约也称赞贾赋道:"英辞润金石，高义薄云天"②。可以看出，贾赋不是为了追求富丽堂皇的华辞丽藻，不是为了供人娱乐的文字游戏，而是其中有礼、有义。因此，贾赋中所表现出的批判现实的反思精神、忠君爱国的忠义精神、关心民瘼的民本精神其实就是对《诗经》《离骚》传统的继承。③

需要进一步说明的是，虽然追求文辞的华丽、对仗的工整导致孟子所谓"以辞害志"的弊端，但是对文辞的适度追求也是"文质彬彬"在文辞要求上的应有之义。根据刘勰的观点，文辞的对仗优美其实是圣人顺乎人情的自然流露。④ 扬雄关于诗人之赋与辞人之赋的区分，就是意图将赋引至"丽以则"的轨道上来，所谓"丽以则"就是孔子主张的"文质彬彬"的君子大雅之言。⑤ 正是基于"文质彬彬"的原则，扬雄反对文过于

---

　① （晋）皇甫谧:《三都赋序》，载（梁）萧统编《文选》（第五册），上海古籍出版社1986年版，第2039页。

　② （梁）沈约:《宋书·谢灵运传论》，中华书局1974年版，第1778页。

　③ 关于赋与诗的关系，班固在《两都赋序》中明确指出:"赋者，古诗之流也"。参见（梁）萧统:《文选》，上海古籍出版社1986年版，第1页。刘勰在《文心雕龙·诠赋》也指出"然则赋也者，受命于诗人，而拓字于《楚辞》也。……秦世不文，颇有杂赋。汉初词人，循流而作:陆贾扣其端，贾谊振其绪，枚、马播其风，王、扬聘其势……"，意思是说赋是脱胎于《诗》《骚》，其中虽然有形式的不同，但此形式是载道的形式。又《文心雕龙·辨骚》说道:"名儒辞赋，莫不拟其仪表，所谓'金相玉质，百世无匹'者也。及汉宣嗟叹，以为皆合经术，扬雄讽味，亦言体同《诗·雅》"，也就是说屈原之后的名家辞赋，都模拟屈原作品的形式，汉宣帝赞叹《楚辞》与经书相合，扬雄也认为楚辞的体制与《诗经》中的《雅》诗相同。据刘勰的辨析，《楚辞》虽是《诗经》的变体，但是其中仍有合于经道的传统。虽然，刘氏认为"自《九怀》以下，……枚、贾追风以入丽"，即《楚辞》中《九怀》以下的汉代作品，都追随屈原的足迹，其中枚乘、贾谊追随其后而趋向华丽的风格，但是从贾谊的几篇赋中，我们可以看到隐藏在华丽文辞背后的道义精神。

　④ 《文心雕龙·丽辞》谓:"造化赋形，肢体必双，神理为用，事不孤立。夫心生文辞，运裁百虑高下相须，自然成对。唐虞之世，辞未及文，而皋陶赞云:'罪疑惟轻，功疑惟重。'益陈谟云:'满招损，谦受益。'岂营丽辞?率然对尔。《易》之《文》《系》，圣人之妙思也。序《干》四德，则句句相衔;龙虎类感，则字字相俪;乾坤易简，则婉转相承;日月往来，则隔行悬合:虽句字或殊，而偶意一也。至于诗人偶章，大夫联辞，奇偶适变，不劳经营。"

　⑤ 《法言·吾子》道:"好书而不要诸仲尼，书肆也。好说而不要诸仲尼，说铃也。君子言也无择，听也无淫。择则乱，淫则辟。"

质，或者有质无文，而主张辞事相称，言由心生。① 因此，在合理地表达出义理的基础上，进一步追求文辞的优美，做到"天然去雕饰"，也可以说是孔门四教之一。② 而问题是，正如朱熹所说的那样，贾谊"有经世之才，文章盖其余事"，既然他的才志不在于写诗作赋，那么是什么原因致使贾谊旁及文章呢？这当然与贾谊极力排遣失意的抑郁心情有关。

二 怀才不遇的忧思意象

桓谭说道："贾谊不左迁失志，则文采不发。"③ 这表明贾赋的产生，正与他贬谪长沙的失意心态密切相关。刘勰称"贾谊才颖，陵轶飞兔，议惬而赋清，岂虚至哉？"④ 意思是说，贾赋文思敏捷，议论允当，辞气清新，这些难道是凭空就能够达到的吗？这其中不仅浸润着一贯的道的精神，而且渗透着作者的生命实践与心灵历程。⑤ 可以说，贾谊的身世命运以及由此而发出的屈子之悲，是中国传统士人生存境遇的一种写照。因此，屈子、贾生之遇也成为一种文化现象被历代的不遇或者悲遇之士反复吟唱。这种吟唱是中国两千多年来士人的一种心灵情结的抒发。⑥ 司马迁将屈原与贾谊并传，可以说是对这种文化现象的一种自觉。"自屈原沉汨罗后百有余年，汉有贾生，为长沙王太傅，过湘水，投书以吊屈原。"⑦ 这虽然是通过湘水而将屈、贾联系起来，但其背后却是士之不遇的无可奈

---

① 《法言·吾子》载道："或问：'君子尚辞乎？'曰：'君子事之为尚，事胜辞则伉，辞胜事则赋，事、辞称则经。足言足容，德之藻矣。'"又《法言·寡见》云："或曰：'良玉不雕，美言不文，何谓也？'曰：'玉不雕，玙璠不作器；言不文，典谟不作经。'"又《法言·问神》曰："言不能达其心，书不能达其言，难矣哉！……故言，心声也；书，心画也。声画形，君子小人见矣。声画者，君子小人之所以动情乎？"

② 《论语·述而》载："子以四教：文，行，忠，信。"又《左传·襄公二十五年》载仲尼曰："《志》有之：'言以足志，文以足言。'不言，谁知其志？言之无文，行而不远。"

③ 朱谦之校辑：《新辑本桓谭新论》，中华书局 2009 年版，第 2 页。

④ 《文心雕龙·才略》。

⑤ 《文心雕龙·体性》说道："气以实志，志以定言，吐纳英华，莫非情性。是以贾生俊发，故文洁而体清"，即是说文章是作者内在的表达，与作家的情性、个性有关，贾谊才气过人，意气风发，所以文辞洁净而风格清新。

⑥ 缪钺认为中国两千多年来的士人有两个心灵情结：一是道与势的矛盾，二是求知之难与感知之切。见《两千多年来中国士人的两个情结》，《中国文化》1991 年第 4 期。

⑦ 《史记·屈原贾生列传》（第八册）（卷八十四），第 2491 页。

何心理。① 这种无可奈何之情的宣发，形成文字，就是以"士不遇"为题材的文学。这在西汉表现得尤为明显。贾谊的《吊屈原赋》可谓是西汉时期这类题材的开先之作。其后董仲舒的《士不遇赋》、司马迁的《悲士不遇赋》、东方朔的《答客难》、扬雄的《解嘲》都以此抒发怀才不遇的惆怅之情，这基本上奠定了"士不遇"题材的赋的模型。西汉以后，以"士不遇"为题材的赋还有很多，但基本上都受到西汉时期的影响。②

　　既然西汉时期由贾谊开启的关于"士不遇"的赋奠定了后来此类题材赋作的模型，那么我们就不禁要追问这类赋的特点是什么？研究表明，即使同是属于西汉时期的关于"士不遇"题材的赋，在作家的创作心态上也有不同之处。贾谊、董仲舒、司马迁可以说是代表了西汉前期"进取"与"幽怨"的创作心态。③ 在这个意义上，析出《吊屈原赋》《士不遇赋》《悲士不遇赋》的共同特征，就不仅能够看出西汉初期关于"士不遇"赋的特点，而且还能够进一步透视以"士不遇"为题材的赋滥觞于西汉初期的原因。既然如此，那么贾生、董子、太史公的"士不遇"赋有哪些共同的特点呢？第一，此三子都是身怀德才，有匡危救难之心，辅上安民之志，而在遭遇上却都有屈原"信而见疑，忠而被谤"的不平经历。④ 第

---

　　① 司马迁在《史记·屈原贾生列传》后曰:"余读《离骚》、《天问》、《招魂》、《哀郢》，悲其志。适长沙，观屈原所自沉渊，未尝不垂涕，想见其为人。"可以想见，太史公既是悲屈原，也是悲自己。

　　② 西汉以后，"士不遇"题材的赋还有崔篆的《慰志赋》、冯衍的《显志赋》、晋陶渊明的《感士不遇赋》、明伍瑞隆的《惜士不遇赋》等，基本上都受到西汉此类题材的赋的影响，如陶渊明直接指出"昔董仲舒作《士不遇赋》，司马子长又为之。余尝以三余之日，讲习之暇，读其文，慨然惆怅。"参见袁行霈《陶渊明集笺注》，中华书局 2003 年版，第 430 页。

　　③ 许结认为:"关于汉代作家的创作心态，既有共同处，亦有不同处。在汉初，作家的创作心态主要表现于'进取'与'幽怨'，'补衮'心态是依附于'进取'心态的。至西汉中叶，'补衮'心态已与'进取'心态对峙，而为其主流，并表现出大文化特征。尽管其时仍有'幽怨'心态，但却退居次要地位。"见《汉代文学思想史》，南京大学出版社 1990 年版，第 124 页注①。

　　④ 据班固《汉书·董仲舒传》载董仲舒"进退容止，非礼不行，学士皆师尊之"，"为人廉直"，曾以儒家仁义之道对答汉武帝，也就是著名的《天人三策》，但终不见用，只是被封为好勇素骄的江都王相，后又因公孙弘的嫉妒，向武帝推荐仲舒做更加纵恣残暴的胶西王相，"仲舒恐久获罪，病免"。据《汉书·司马迁传》记载，司马迁因为为李陵辩护而惨遭宫刑，他之所以为李辩护，是因为他认为李陵"出万死而不顾身以计，赴公家之难，斯已奇矣"，有"国士之风"，"虽古名将不过也"，结果武帝"不深晓，以为仆沮贰师，而为李陵游说"。司马迁认为自己"拳拳之忠，终不能自列"，结果交由"吏议"，由于家贫，无财打点疏通关系，因此而遭酷刑。

二，虽然贾、董、司马三人都竭忠尽智以事其君，而遭嫉谤，或被贬谪，或不见用，或遭酷刑，但三人都不像屈原那样自投汨罗，而是以不同的方式体现个体生命的价值。① 第三，正如许结所说，与这三篇关于"士不遇"的赋都表现出了"怨"的特性，这种"怨"主要是就生不逢时而发。② 不仅如此，虽然有怨，但是没有愤怒的情绪，这种"怨而不怒""怨而不乱"的特性正是继承《诗》《骚》遗风的结果。③ 第四，在赋中都流露出"知其不可为而安之若命"的精神追求，并且这种追求体现出了对儒道两家生命境界的融合。④ 在积极入世进取受阻时，表现出对生命自然之道的皈依，可谓是中国传统士人的一条必选之路。在《史记·屈原贾生列传》中，司马迁通过渔父之口似乎也表达了保全生命于乱世的思想。⑤ 这种对生命之道的皈依可能与当时贵生、养生的观念有关。

以赋的形式展现怀才不遇的情结，可以说是贾谊开其端，西汉时期成其型。那么究竟是什么原因导致了这种现象呢？这要从"士"的内涵说

---

① 前文已经论述，贾谊在任长沙王太傅时，仍不忘时时上书文帝，忧君忧天下。而董仲舒在遭到公孙弘的谤谏后，"乃去位归居"，著书立说，传于后世。司马迁在《史记·太史公自序》称："西伯拘羑里，演《周易》；仲尼厄陈蔡，作《春秋》；屈原放逐，著《离骚》；左丘失明，厥有《国语》；孙子膑脚，而论兵法；不韦迁蜀，世传《吕览》；韩非囚秦，《说难》、《孤愤》；《诗》三百篇，大抵贤圣发愤之所为作也。此人皆意有所郁结，不得通其道也，故述往事，思来者。"据此，太史公之志可谓明矣。

② 贾谊在《吊屈原赋》中感叹："呜呼哀哉，逢时不祥！""已矣！国其莫我知，独埋郁兮其谁语？"董仲舒在《士不遇赋》中同样感慨："呜呼嗟乎，遐哉邈矣。时来易迟，去之速矣……生不丁三代之盛隆兮，而丁三季之末俗。末俗以辩诈而期通，贞士以耿介而自束。虽日三省于吾身，怨怀进退之惟谷。"司马迁在《悲士不遇赋》中也流露出生不逢时的悲怨，他说："悲夫士生之不辰，愧顾影而独存。"

③ 《论语·阳货》载孔子曰："小子何莫学夫诗？诗，可以兴，可以观，可以群，可以怨。"朱熹注道："怨而不怒。"参见《四书章句集注》，中华书局1983年版，第178页。关于《离骚》，司马迁指出"屈平之作《离骚》，盖自怨生也。《国风》好色而不淫，《小雅》怨诽而不乱，若《离骚》者，可谓兼之矣。"（《史记·屈原贾生列传》）

④ 贾谊在《吊屈原赋》中说："所贵圣之神德兮，远浊世而自藏。"董仲舒在《士不遇赋》中说："皇皇匪宁，抵增辱矣。努力触藩，徒摧角矣。不出户庭，庶无过矣……昭同人而大有兮，明谦光而务展。遵幽昧于默足兮，岂舒采而薪显。苟肝胆之可同兮，奚须发之足辨也。"这显然将《易》与道家思想结合起来审视人生。司马迁在《悲士不遇赋》中也说："恒克己而复礼，惧志行之无闻……逆顺还周，乍没乍起。无造福先，无触祸始；委之自然，终归一矣！"这无疑是儒家持恒守道的生命境界与道家顺其自然的生命境界的融合。

⑤ 《史记·屈原贾生列传》载渔父曰："夫圣人者，不凝滞于物而能与世推移。举世皆浊，何不随其流而扬其波？众人皆醉，何不餔其糟而啜其醨？何故怀瑾握瑜而自令见放为？"

起。关于"士"，许慎《说文解字》称道：

> 士，事也。数始于一，终于十。孔子曰：推十合一为士。段玉裁注曰：引申之，凡能事其事者称士。《白虎通》曰：士者事也，任事之称也。故《传》曰：通古今，辨然否，谓之士。

需要说明的是，将"士"定义为"凡能事其事者"及"通古今，辨然否"是汉代人对"士"的一种共识，如《说苑·修文》也说："辨然（否），通古今之道，谓之士"，对"士"的这种规定当然是对定型后的士的性格的一种描述。① 限于讨论的范围，这里就依据汉人的定义而分析"士"在先秦及秦后的不同生存环境进而探讨"士不遇"赋滥觞于西汉时期的原因。从"士，事也"的定义我们可以推知，作为"士"者，一方面要"能事"，另一方面要"有所事"。"能事"是就能力才华而言，表现为"通古今，辨然否"；"有所事"是就施展才华的舞台而言，也就是"有所事任"。在这种意义下，在"道术将为天下裂"的哲学突破之际，诸子蜂起，各以自家学说周游列国，寻找事任之所，这正是"士，事也"的表现形式。因此，特定的历史背景，为"士"提供了特定的生存空间。战国时代此强彼弱、诸侯争雄的局势为"士"们提供了充分展示才能的平台。他们凭借本身具有的丰富知识和技能，游刃有余于诸侯之间，或布衣而取卿相，或授徒立说而传名天下，他们追求着功业声名。他们在思想上的活跃与在政治活动中的积极作用都显示出了这个社会群体在历史进程中的重要作用。在礼崩乐坏、士无定主、思想未定于一统的时代，士人的选择无疑是多元化的。

不过，在"能事"与"有所事"之间，还存在如何事的问题。在一般的意义上，先秦诸子都是以道求事，这从《庄子·天下篇》就可以看出。与其他各家相比，儒家事之以道的原则更加突出，并且这种担当道义的精神成为"士"的一种新的规定。先秦儒家明确指出"士"应该"志于道"，主张"士不可以不弘毅，任重而道远。仁以为己任不亦重乎？死而后已，不亦远乎？"② 孔子正是秉着这种志于道的弘毅精神，颠沛流离

---

① 参见余英时《士与中国文化》，上海人民出版社 1987 年版，第 5 页。
② 《论语·泰伯》。

于列国之间，坚守理想，矢志不渝，"发愤忘食，乐以忘忧，不知老之将至"。孟子认为"士"应该以志为尚，① 所谓以志为尚，也即"士穷不失义，达不离道"②，他自觉承担天下大任，舍我其谁？③ 他以德抗位，傲睨王侯，说道："千里而见王，是予所欲也。不遇故去。"④ 前文已论，真正的儒者，从来不会改变自己"以道事君"的原则，这就意味着，一方面，当道之将行、能被重用之时，在其位而谋其政，竭忠尽智，事君以道，实现儒家的王道理想，不行则止，谋道不谋食；另一方面，当道之不行之时，舍君从道，舍人爵从天爵，在这种意义上，士的离去不是受到君王的贬谪，相反是以道自任的士对君王的失望而自愿地离开无道而就有道。

　　总之，在先秦时期，无论是一般意义上的"士"，还是儒家特定意义的"士"，他们的个体价值不会因为不行于一国之君而从此淹没，他们的理想也不会因为某一权势的压抑而就此遁失。而在大一统的政体之下，"士"的生存境遇却渐渐地发生改变。首先是秦一统天下后"焚书坑儒"的文化打压政策给士人以沉痛的打击，先秦士人的命运也由此而改变，无法挣脱的权势之网，已经笼罩在士人的头上。其后，在反秦斗争、楚汉之争中，士人的活动空间空前自由，出现了短暂的春天。汉初时期，文化多元并茂，士人入世进取，朝气蓬勃，意欲大有所为于天下。因此，成为将相之臣几乎是所有入世之士的共同理想。⑤ 然而，虽然怀瑾握瑜之士不乏人在，但是能否遇到辨贤、识贤、用贤的明君，则又另当别论了。这一点在后来王褒的《圣主得贤臣颂》中被清晰地揭示出来。⑥ 贾谊之所以反复

---

① 《孟子·尽心上》载："王子垫问曰：'士何事？'，孟子曰：'尚志'。"

② 《孟子·尽心上》。

③ 孟子曰："夫天未欲平治天下也。如欲平治天下，当今天之世，舍我其谁也？"（《孟子·公孙丑上》）

④ 《孟子·公孙丑下》。

⑤ 陆贾《新语·辨惑》指出："道因权而立，德因势而行，不在其位者，则无以齐其政，不操其柄者，则无以制其纲。"

⑥ 《颂》称："故世必有圣知之君，而后有贤明之臣。故虎啸而风冽，龙兴而致云，蟋蟀侯秋吟，蜉蝤出以阴。《易》曰：'飞龙在天，利见大人。'《诗》曰：'思皇多士，生此王国。'故世平主圣，俊爰将自至……故圣主必待贤臣而弘功业，俊士亦俟明主以显其德。上下俱欲，欢然交欣，千载一合，论说无疑，翼乎如鸿毛过顺风，沛乎如巨鱼纵大壑。其得意者此，则胡禁不止？曷令不行？化溢四表，横被无穷，遐夷贡献，万祥毕溱。"载《汉书·严朱吾丘主父徐严终王贾传下》（第九册）（卷六十四下），第2826—2828页。

强调君王的重要性,当然也有这个原因。而问题是,在先秦诸侯纷争之时,当"士"与明主不能相遇之时,仍然可以游历他方,以图得遇。而在大一统的政体之下,"士"的得遇就必须面临的挑战是普天之下只有一君,这样不仅士人得遇明君的机会大大减少,而且天下士人同事一君,从而导致"信而见疑,忠而被谤"的机会大大增加。在这种情况下,士人不得遇的现象空前普遍。不仅如此,当不得遇之时,士人也已经失去了"游"的土壤。因此,当贾谊追问屈原为何不"历九州而相其君"时,是否也意味着他对古时士人能够自由实现个体价值的一种缅怀与追思?

结语:兼容并蓄,归宗于儒:贾谊"道"论的特点及其哲学史意义

　　贾谊的"道"论是由根源性的"道德"出发,转进于儒家的王道理想,落实到汉初政治制度的设计之中。在"道"论中,他正面立论,指出"道者,所道接物也",并提出本末皆道、虚本术末的思想。这意味着在贾谊的思想中,一切与物相接的、能够合于善的,都可纳入"道"的范畴。"道"之"所道接物"的特性,决定了泛道论的倾向,因此,为了避免将一切属于"术"的都纳入"道"的旗下,合于"善"的标准就成为"道"之接物中关键的一环。在贾谊的思想中,合于"善"的"术"都是由"德"发出的。"道虽神,必载于德,而颂乃有所因,以发动变化而为变",这是理解贾谊"道德"论的关键所在,即"德"论是他的"道德"论的枢纽。在他的"德"论中,"道""德""性""神""明""命"的"德之六理"是万物创生的条件与性格;"道""仁""义""忠""信""密"的"德之六美"则是"德"的创生历程所蕴含的价值依据。六理、六美,是"德"之生发阴阳、天地、人与万物的所以然。贾谊的"道德"形上学体现在他的政治思想中,则表现为儒家的王道理想。在贾谊的王道理想中,所谓"治道"就是"行道","行道"的关键在于"以信与仁为天下先","德莫高于博爱人,而政莫高于博利人。故政莫大于信,治莫大于仁","博爱"是"德","博利"是"政","德"由"政"表现出来。贾谊论政,以"民"为最后目的,以"道"为最高理想,贯通二者的是有"德"的王者。贾谊王道理想进一步地落实下贯,则体现为他基于"礼"的精神对汉初政治制度的设定。"道德仁义,非礼不成","礼"治思想是贾谊"道德"形上学,经由王道理想向现实世界自然延伸的结果。同周秦汉初诸子一样,"务为治"是士人的一个共同理

想,但是汉初士人与君王之间已经不再是先秦时期"用之则行,不用则藏"(《论语·述而》)的关系,而是用之则行、不用则无处可藏的关系,在这种情况下,怀德握道之士如何自处,也是一个有待探讨的问题。贾谊短暂的一生诠释了大一统专制政体下有道之士的生存境遇。徐复观指出,贾谊"在对应现实政治问题的后面,贾生更有种伟大的政治理想,及奇特的政治构造,由巩固皇权专制,而解消皇权专制,则几乎无人提到。至于贾生融贯儒道两家思想,以组成一奇玮的哲学系统,则埋没的二千余年;因而对贾生在思想上的创发性,及秦汉之际的思想特性,亦同被埋没。"① 根据这个观点,似乎贾谊的政治理想及政治构造与他的哲学系统缺乏相关性,而通过上述分析不难看出,贾谊的哲学系统与他的政治理想、政治构造是一以贯之的。不过,徐先生认为贾谊思想上的创发性与秦汉之际的思想特性有密切关系无疑是真知灼见。在此,就贾谊"道"论的学术特点及其与汉初相关学术的关系作简略的论述,并以此为切入点发表笔者对汉初儒学的一些陋见。

一 兼容百家的学术气象

关于贾谊的学术气象,徐复观指出:"庆刑赏罚,此法家之所谓二柄,即亦法家的骨干,贾谊加以完全的肯定,并吸取其用法的公而无私的精髓。但贾谊在此处认为'法者禁于已然之后',又以'刑罚积而民怨背',得不到政治社会的谐和团结,所以他便由法而通到'禁于将然之前'的礼……这便由法家通向儒家。……而在探求人生根源的地方,亦即在与文帝所谈的'鬼神之本意'的地方,则通向老子;在境遇挫折,自加排解的地方,则通向庄子。在提倡节俭,重视礼而事实上并不大重视乐的地方,则吸收了墨子思想。《新书》中引用了不少《孟子》《荀子》的语句,而在教化上重'渐'重'积',在言礼时,把礼应用到经济生活方面,则受《荀子》的影响为更大。在主张'色上黄,数用五',受了《吕氏春秋》的影响。其他《髡子》《鹖子》等不一而足……而作为他的诸子百家的缩带的,当是《管子》……但贾生所吸收的诸子百家,非仅

① 徐复观:《贾谊思想的再发现》,载《两汉思想史》(卷二),台湾学生书局1987年版,第109页。

供繁征博引以供加强自己论点之资。最难得的是由斟酌取舍而融会贯通，以形成他的政治思想、哲学思想上的独特体系。"①

徐先生对贾谊学术气象的论断十分全面、准确。由此看来，班固称贾谊"颇通百家之书"并非虚论。既然如此，如何理解贾谊的这种兼容并蓄的学术气象呢？

首先，贾谊的这种学术气象与他对"道"的理解分不开。贾谊认为"道者所道接物也"，这意味着在他的观念中，"道"必须要融入实存世界之中，即"道"要向现实世界敞开，使现实世界合理化是"道"之用的目的所在。因此，一切能够使现实世界合理化的，都是合于"道"的。在这个意义上，"道"势必要拒绝门户之见，打破儒、道、墨、法等的封畛。庄子云"道术将为天下裂"，他认为百家各以己之一察自好致使"天地之纯，古人之大体"分崩离析，愈行愈远。因此，这种现象是庄子极力批判的。不过，在贾谊看来，"道术将为天下裂"并不是一种必须要加以纠正的现象。"道术"之裂为百家，意味着百家同源于"道"，百家之学都是"道"的不同侧面的显现。现实世界千变万化、光怪陆离，这意味着百家之学各有所用，"道"要融入现实世界中去，就必须要通过百家之学的转介。因此，根据贾谊的"道"论，"道"之裂，恰是"道"之开放性的表现。然而，百家之学虽各有所用，但是也有一个用的限度的问题。在贾谊的思想中，这个限度是"当"、是"善"，凡是以"当"施之、合于"善"的，就是属于"道"的。

其次，贾谊兼容并蓄的学术气象应该还原到汉初的思想氛围中去理解。笔者在引言中已经指出，战国末年思想界统一、综合各派思想的动向在汉初时期仍在继续。如果要整合各家思想，就需要有一个整合的标准，如庄子以关尹、老子为"古之博大真人"，即以道家的标准衡定诸家之说。汉初之时的思想整合标准不是以某一家的思想为绝对的标准，而是一切以现实世界的需要为标准。这在陆贾的思想中体现得尤其明显。陆贾《新语·术事》云："故制事者因其则，服药者因其良。书不必起仲尼之门，药不必出扁鹊之方，合之者善，可以为法，因世而权行。"依据这个

---

① 徐复观：《贾谊思想的再发现》，载《两汉思想史》（卷二），台湾学生书局 1987 年版，第 120—121 页。

标准,一切能够使现实世界伦序化、合理化的都是应该被采纳的。贾谊开放的"道"论,正是强调"道"面向现实世界的特性。正是因为汉初儒家持开放的"道"论,所以他们才能调和先秦政治哲学关于"法先王""法后王"的争论。一般认为先秦诸子中,儒、道两家主张法先王,法家则主张"前世不同教""帝王不相复"。同时,儒家之中,孟子主张法先王,① 荀子主张法后王。汉初开放的"道"论,则表现出对这种争论的调和态势。陆贾《新语·道基》云:"于是先圣乃仰观天文,俯察地理,图画乾坤,以定人道,民始开悟,知有父子之亲,君臣之义,夫妇之别,长幼之序。于是百官立,王道乃生。……民知畏法,而无礼义;于是中圣乃设辟雍、庠序之教,以正上下之仪,明父子之礼,君臣之义,使强不凌弱,众不暴寡,弃贪鄙之心,兴清洁之行。……礼义不行,纲纪不立,后世衰废,于是后圣乃定五经,明六艺,承天统地,穷事察微……"从陆贾对先圣、中圣、后圣功绩的肯定来看,他的"道"论也是开放的。同陆贾一样,贾谊论"治道",上援黄帝,中纳三王,近取成王,古圣先贤对"道"的体贴成果都融摄在他的"道"论之中。此外,以贾谊为代表的汉初儒者,虽是持进化的、开放的"道"论,但是这与法家的进化论是完全不同的。因为法家的标准是不别亲疏,一任于法,而贾谊"道"之用的标准是以"当"施之。

再次,贾谊兼容百家的学术气象是先秦子学传统的余绪。冯友兰指出:"自孔子至淮南王为子学时代;自董仲舒至康有为为经学时代。"② 这个见解相当深刻,即他打破了以王朝政治划分学术思想的窠臼。据此,可以说贾谊"道"论是子学时代的最后表现。因此,贾谊的思想也带有先秦子学的典型特征——先秦诸子虽各自为说,甚至彼此批判,但是批判中有吸收、有融合。从历史的考证来说,把先秦诸子分为儒、道、墨、名、法、阴阳六个学派,始于司马谈《论六家要旨》,随后有班固九流之称。在此之前,先秦子学家派观念并未达到界域如此分明的境地。家派观念不强烈,就意味着家派观念对学术个体的束缚力较弱。因此,在学派观念束缚相对薄弱,道统、学统尚未建立的情况下,学术个体之"子"就相对

---

① 从《孟子·离娄上》"先圣后圣,其揆一也"来看,孟子的法先王应该是相对而言。
② 冯友兰:《中国哲学史》(下),生活·读书·新知三联书店 2009 年版,第 4 页。

独立自由得多。这种独立自由的空间是思想交流互动、彼此吸纳融合的绝佳条件。因此，先秦诸子之间传有"孔子问礼于老子"之说①、"墨子曾受业于孔门"之说②、"庄出于儒"之说③，也有荀子教出韩非和李斯两个法家人物的史实。秦汉之际，先秦子学这种相互批判、吸收、融合的特点仍在继续，钱穆说"汉兴，学统未尝中断"，其中一义就是指代表先秦子学传统的"百家之学"仍在继续活动。④ 贾谊开放的"道"论就是先秦子学竞流融会之风的余绪。从徐复观对贾谊学术气象的论断来看，贾谊对先秦诸子思想可以说是入乎其中、出乎其外的批判吸收。

最后，贾谊的思想虽然具有兼容并蓄的学术气象，但这并不意味着他的"道"论是只放不收的。通观贾谊的"道"论，"他融合道、法、儒三家思想，以建立一完整的哲学系统，而以六艺为这一哲学系统的承当与实现。"⑤ 可以说，儒家所推尊的"六艺"之学是贾谊"道"论的归宿。关于这一点，徐复观亦有深刻的评价："他认为能修治（实现）《诗》《书》《易》《春秋》、礼之道，便可与创造阴阳天地、人与万物之德，合而为一，由此以言五经所含价值的崇高、广大，因而具有无限创造的效能。他的'尊经'，远超过后儒'尊经'之上。六经的序列，经过他作了新的安排，可知他是下过了一番真实工夫，而古典的意义……不是一种存在而是由人加以发现，贾生把六艺安放在他的哲学构造中来发现六艺的总括性的意义，认为这是由形上向形下的落实，而形下的落实即是形上的实现。总括性的意义，是由各别意义的抽象而来，这中间实已含有由形下推向形上的历程，形上、形下的往复成为他哲学的构造，所以六艺在他的哲学构造中的地位，是出自他的真实的感受，并不是凭空说一场大话。西汉儒生常

---

① 《礼记·曾子问》，《庄子》中《知北游》《天道》《天运》及《史记·老子韩非列传》都有记载。

② 《淮南子·要略》云："墨子学儒者之业，受孔子之术。"

③ 相关研究可参见崔大华《庄学研究》，人民出版社 1992 年版，第 244、245、346 页。

④ 钱穆指出："'家'乃私家之称，此乃民间新兴学。儒、墨以后，百家竞起，率自以其所见创新说，不必依据古经典，寓言无实，为战国较新之学派。"参见《国史大纲》，商务印书馆 1994 年版，第 141 页。

⑤ 徐复观：《中国经学史的基础》，载《徐复观论经学史二种》，上海书店出版社 2002 年版，第 166 页。

把经安放到与天同等的地位,其源实起自陆贾和贾谊。"① 可见,贾谊的"道"论处于由子学向经学过渡的时期,一方面表现出子学百家竞流、互涵互摄的思想特征,另一方面又表现出经学独尊的思想意图。

二 "道德之意"与汉初儒家"无为之治"

张舜徽曾对周秦两汉诸子的"道论"有系统的研究。他认为,周秦以来包括两汉,百家诸儒所说的"道",都是君人南面之术,具体指无为之治。他的这一见解,集中于对司马谈《论六家要旨》的诠解(《太史公论六家要旨述义》),取证于先秦诸子及《淮南子》等典籍中的论述(《道论通说》),则推诸两汉诸儒(《道论足征记》)。② 张舜徽认为"道论"就是指"道家的理论",具体指的是帝王之术。这在西汉学术界早已明确了。③ 这里的"西汉学术界"具体包括除司马谈之外的刘向、扬雄以及董仲舒、晁错等人。可见,贾谊的"道"论不在他的征引之列,而与上述四人的思想相比,贾谊的"道"论无疑是比较系统全面的。在此,笔者无意于衡量张先生"道论"观点的得失,④ 而期冀通过考察他关于周秦两汉诸子"道论"的考论来进一步分析贾谊的"道"论。这种分析主要集中在对"道德之意"的解读上。

关于"道德之意"的问题,张舜徽云:"吾尝博观周秦诸子,而深疑百家言主术,同归于秉本执要,清虚自守,莫不原于道德之意,万变而未离其宗。此黄老之术,所以独为高远也欤!"⑤ 根据这个观点,"秉本执要,清虚自守"就是"道德之意"在主术上的表现。那么何谓"道德之意"呢?张先生云:"魏刘邵《人物志》云:'老子以虚为道,以无为德。'此语也,盖足以统释先秦古书之所谓'道德',初不限于《老子》而已。"并通过《管子·心术》"虚无无形谓之道,化育万物谓之德"与

---

① 徐复观:《中国经学史的基础》,载《徐复观论经学史二种》,上海书店出版社 2002 年版,第 168 页。

② 《太史公论六家要旨述义》《道论通说》《道论足征记》,载张舜徽《先秦道论发微》,中华书局 1982 年版。

③ 张舜徽:《先秦道论发微》,中华书局 1982 年版,第 2 页。

④ 关于张舜徽"道论"观点的得失,参见许刚《张舜徽的汉代学术研究》,华中师范大学出版社 2009 年版,第 285—311 页。

⑤ 张舜徽:《先秦道论发微》,中华书局 1982 年版,第 36 页。

《淮南子·原道》"无为为之而合于道，无为言之而通于德"的互释，进而指出"道既可通于德，德复可通于道""'德'者，亦'道'之殊称"。[①] 据此可知张先生所谓的"道德之意"有两层含义："道""德"同义；清虚守静的无为之治是"道德"的真意。基于这个背景，就可以进一步分析贾谊的"道德之意"。关于贾谊"道德"论中"道"与"德"的关系问题，笔者在第一章中已经有明确的辨析，即在贾谊的思想中，"道"与"德"虽然密切相关，甚至在某种意义上可以等同，但是二者的区别也是显而易见的。他对"德"的强调正是他的"道"论的特点，在这个意义上不妨说贾谊的"道"论正是通过他的"德"论表现出来的。因此，"德"是"道"之殊称的观点与贾谊的"道"论难以契合。此外，贾谊在论"虚之接物"时，指出"明主者南面而正，清虚而静……"，在论"术之接物"时，指出人主应本着仁、义、礼、信、公、法的原则治理境内。可见，在"虚之接物"的意义上，贾谊的"道"论是张舜徽所谓的"道德之意"的一个力证。不过，无论是"虚本"，还是"术末"，就接物而言，都表现为一种方法，都是一种"术"。而在贾谊的思想中，君人南面之术与君道是两个不同的概念。如此，同是本于"道德之意"的无为之治，在"君人南面之术"与"君道"的不同概念之下就有不同的内涵。在君人南面之术的意义上，人主无为而治表现为"清虚而静，令名自命，令物自定，如鉴之应，如衡之称"。在"君道"的意义上，无为而治则表现为君王通过德义的修养而成为万民效法的对象。贾谊《新书·君道》以文王为典型说明君道的内涵："《诗》云：'济济多士，文王以宁。'言辅翼贤正，则身必已安也。又曰：'弗识弗知，顺帝之则。'言士民说其德义，则效而象之也。"君逸臣劳，是各家无为而治的共同特点，而用"贤正"来限定辅翼的特性，则是鲜明的儒家特色。[②] 除了用"贤正"规定臣道外，贾谊所谓的君道无为还有另外一层意思，即君王是德义的化身。因此，与张舜徽所谓的原于"道德之意"的君人南面之术

---

① 张舜徽：《先秦道论发微》，中华书局 1982 年版，第 31—32 页。

② 彭华指出先秦儒家的"无为而治"有三个层面：只要"任官得其人"（条件），经由"民化"（过程），便可达到"无为而治"的目的（结果）。参见《"无为"思想发凡——以先秦汉初的儒家和道家为考察中心》，《孔孟学报》2002 年第 80 期，第 165—180 页。

的无为内涵不同,贾谊的君道"无为"是他唯有"德"者能行"道"的思想的延伸,这也是儒家"德治"意义上的无为之义。①

从贾谊的思想中可以看到,张舜徽以道家清虚守静的无为概括"道德之意"就有不妥之处。之所以有这种不妥,是因为他坚持认为唯有道家是专门研究"道论"的,并因此而将"无为而治"的思想贴上了道家的标签。而事实上,"无为"的思想由来已久,在孔、老以前就已存在,②自战国以来,在各派中也非常流行。至少在秦汉之际,"无为"已成为一个共同的话题,并非专属某家。③这是因为,战国以来天下纷争,君主多欲,秦朝一统之后,更是"繁刑严诛,吏治刻深;赏罚不当,赋敛无度。天下多事,吏不能纪",而与之相对的"无为"无疑能够得到各个阶层的认同。这一时期,儒家的"无为之治"正是通过"有为"表现出来。按时间先后而论,首开儒家"无为"之端的是陆贾。《新语·无为》云:"道莫大于无为,行莫大于谨敬。何以言之?昔者舜治天下也,弹五弦之琴,歌《南风》之诗,寂若无治国之意,漠若无忧天下之心,然而天下大治。周公制作礼乐,郊天地,望山川,师旅不设,刑革法悬,而四海之内,奉供来臻,越裳之君,重译来朝,故无为者乃有为也。"在陆贾看来,周公制礼作乐正是有为之无为。在这个意义上,贾谊基于儒家礼治思想对汉初政治的改革也是有为之无为,即通过有为的改革而达到最终无为而治的结果。关于舜之垂拱而治天下的无为,周公制礼作乐的有为之无为,董仲舒的解释更加明晰。《汉书·董仲舒传》云:"臣闻尧受命,以

---

① 朱熹师生对"为政以德"有过认真的探讨,例如有弟子问"为政以德"。朱子曰:"'为政以德',不是欲以德去为政,亦不是块然全无所作为,但德修于己而人自感化。然感化不在政事上,却在德上。盖政者,所以正人之所不正,岂无所作为。但人所以归往,乃以其德耳。故不待作为,而天下归之,如众星之拱北极也。"又有人问"无为而天下归之"的说法,朱子解释说:"以身率人,自是不劳力。礼乐刑政,固不能废。只是本分做去,不以智术笼络天下,所以无为。"学生问:"如何无为?"他答:"只是不生事扰民,但为德而民自归之。"又说:"不是块然全无所作为,但德修于己而人自感化。"参见(宋)黎德靖编《朱子语类·论语五》(卷二十三),中华书局1985年版,第533、536、537页。

② 李学勤针对《论语·卫灵公》"无为而治者,其舜也与?"而指出"是讲惟有舜称得起无为而治,很像针对已有的学说而发。"参见《古文献论丛》,上海远东出版社1996年版,第142页。

③ 王刚:《汉初政治中的儒家"无为"与道家"无为"》,《江西师范大学学报》(哲学社会科学版)2008年第4期。

天下为忧，而未以位为荣也，故诛逐乱臣，务求贤圣，是以得舜、禹、稷、卨、咎繇。众圣辅德，贤能佐职，教化大行，天下和洽，万民皆安仁乐谊，各得其宜，动作中礼，从容中道。故孔子曰：'如有王者，必世而后仁'，此之谓也。尧在位七十载，乃逊于位以禅虞舜。尧崩，天下不归尧子丹朱而归舜。舜知不可辟，乃即天子之位，以禹为相，因尧之辅佐，继其统业，是以垂拱无为而天下治。……天下去殷而从周……当此之时，纣尚在上，尊卑混乱，百姓散亡，故文王悼痛而欲安之，是以日昃而不暇食也。……由此观之，帝王之条贯同，然而劳逸异者，所遇之时异也。"在董子看来，舜之所以能够垂拱无为而天下治，是因为他"尽循尧道，何更为哉？"而文王之所以"日昃而不暇食"，是因为周继殷之乱世，不为则只能是承恶袭弊。"继治世则其道同，继乱世则其道变"，而汉继大乱之后，则必须要变，变则有为，有为的目的是达到无为的效果。在这种意义上，由陆贾、贾谊、董仲舒一脉相承地针对秦朝的纠偏补弊的有为之举正是为了达到"必世而后仁"之后的无为之治的理想。汉初的黄老无为之术是用来抵消或缓解汉承秦制的负面影响，而儒家所开启改制思路则是通过救治由秦而来的弊端而达到"教化大行，天下和洽，万民皆安仁乐谊，各得其宜，动作中礼，从容中道""元元之民各安其性命"的无为之治。

三　"汉道"："以礼为治"与"以德化民"是否冲突？

由陆贾、贾谊、董仲舒的改制政治主张来看，汉初诸儒的共同目的是建立继承五帝、三王之道的"汉道"。① 所谓"汉道"，不是说为汉朝另立一"道"，不是说"汉道"之外还有其他的"道"，而是指唯一不变之"道"在汉朝的表现形式。在陆贾那里，"道"指"五帝之术""道德之治""仁义之正""曾、闵之质""回、赐之精"。在贾谊这里，"道"是由五帝、三王以来的仁信之政、礼义之治。在董仲舒那里，"乐而不乱复而不厌者谓之道"，"禹继舜、舜继尧，三圣相受而守一道"（《汉书·董仲舒传》）。贾谊云："道若川谷之水，其出无已，其行无止。""道"无始无终，因此也无弊，其弊者，乃是失道所致，即董子所云："道者万世

---

① 班固《汉书·序传下》云："大宗穆穆，……登我汉道。"

亡弊,其弊者道之失也。"(《汉书·董仲舒传》)在汉初儒者看来,秦政之弊正是秦政失道的表现。而汉初的统治者却对此秦弊无所作为,虽然陆贾的《新语》,"每奏一篇,高帝未尝不称善",但是正如王充所言,高祖对《新语》只是"粗纳采"(《论衡·书解》)。对于贾谊的改制主张,文帝亦是"谦让未遑"。自高帝以来统治者对改制的漠然态度,致使董仲舒时期秦朝之"遗毒余烈,至今未灭,使习俗薄恶,人民嚚顽,抵冒殊扞"。因此,董仲舒继陆贾、贾谊之后再一次提出"更化"主张,指出"汉得天下以来,常欲善治而至今不可善治者,失之于当更化而不更化也"。"更化"就是建立"汉道","当更化而不更化"显然是就贾谊在文帝时的改制未遂而言。①

关于贾谊的改制主张与董仲舒的复古更化思想二者之间的开承关系,先贤多有论述。如牟宗三指出"反秦与法家而复华族传统之文化生命,乃西汉初年之普遍意识,而视为一大事,而由贾生开其始。虽在贾生时未甚张著,文帝亦未能骤然施行,然终酝酿而开花结果于董仲舒与武帝时'复古更化'之文化运动。董生之'复古更化'即贾生之'移风易俗'也。"② 钱穆亦指出:"汉儒论政,有两要点。一为变法和让贤论。此派理论远始战国晚年之阴阳学家,邹衍《五德终始论》。下极董仲舒《公羊春秋》一派'通三统'的学说。……二为礼乐和教化论。……认为政治的最大责任,在兴礼乐,讲教化。……此派理论,亦远始战国晚年之荀卿。直到汉儒贾谊、董仲舒,下及王吉、贡禹等皆是。前一派于汉为齐学,后

---

① 陆贾虽然率先提出仁义守成的思想,但是陆贾的政治学说对汉代政治变迁的实际影响甚小。而贾谊的改制主张曾一度被重提,《史记·封禅书》载"鲁人公孙臣上书曰:'始秦得水德,今汉受之,推终始传,则汉当土德,土德之应黄龙见。宜改正朔,易服色,色上黄。"不幸的是,时任丞相正是当年"推五德之运,以为汉为水德"的元老张苍,故而公孙臣的主张因张苍的反对而搁置。巧合的是,次年春天,公孙臣所说的"土德之应"——"黄龙"竟然真的见于成纪(天水郡的一个县)。文帝对此高度重视,遂"召公孙臣,拜博士,与诸生草改历服色事。"然而就在此时似乎要办成之时,发生了新垣平案,"人有上书告新垣平所言气神事皆诈也。下平吏治,诛夷新垣平。"(《史记·历书》)此案发生后,"文帝怠于改正朔服色神明之事"(《史记·封禅书》),改德之事于是不了了之。直至过了差不多六十年后,到武帝执政,这种局面才发生了转变。参见杨权《新五德理论与两汉政治——"尧后火德"说考论》,中华书局2006年版,第116—117页。

② 牟宗三:《历史哲学》,广西师范大学出版社2007年版,第222页。

一派于汉为鲁学。……王莽的受汉禅而变法，即是此两派学说之会趋。"①
文景时代的黄老风向，到武帝时一变而成为儒学的新局面，贾谊则为这两
种思想承转的主要关键人物。我们了解了这一背景，对武帝"独尊儒术"
思想的演变才不会感到来得太突然，因为贾谊并非等闲之人，他许多超人
的见识由董仲舒加以继承，所以李威熊认为"汉武帝抑黜百家，非发自
董仲舒，因为贾谊时已建立了一套儒家思想的新格局。"②

不过，也有学者认为贾谊、董仲舒的改制主张分别代表了西汉儒家的
两种政治学说，即"以礼为治"与"以德化民"。③ 这两条路线分别是孟
子、荀子路线在汉代的延续，即贾谊的政治学说和主张属于荀学一派，而
董仲舒的思想则受孟学影响较大。④ 学界普遍认为贾谊的礼治思想受到荀
子思想的影响，⑤ 而对于董仲舒受孟学影响的观点却很难认同。⑥ 在此意
义上，用孟、荀两条不同的思想路径来对应贾谊与董仲舒思想的不同则未
免有生硬之嫌。因此，将"以礼为治"和"以德化民"作为汉儒的两种
不同的政治学说则很难找到更多的学理依据及得到更多学者的支持。其

① 钱穆：《国史大纲》，商务印书馆 1994 年版，第 150—152 页。

② 李威熊：《董仲舒与西汉学术》，台湾文史哲出版社 1978 年版，第 37 页。

③ 陈苏镇：《汉代政治与〈春秋〉学》，中国广播电视出版社 2001 年版，第 120—194 页。

④ 同上书，第 121 页。

⑤ 如侯外庐等认为："贾谊必深得荀子一派儒学的教养。"载《中国思想通史》（第二卷），
人民出版社 1957 年版，第 66 页。徐复观云："贾谊所突出的礼的思想，又是受荀子的礼的思想，
而继续向前发展的。"见《贾谊思想的再发现》，载《两汉思想史》（卷二），台湾学生书局 1987
年版，第 140 页。冯友兰指出："贾谊对于'礼'的理论，……同荀况是一致的，……是接着荀
况讲的。"参见《中国哲学史新编》（中），人民出版社 1998 年版，第 27 页。金春峰指出"荀子
的'礼论'思想成为贾谊建设社会秩序的指导思想。"载《汉代思想史》，中国社会科学出版社
1987 年版，第 95 页。王兴国称贾谊是"荀子的再传弟子。"参见《贾谊评传》，南京大学出版社
1992 年版，第 99 页。唐雄山指出"贾谊从战国后期的荀子那里吸收、继承得最多。"参见《贾
谊礼治思想研究》，中山大学出版社 2005 年版，第 42 页。Charles Theodore Sanft 亦指出："There
are certainly some similarities between the thought and imagery between Xunzi and Jia Yi."参见 Charles
Theodore Sanft, "A Study of Jia Yi's *Xin Shu*"（PhD. Diss, University of Munster. 2005）. p. 32. 潘铭
基更是通过文献对勘，思想比较的方法证明贾谊礼的思想是受到荀子的影响。参见《贾谊〈新
书〉论稿》，中国古籍研究中心 2010 年版，第 55—112 页。

⑥ 如徐复观指出董仲舒"所建立的人性论，有一个根本的目的，即是否定孟子的性善说。"
参见《两汉思想史》（卷二），台湾学生书局 1987 年版，第 403 页。又如韦政通以孟子的性善论
来衡评董仲舒的人性论，从而对董子的人性论颇有微词。参见《董仲舒》，台湾东大图书股份有
限公司 1986 年版，第 101—119 页。余治平甚至推断董子的人性论是沿着荀子的路径而来的。参
见《唯天为大——建基于信念本体的董仲舒哲学研究》，商务印书馆 2003 年版，第 172 页。

实,通过对贾谊"道"论的研究可以看出,礼治思想只是他的"道德"形上学在现实政治中的自然延伸的结果。所谓"道德仁义,非礼不成",一方面是指,内在的道德仁义之性的养成,需要外在之礼的检饬;另一方面是指,"德治"只有通过"礼"的保障才不至于显得"迂远而阔于事情"①,"德化"的效果只有通过礼才能实现。因此,贾谊礼治思想的根本目的是成就"道德仁义"。也只有在成就"道德仁义"与"德治"的意义上,才能理解贾谊与董仲舒都以"民者,瞑也"作为民本思想的起点是为了强调统治者的教化责任,即"民"之知仁义,循礼节,是教化的结果。而"民"之违仁义,弃廉耻,其责任不在于民自身,而在于君政之失,王教之废。因此,在贾谊、董仲舒的思想中,"以礼为治"与"以德化民"二者不是并列的两条不同的政治路线,而是"以礼为治"必然以"以德化民"为本,而"以德化民"必然通过"以礼为治"来实现,二者是一体之两面、二而一的关系。

需要说明的是,在"汉道"的设定上,贾谊与董仲舒的区别不在于"以礼为治"与"以德化民"两条政治路线上,而在于二人对"汉道"的论证上。贾谊是根据邹衍的"五德终始论"推定汉代的正朔、服色、德运。相比之下,董仲舒改制的根本依据是"《春秋》为汉制法"的理论,② 在此理论下又改造"三教"说③与"文质"论④,以

---

① 《史记·孟子荀卿列传》(第七册)(卷七十四),第 2343 页。

② 陈苏镇指出"《公羊传》哀公十四年春:'君子曷为为《春秋》? 拨乱世,反诸正,莫近诸《春秋》,……制《春秋》之义,以俟后圣。'董仲舒、何休等又将'后圣'释为继周而起的'新王',也就是'圣汉'。《春秋繁露·俞序》:'仲尼之作《春秋》也,上探正天端,……下明得失,起贤才,以待后圣。'《三代改制质文》:'《春秋》应天作新王之事。'《玉杯》:'孔子立新王之道。'何休注'以俟后圣'曰:'待圣汉之王以为法。'又引《孔演图》曰:'孔子仰推天命,俯察时变,却观未来,豫解无穷,知汉当继大乱之后,故作拨乱之法以授之。'这就是汉人普遍相信的'《春秋》为汉制法'(《论衡·须颂篇》)说。"参见《汉代政治与〈春秋〉学》,中国广播电视出版社 2001 年版,第 151 页。

③ 完整的"三教"说始见于《史记·高祖本纪》:"太史公曰:夏之政忠。忠之敝,小人以野,故殷人承之以敬。敬之敝,小人以鬼,故周人承之以文。文之敝,小人以僿,故救僿莫若以忠。三王之道若循环,终而复始。周秦之间,可谓文敝矣。……故汉兴,承敝易变。"

④ 关于"文质"论,《礼记·表记》云:"虞夏之质,殷周之文,至矣;虞夏之文不胜其质,殷周之质不胜其文。"阴阳五行家亦有文质变救说。《汉书·严安传》载"臣闻邹子曰:政教文质者,所以云救也,当时则用,过则舍之,有易则易之。"阴阳五行家的文质变救说对汉儒的文质论影响较大。

成其"四法"说。① 贾、董二子改制的一个主要区别表现在，贾谊根据"五德终始论"承认秦朝的历史合法性，而董仲舒根据《春秋》公羊学的"三统说"否认秦朝的历史合法性。尽管如此，但这并不意味着贾、董二人的改制主张是判然对立、绝不相容的，相反事实上，由于"德"和"统"都是对"天命"的解释，因此"三统说"与"五德终始论"有某种内在的相通性。② 从汉武帝的"太初改制"来看，这次改制在学理上虽然是受到了董仲舒的影响，但在实践上却是对贾、董二人改制主张的融合。当时的改诏制规定："正历，以正月为岁首。色上黄，数用五，定官名，协音律。"③ 这显然与贾谊当年提出的改制主张完全吻合，即把汉初的水德制改为土德制。④ 汉武帝把本朝的德运定为土，意味着此一时期承认了秦在五德之运中的合法地位。不过，"太初改制"中的改正朔（汉建寅）一项与"五德终始论"不相吻合，⑤ 而"汉建寅"正是根据《春秋》

---

① 关于《春秋》"祖述尧舜"甚至明确规定汉家应用虞舜礼乐的依据，董仲舒《春秋繁露·三代改制质文》云："王者……有再而复者，有三而复者，有四而复者。"其中"四而复者"即指礼乐，所谓"礼乐各以其法象其宜，顺数四而相复。""法"指王者礼乐的不同模式，共有商、夏、质、文四种，故又称"四法"。参见陈苏镇《汉代政治与〈春秋〉学》，中国广播电视出版社 2001 年版，第 185 页。

② 顾颉刚指出，"三统说"是《春秋》公羊家受了"五德终始论"的启示，"割取了五德说的五分之三而造成的"。参见《五德终始说下的政治与历史》，载《顾颉刚古史论文集》（第三册），中华书局 1996 年版，第 292 页。又说"三统说""是影蹠了五德说的牌子而创立的"。参见《汉代学术史略》，东方出版社 1996 年版，第 3 页。杨向奎亦云："三统说的内容是由于五德终始理论蜕化出来的。五德说是以五为纪的循环，三统说是以三为纪的循环。五德说以颜色分，它也以颜色分。五德说以五德作礼乐制度的标准，他也以三统作礼乐制度的标准。五德说创于儒家，他的形上学的根据是天道之自然循环。三统说也是创自儒家，形上学的根据也是天道之循环。"并认为"三统说最早是荀子为了抵制思、孟的五行说而提出来的；到了西汉儒家复兴后，董仲舒成了这两派理论的集大成者。"参见《西汉经学与政治》，台湾独立出版社 2000 年版，第 44、58 页。

③ 《汉书·武帝纪》（第一册）（卷六），第 199 页。

④ 《汉书·武帝纪》颜师古注引张晏曰："汉据土德，土数五，故用五，谓印文也。若丞相曰'丞相之印章'，诸卿及守相印文不足五字者，以'之'足之。"

⑤ 顾颉刚指出，按五行说，秦建亥（以阴历十月为正月），周建子（以阴历十一月为正月），殷建丑（以阴历十二月为正月），夏建寅（以阴历一月为正月），若以戌、亥、子、丑、寅为次，汉应建戌（以阴历九月为正月）；若以亥、子、丑、寅、卯在次，则汉应建卯（以阴历二月为正月）。而《史记·历书》载，武帝所行太初历"日辰之度与夏正同"，这就是说汉的正朔不是建戌或建卯，而是建寅。参见顾颉刚《五德终始说下的政治与历史》，载《顾颉刚古史论文集》（第三册），中华书局 1996 年版，第 295 页。

公羊家的"三统说"推演出来的。① 由此可见,由贾谊开启的对"汉道"的论定,是一个持续的推证过程。②

四 对汉初儒学的一些认识

在分析了贾谊兼容并蓄、归宗于儒的"道"论与汉初相关学术思想的关系之后,笔者借此以点窥面,对汉初儒学形成一些初步的认识:

首先,关于汉初儒学的评价问题。根据冯友兰的区分,我们可以推定贾谊兼容并蓄、归宗于儒的"道"论是子学百家竞流、互涵互摄之特点的余波。从陆贾、贾谊、董仲舒原"道德之意"所追求的"无为之治"来看,与汉初黄老之学的无为思想相比,儒家的无为之治是目的,而黄老之学的无为是手段。汉初儒者正是通过有原则的有为(礼)来达到最终的无为理想(德治思想、王道理想),贾谊、董仲舒对"汉道"的设定,正是这种王道理想的落实过程。值得一提的是,贾谊、董仲舒对"汉道"的设定与后来班固等的"宣汉"思想是截然不同的。前者是基于"王道""圣道"的理想来设定"汉道",具有批判性和建构意义,后者只是推崇"汉家",歌功颂德。由此看来,在学术思想上,汉初儒家以儒为宗,融会贯通,采百家之长,因此有思想上的大气象;在政治实践中,汉初儒者坚持王道理想,以"道"论政,以"道"定制,不为"汉宣"。这种学术精神与理想主义是任一时代自称淳儒者都无法拒斥的,至于韩愈创立"道统",贬抑汉儒,其气量远不如贾、董博大。因此,我们研究汉儒的思想,首先要去掉有色眼镜,以一种平情的心态知人论世,如此一来,"董仲舒只是董仲舒,王阳明只是王阳明。若知董仲舒之《春秋繁露》只是董仲舒之哲学,王阳明之《大学问》只是王阳明之哲学,则中国哲学之进步,便显然矣。"③

其次,关于对阴阳五行说的认识问题。无论是贾谊根据"五德终始论"的改制思想,还是董仲舒基于"三统说"的更化思想,都是以阴阳

---

① 杨权:《新五德理论与两汉政治——"尧后火德"说考论》,中华书局 2006 年版,第121 页。

② 杨权指出:"太初改制之后,土德制在西汉实行了近百年的时间,直至西汉末年新五德终始理论出现之后,才为火德制所取代。"参见《新五德理论与两汉政治——"尧后火德"说考论》,中华书局 2006 年版,第 121 页。

③ 冯友兰:《中国哲学史》(上),生活·读书·新知三联书店 2009 年版,第 19 页。

五行说对汉代政治制度的设定。这里阴阳五行说不是指某一家、某一派的思想，而是指阴阳五行作为一种理论符号体系深入汉儒脑海中去，影响着他们的思维方式。陈启云说："阴阳五行的理论符号体系，不但是汉儒整理学术文化传统的一有效工具，这理论符号本身也反映了汉人综合、调和、批判地接纳和继续发展变化文化传统的基本心态。"① 因此，从思想发展对思维系统的选择性来看，以综合、调和、批判为特征的阴阳五行的理论符号体系正好适应了汉初儒学兼容并蓄的思想特色。而儒学在经历了儒门多杂的长期发展局面之后，也需要一次系统的整理，阴阳五行理论正是综合整理的有力武器。萧汉明指出，"在汉代，中国传统伦理学大体完成了体系的完整建构。而在此过程中，阴阳五行说发生过重大作用。"② 虽然阴阳五行说在汉代以后仍然在发挥效力，③ 但是现代人一般都将阴阳五行说与汉代思想联系起来，甚至认为这是宗教迷信思想的表现。而事实上，阴阳五行理论"其中的阴阳说偏向于综合中的分析，而五行说则偏向于分析基础上的综合"，阴阳五行学说"不仅是中国古代的一种宇宙观，而且是一种兼具分析与综合的方法论"，事实上，"对阴阳五行学说的历史发展及其在近现代的遭遇作一番深沉的反思，实属探讨传统文化与现代关系的一项重要议题"。④ 而探讨汉初儒者对阴阳五行的理解与运用无疑是通往这一反思之旅的起始点。

最后，阴阳五行学说之所以被汉代儒者选择并加以发展，主要是因为汉代的哲学转向自然选择的结果。汉代以来，中国古代哲学开始由先秦诸子重"义理之学"转向汉代学者重"事理之学"。需要说明的是，这种转向是中国古代哲学自身发展的内在动因造成的，而不必然全是由于大一统的专制政体所致。⑤ 既然这种转向是中国古代哲学自身演进的结果，那么

---

① 陈启云：《儒学与汉代历史文化》，广西师范大学出版社 2007 年版，第 15 页。

② 萧汉明：《阴阳大化与人生》，广东人民出版社 1998 年版，第 180 页。

③ 萧汉明指出："阴阳五行思想在宋明时代的儒学中已不像汉唐一样作为一种整合伦理思想的框架，而是逐渐内化为一种背景知识了。"参见《阴阳大化与人生》，广东人民出版社 1998年版，第 195 页。

④ 萧汉明：《阴阳大化与人生》，广东人民出版社 1998 年版，第 299 页。

⑤ 胡适把中国古代哲学中道断绝的原因归结为四个：（一）是怀疑主义的名学；（二）是狭义的功用主义；（三）是专制的一尊主义；（四）是方士派的迷信。参见胡适《中国哲学史大纲》，上海古籍出版社 1997 年版，第 280 页。

汉代"事理之学"就自然成为中国古代哲学一个不可或缺的阶段。在这种意义上,说中国古代哲学发展至汉代而发生"转向"就比胡适的"中断"论更加贴切。"转向"论是对汉代哲学合法性的承认,"中断"论则是彻底抹杀(至少在语气上)汉代哲学的价值。而之所以有"中断"之说,是因为胡适等以西方"哲学"的学术系统为参照系,认为先秦诸子和宋明理学才可以与其互通、对比。如果以这个标准来衡定汉代没有哲学,那么何异于一些学者用西方的"哲学"标准来评判中国没有哲学?而如果我们将中国古代哲学作为一个连贯发展的整体来对待,站在察变的立场上来看,那么就会发现中国古代哲学由先秦诸子的义理之学变成汉代的事理之学,即由子学演变成经学对于中国思想文化的重大意义。这一点即使是对汉代哲学持贬抑态度者,也不得不承认。从陆贾、贾谊、董仲舒的哲学来看,所谓的"事理"之学绝不是仅仅对"事实"的陈述,而是兼综"事实"与"义理"二义。汉代诸子普遍推崇《春秋》,和这种兼综"事实"与"义理"的学风不无关系。当然,笔者在此极陈汉代哲学的重要意义,主要目的是希望通过一种中肯的研究态度与研究方法来重新界定汉代哲学的研究价值。这并非"宣汉"之举,汉代哲学之被贬抑,自是其显见的弊端所致,当然亦有其内在的因素,此待后论。

参 考 文 献

著作类

艾兰：《世袭与禅让——古代中国的王朝更替传说》，北京大学出版社
  2002年版。

艾兰：《中国古代思维模式与阴阳五行说探源》，江苏古籍出版社1998
  年版。

安居香山、中村璋八：《纬书集成》，河北人民出版社1994年版。

安乐哲：《主术：中国古代政治艺术之研究》，北京大学出版社1995
  年版。

安作璋、熊铁基：《秦汉官制史稿》，齐鲁书社1984年版。

白钢主编：《中国政治制度通史》（第3卷），人民出版社1996年版。

班固：《汉书》，中华书局1959年版。

蔡廷吉：《贾谊研究》，台湾文史哲出版社1985年版。

蔡元培：《中国伦理学史》，东方出版社1996年版。

晁公武：《郡斋读书志》，上海古籍出版社2005年版。

陈静：《自由与秩序的困惑：〈淮南子〉思想研究》，云南大学出版社
  2004年版。

陈立：《白虎通疏证》，中华书局1994年版。

陈槃：《古谶纬研讨及其书录解题》，国立编译馆1991年版。

陈启云：《儒学与汉代历史文化》，广西师范大学出版社2007年版。

陈戍国：《先秦礼制研究》，湖南教育出版社1991年版。

陈司直：《贾谊〈新书〉思想研究》，花木兰文化出版社2010年版。

陈苏镇：《汉代政治与〈春秋〉学》，中国广播电视出版社2001年版。

陈新岗：《两汉诸子治国思想研究》，山东文艺出版社2009年版。

陈振孙：《直斋书录解题》，上海古籍出版社 1987 年版。

程颢、程颐：《二程集》，中华书局 1981 年版。

程树德：《论语集释》，中华书局 1990 年版。

崔大华：《庄学研究》，人民出版社 1992 年版。

崔瑞德、鲁惟一：《剑桥中国秦汉史》，中国社会科学出版社 1992 年版。

邓瑞全、王冠英：《中国伪书综考》，黄山书社 1998 年版。

丁四新：《郭店楚墓竹简思想研究》，东方出版社 2000 年版。

丁四新：《玄圃畜艾：丁四新学术论文选集》，中华书局 2009 年版。

丁原明：《黄老学论纲》，山东大学出版社 1997 年版。

段玉裁：《说文解字注》，上海古籍出版社 1988 年版。

范晔：《后汉书》，中华书局 1965 年版。

方向东：《大戴礼记汇校集释》，中华书局 2008 年版。

方向东：《贾谊〈新书〉集解》，河海大学出版社 1994 年版。

方以智：《通雅》，中国书店 1990 年版。

冯达文：《理性与觉醒：佛学与佛学论丛》，巴蜀书社 2009 年版。

冯达文：《中国哲学的本源：本体论》，广东人民出版社 2001 年版。

冯友兰：《中国哲学史》，生活·读书·新知三联书店 2009 年版。

冯友兰：《中国哲学史新编》，人民出版社 1998 年版。

高怀民：《两汉易学史》，广西师范大学出版社 2007 年版。

龚鹏程：《汉代思潮》，商务印书馆 2008 年版。

顾颉刚：《顾颉刚古史论文集》（第三册），中华书局 1996 年版。

顾颉刚：《汉代学术史略》，东方出版社 1996 年版。

顾颉刚：《秦汉的方士与儒生》，上海古籍出版社 2005 年版。

顾颉刚：《中国上古史研究讲义》，中华书局 2009 年版。

郭君铭：《扬雄〈法言〉思想研究》，巴蜀书社 2006 年版。

郭齐勇：《儒学与儒学史新论》，学生书局 2002 年版。

郭齐勇：《中国儒学之精神》，复旦大学出版社 2009 年版。

郭齐勇：《中国哲学智慧的探索》，中华书局 2008 年版。

郭庆藩：《庄子集释》，中华书局 1961 年版。

国家文物局古文献研究室编：《马王堆汉墓帛书》，文物出版社 1980
　年版。

何宁：《淮南子集释》，中华书局 1998 年版。

何儒育：《〈春秋繁露〉君王观研究》，花木兰文化出版社 2010 年版。

黑格尔：《历史哲学》，上海书店出版社 2001 年版。

黄金山、孔繁敏等译：《日本学者研究中国史论著选译》（第三卷上古秦
　　汉），中华书局 1993 年版。

洪亮吉：《春秋左传诂》，中华书局 1987 年版。

侯外庐等：《中国思想通史》，人民出版社 1957 年版。

胡适：《中国哲学史大纲》，上海古籍出版社 1997 年版。

桓谭著，朱谦之校辑：《新辑本桓谭新论》，中华书局 2009 年版。

黄晖：《论衡校释》，中华书局 1990 年版。

黄淑贞：《〈淮南子〉天道观之研究》，花木兰文化出版社 2008 年版。

季乃礼：《三纲六纪与社会整合：由〈白虎通〉看汉代人伦关系》，中国
　　人民大学出版社 2004 年版。

姜国柱、朱葵菊：《中国人性论史》，河南人民出版社 1997 年版。

蒋庆：《公羊学引论》，辽宁教育出版社 1995 年版。

焦循：《孟子正义》，中华书局 1987 年版。

金春峰：《汉代思想史》（增补第三版），中国社会科学出版社 2006 年版。

金耀基：《中国民本思想史》，法律出版社 2008 年版。

雷戈：《秦汉之际的政治思想与皇权主义》，上海古籍出版社 2006 年版。

黎德靖编：《朱子语类》，中华书局 1985 年版。

黎翔凤：《管子校注》，中华书局 2004 年版。

李尔钢：《新书全译》，贵州人民出版社 1998 年版。

李沈阳：《汉代人性论史》，齐鲁书社 2010 年版。

李威熊：《董仲舒与西汉学术》，台湾文史哲出版社 1978 年版。

李维武：《吕不韦评传：一代名相与千古奇书》，广西教育出版社 1997
　　年版。

李维武：《王充与中国文化》，贵州人民出版社 2000 年版。

李学勤：《古文献论丛》，上海远东出版社 1996 年版。

李昱东：《西汉前期政治思想的转变与发展：从黄老思想向独尊儒术的演
　　变》，花木兰文化出版社 2009 年版。

梁安和：《贾谊思想研究》，三秦出版社 2007 年版。

梁启超：《先秦政治思想史》，东方出版社 1996 年版。

廖其发：《先秦两汉人性论与教育思想研究》，重庆出版社 1999 年版。

林贞爱：《扬雄集校注》，四川大学出版社 2001 年版。

刘宝楠：《论语正义》，中华书局 1990 年版。

刘厚琴：《汉代伦理与制度关系研究》，中国社会科学出版社 2008 年版。

刘厚琴：《儒学与汉代社会》，齐鲁书社 2002 年版。

刘如霖：《汉晋学术编年》，上海书店出版社 1992 年版。

刘向、刘歆撰，姚振宗辑录：《七略别录佚文》，上海古籍出版社 2008
年版。

刘笑敢：《庄子哲学及其演变》，中国社会科学出版社 1988 年版。

刘钊：《郭店楚简校释》，福建人民出版社 2005 年版。

柳存仁：《道家与道术》，上海古籍出版社 1989 年版。

卢瑞容：《西汉儒家政治思想与现实政治的互动：以奏议为中心的考察》，
花木兰文化出版社 2009 年版。

鲁惟一：《汉代的信仰、神话和理性》，北京大学出版社 2009 年版。

吕思勉：《读史札记》（上册），上海古籍出版社 1986 年版。

吕思勉：《秦汉史》，上海古籍出版社 1983 年版。

罗光：《中国哲学思想史》（两汉、南北朝篇），台湾学生书局 1979 年版。

马国翰：《玉函山房辑佚书》，上海古籍出版社影印光绪九年娜嬛仙馆本
1990 年版。

牟宗三：《历史哲学》，广西师范大学出版社 2007 年版。

牟宗三：《政道与治道》，广西师范大学出版社 2006 年版。

欧阳询：《艺文类聚》（卷五十六《杂文部》二"赋"），中华书局 1982
年版。

欧阳祯人：《先秦儒家性情思想研究》，武汉大学出版社 2005 年版。

潘铭基：《贾谊〈新书〉论稿》，香港古籍研究中心中国文化研究所 2010
年版。

庞朴：《帛书五行研究》，齐鲁书社 1980 年版。

皮锡瑞：《经学通论》，中华书局 1954 年版。

祈玉章：《贾子探微》，台湾三民书局 1970 年版。

祈玉章：《贾子新书校释》，东亚书局 1974 年版。

钱穆:《国史大纲》,商务印书馆 1994 年版。

钱穆:《国史新论》,载《钱宾四先生全集》(30),台湾联经出版事业有限公司 1998 年版。

钱穆:《秦汉史》,载《钱宾四先生全集》(26),台湾联经出版事业有限公司 1998 年版。

钱穆:《两汉经学今古文平议》,商务印书馆 2001 年版。

钱绎:《方言笺疏》,上海古籍出版社 1984 年版。

饶宗颐:《略论马王堆〈易经〉写本》,载《饶宗颐史学论著选》,上海古籍出版社 1993 年版。

任继愈:《中国哲学发展史》,人民出版社 1983 年版。

阮元校刻:《十三经注疏·礼记正义》,中华书局 1980 年版。

阮元校刻:《十三经注疏·周礼注疏》,中华书局 1980 年版。

阮元校刻:《十三经注疏·周易正义》,中华书局 1980 年版。

萨孟武:《中国政治思想史》,东方出版社 2008 年版。

沈约:《宋书》,中华书局 1974 年版。

石光瑛:《新序校释》,中华书局 2009 年版。

司马光:《太玄集注》,中华书局 1998 年版。

司马迁:《史记》,中华书局 1962 年版。

苏舆:《春秋繁露义证》,中华书局 1992 年版。

孙纪文:《淮南子研究》,学苑出版社 2005 年版。

孙筱:《两汉经学与社会》,中国社会科学出版社 2002 年版。

汤可敬:《说文解字今释》,岳麓书社 1997 年版。

唐国军:《帝制初期中国传统政治学体系建构——以〈新语〉整体性文本解读为基点》,中国社会科学出版社 2008 年版。

唐雄山:《贾谊礼治思想研究》,中山大学出版社 2005 年版。

唐晏:《两汉三国学案》,中华书局 1986 年版。

陶希圣、沈巨臣:《秦汉政治制度》,商务印书馆 1936 年版。

汪荣宝:《法言义疏》,中华书局 1987 年版。

汪耀明:《贾谊与西汉文学》,复旦大学出版社 2003 年版。

汪中:《新编汪中集》,广陵书社 2005 年版。

王爱清:《秦汉乡里控制研究》,山东大学出版社 2010 年版。

王保国：《西周民本思想研究》，学苑出版社 2004 年版。

王葆玹：《今古文经学新论》，中国社会科学出版社 1997 年版。

王葆玹：《西汉经学源流》，东大图书股份有限公司 1994 年版。

王充：《论衡》载《诸子集成》（卷七），中华书局 1954 年版。

王夫之：《读通鉴论》，中华书局 1975 年版。

王夫之：《宋论》，中华书局 1964 年版。

王更生：《贾谊学术三编》，台湾政治大学中文所 1969 年版。

王更生：《中国历代思想家·贾谊》，台湾商务印书馆 1987 年版。

王国维：《观堂集林》，河北教育出版社 2001 年版。

王利器：《新语校注》，中华书局 1986 年版。

王利器：《盐铁论校注》，中华书局 1992 年版。

王聘珍：《大戴礼记解诂》，中华书局 1983 年版。

王青：《扬雄评传》，南京大学出版社 2000 年版。

王心湛：《贾子新书集解》，广益书局 1936 年版。

王先谦：《荀子集解》，中华书局 1988 年版。

王先谦：《庄子集解》，载《诸子集成》（三），中华书局 1954 年版。

王兴国：《贾谊评传》，南京大学出版社 1992 年版。

王永祥：《董仲舒评传》，南京大学出版社 1995 年版。

王洲明、徐超：《贾谊集校注》，人民文学出版社 1996 年版。

韦政通：《董仲舒》，台湾东大图书股份有限公司 1986 年版。

吴根友：《在道义论与正义论之间——比较政治哲学诸问题初探》，武汉
　大学出版社 2009 年版。

吴树平：《风俗通义校释》，天津人民出版社 1980 年版。

吴松庚：《贾谊》，岳麓书社 2008 年版。

吴云、李春台：《贾谊集校注》，天津古籍出版社 2010 年版。

向晋卫：《白虎通思想的历史研究》，人民出版社 2007 年版。

向宗鲁：《说苑校证》，中华书局 1987 年版。

萧公权：《中国政治思想史》，辽宁教育出版社 1998 年版。

萧汉明：《传统哲学的魅力》，中华书局 2008 年版。

萧汉明：《阴阳大化与人生》，广东人民出版社 1998 年版。

萧萐父：《吹沙集》，巴蜀书社 2007 年版。

萧萐父：《吹沙二集》，巴蜀书社 2007 年版。

萧萐父：《吹沙三集》，巴蜀书社 2007 年版。

萧萐父：《中国哲学史史料源流举要》，武汉大学出版社 1998 年版。

萧统：《文选》，上海古籍出版社 1986 年版。

熊铁基：《秦汉新道家略论稿》，上海人民出版社 1984 年版。

徐复：《秦会要订补》，群联出版社 1955 年版。

徐复观：《两汉思想史》，台湾学生书局 1987 年版。

徐复观：《徐复观论经学史二种》，上海书店出版社 2006 年版。

徐复观：《学术与政治之间》，台湾学生书局 1985 年版。

徐复观：《中国人性论史》（先秦卷），上海三联书店 2001 年版。

徐复观：《中国思想史论集》，上海书店出版社 2004 年版。

徐复观著，李维武编：《徐复观文集》，湖北人民出版社 2009 年版。

徐水生、张谷译，福井文雅著：《汉字文化圈的思想与宗教：儒教、佛教
　　与道教》，武汉大学出版社 2010 年版。

徐兴无：《谶纬文献与汉代文化建构》，中华书局 2003 年版。

徐兴无：《刘向评传》，南京大学出版社 2005 年版。

许结：《汉代文学思想史》，南京大学出版社 1990 年版。

许维遹：《韩诗外传集释》，中华书局 1980 年版。

许维遹：《吕氏春秋集释》，中华书局 2009 年版。

严遵、王德有译注：《老子旨归译注》，商务印书馆 2004 年版。

阎步克：《波峰与波谷——秦汉魏晋南北朝的政治文明》，北京大学出版
　　社 2009 年版。

阎步克：《官阶与服等》，复旦大学出版社 2010 年版。

阎步克：《士大夫政治演生史稿》，北京大学出版社 1996 年版。

阎振益、钟夏校注：《〈新书〉校注》，中华书局 2000 年版。

杨伯峻：《春秋左传注》，中华书局 1981 年版。

杨鹤皋：《贾谊法律思想研究》，群众出版社 1985 年版。

杨权：《新五德理论与两汉政治——"尧后火德"说考论》，中华书局
　　2006 年版。

杨树达：《淮南子证闻，盐铁论要释》，上海古籍出版社 2006 年版。

杨向奎：《西汉经学与政治》，台湾独立出版社 2000 年版。

杨永俊：《禅让政治研究》，学苑出版社 2005 年版。

尹继佐、周山主编：《中国学术思潮史》（卷二）经学思潮，上海社会科学院出版社 2006 年版。

于树贵：《寻找权威的道德基础：汉初德政思想研究》，湖南人民出版社 2004 年版。

余嘉锡：《四库提要辨证》，中华书局 1980 年版。

余明光：《黄帝四经今注今译》，岳麓书院 1993 年版。

余英时：《士与中国文化》，上海人民出版社 1987 年版。

余治平：《唯天为大：建基于信念本体的董仲舒哲学研究》，商务印书馆 2003 年版。

袁行霈：《陶渊明集笺注》，中华书局 2003 年版。

张秋升：《天人纠葛与历史运演：西汉儒家历史观的现代诠释》，齐鲁书社 2003 年版。

张舜徽：《周秦道论发微》，中华书局 1982 年版。

张涛：《经学与汉代社会》，河北人民出版社 2001 年版。

张菀玲：《西汉前期礼法思想的演变与发展》，花木兰文化出版社 2010 年版。

张运华：《先秦两汉道家思想研究》，吉林教育出版社 1998 年版。

张宗祥：《论衡校注》，上海古籍出版社 2010 年版。

章权才：《两汉经学史》，广东人民出版社 1990 年版。

章太炎：《春秋左传读叙录》，载《章太炎全集》（二），上海人民出版社 1982 年版。

郑万耕：《太玄校释》，北京师范大学出版社 1998 年版。

中村元著，林太、马小鹤译：《东方民族的思维方法》，浙江人民出版社 1989 年版。

钟肇鹏：《桓谭王充评传》，南京大学出版社 1993 年版。

仲符：《申鉴》，载《诸子集成》（八），中华书局 1954 年版。

周桂钿、吴锋：《董仲舒》，吉林文史出版社 1997 年版。

周桂钿：《董学探微》，北京师范大学出版社 2008 年版。

周桂钿：《秦汉思想史》，河北人民出版社 1999 年版。

周桂钿：《秦汉哲学》，武汉出版社 2006 年版。

朱谦之校辑:《新辑本桓谭新论》,中华书局 2009 年版。

朱熹:《楚辞集注》,上海古籍出版社 2001 年版。

朱熹:《四书章句集注》,中华书局 1983 年版。

朱彝尊:《经义考》(影印本),中华书局 1998 年版。

祝瑞开:《两汉思想史》,上海古籍出版社 1989 年版。

论文类

Charles Theodore Sanft, "A Study of Jia Yi's *Xin Shu*" [D], PhD. Diss, University of Munster. 2005.

艾兰:《太一·水·郭店〈老子〉》,载武汉大学中国文化研究院编《郭店楚简国际学术研讨会论文集》,湖北人民出版社 2000 年版。

丁四新:《"生"、"眚"、"性"之辨与先秦人性论研究之方法论的检讨:以阮元、傅斯年、徐复观相关论述及郭店竹简为中心》(上、下),载刘笑敢主编《中国哲学与文化》(第六辑、第七辑),广西师范大学出版社 2009 年版、2010 年版;又见丁四新、夏世华主编《楚地简帛思想研究》(第四辑)崇文书局 2010 年版。

丁四新:《楚简〈容成氏〉"禅让"观念论析》,载刘大钧主编《简帛考论》,上海古籍出版社 2007 年版。

丁四新:《略论郭店楚简〈五行〉思想》,《孔子研究》2000 年第 3 期。

丁为祥:《董仲舒天人关系的思想史意义》,《北京大学学报》(哲学社会科学版)2011 年第 6 期。

丁为祥:《命与天命——儒家天人关系的双重视角》,《中国哲学史》2007 年第 4 期。

冯达文:《理性的界限——先秦两汉思想转型提供的启示》,《学术研究》2002 年第 1 期。

冯友兰:《贾谊哲学思想》,《北京大学学报》(人文科学版)1962 年第 2 期。

郭齐勇:《郭店楚简身心观发微》,载武汉大学中国文化研究院编《郭店楚简国际学术研讨会论文集》,湖北人民出版社 2000 年版。

郭齐勇:《再论儒家的政治哲学及其正义论》,《孔子研究》2010 年第 6 期。

郭齐勇：《再论"五行"与"圣智"》，《中国哲学史》2001 年第 3 期。

胡适：《述陆贾思想》，载胡适编辑、蔡元培、王云五《张菊生先生七十生日纪念论文集》，商务印书馆 1938 年版。

黄宛峰：《叔孙通、陆贾与汉初的儒学走向》，《史学月刊》1995 年第 3 期。

蒋国保：《汉儒称"六经"为"六艺"考》，《中国哲学史》2006 年第 4 期。

黎红雷：《为万世开太平——中国传统治道研究引论》，《云南大学学报》（社会科学版）2007 年第 6 期。

李存山：《秦后第一儒——陆贾》，《孔子研究》1992 年第 3 期。

李零：《读郭店楚简〈太一生水〉》，载陈鼓应主编《道家文化研究》（第十七辑），生活·读书·新知三联书店 1999 年版。

李学勤：《郭店楚简〈六德〉的文献学意义》，武汉大学中国文化研究院编《郭店楚简国际学术研讨会论文集》，湖北人民出版社 2000 年版。

李振纲：《秦汉之际的礼治思想研究》，博士学位论文，河北大学，2009 年。

李宗桂：《汉代礼治的形成及其思想的特征》，《中国哲学》2007 年第 10 期。

梁宗华：《论贾谊的儒学观》，《理论学刊》1997 年第 2 期。

梁宗华：《论陆贾的儒学观》，《东岳论丛》1994 年第 6 期。

梁宗华：《西汉初期儒学的发展演变》，《哲学研究》1994 年第 7 期。

刘光汉：《贾生鵩赋多佛家言》，《国粹学报》1905 年第 1 期。

刘师培：《贾子新书斠补》，《国粹学报》1905 年第 1 期。

刘师培：《贾子新书补释》，《国粹学报》1909 年第 4 期。

刘师培：《贾子新书补释》，《国粹学报》1909 年第 13 期。

刘师培：《贾子新书补释》，《国粹学报》1910 年第 1 期。

刘师培：《贾子新书补释》，《国粹学报》1910 年第 3 期。

马育良：《汉初治政与贾谊的礼治思想》，《孔子研究》1993 年第 4 期。

缪钺：《两千多年来中国士人的两个情结》，《中国文化》1991 年第 4 期。

牟钟鉴：《〈吕氏春秋〉与〈淮南子〉的比较研究——兼论秦汉之际的学术思潮》，《哲学研究》1984 年第 1 期。

樊祯祯：《汉代儒家情性思想研究》，《孔子研究》2009 年第 4 期。

庞朴：《"太一生水"说》，载《中国哲学》编辑部、国际儒联学术委员会编《中国哲学》（第二十辑郭店楚简研究），辽宁教育出版社2000年版。

彭华：《"无为"思想发凡——以先秦汉初的儒家和道家为考察中心》，《孔孟学报》2002年第80期。

乔向春：《贾谊〈新书〉思想研究》，博士学位论文，北京师范大学，2009年。

邵勤：《评贾谊》，《安徽师范大学学报》1977年第4期。

宋艳萍：《孔子质文说与汉代文家特质》，《孔子研究》2009年第4期。

孙曙光：《谶纬与汉代政治的神秘性》，《社会科学战线》1982年第2期。

王刚：《汉初政治中的儒家"无为"与道家"无为"》，《江西师范大学学报》（哲学社会科学版）2008年第4期。

王中江：《儒家"圣人"观念的早期形态及其变异》，《中国哲学史》1994年第4期。

魏建功、阴法鲁、吴尽存、孙钦善：《关于贾谊〈新书〉真伪问题的探索》，《北京大学学报》（人文科学版）1961年第5期。

吴根友：《"传贤不传子"的政治权力转移程序——上博简〈容成氏〉篇政治哲学及其学派问题初探》，载《在道义论与正义论之间——比较政治哲学诸问题初探》，武汉大学出版社2009年版。

夏世华：《先秦儒家禅让观念研究》，博士学位论文，武汉大学，2009年。

萧萐父：《黄老帛书哲学浅议》，载《道家文化研究》（第三辑），上海古籍出版社1993年版。

谢子平：《贾谊的礼义论》，《贵州大学学报》2002年第2期。

熊永祥：《贾谊文化品格研究》，博士学位论文，扬州大学，2007年。

姚澄宇：《贾谊是"法家"吗?》，《南京师院学报》1977年第4期。

阴法鲁：《贾谊思想初探》，《北京大学学报》（人文科学版）1965年第2期。

于传波：《试论贾谊的思想体系》，《中国哲学史研究》1987年第3期。

张汝伦：《王霸之间——贾谊政治哲学初探》，载张汝伦《政治世界的思想者》，复旦大学出版社2009年版。

张涛：《汉初易学的发展》，《文史哲》1998年第2期。

张星久：《中国君主专制政体下的皇位嫡长制继承新论》，《武汉大学学报》（哲学社会科学版）1998 年第 5 期。

郑万耕：《阴阳变易学说的思维特征》，《中国哲学史》2000 年第 3 期。

重泽俊郎：《賈誼新書の思想》，《东洋史研究》10 卷 4 号，1949 年 1 月。

后　记

　　子在川上曰："逝者如斯乎，不舍昼夜！"光阴似水，流年易逝。转眼间，距珞珈山上的求学时光已有四载，念及于此，难免伤情，然有心向学，无处非学！上善若水，智勇若水，夫子之叹，深意在此。忆昔珞珈山上的五年时光，就如同这上善之水一样，给了我爱智健行的能量，这本小书即得益于这种能量的鼓动。

　　就有道而正焉。回想初到武汉大学哲学学院时，我不知道哲学为何物，也不知道学术是什么。幸蒙丁师不弃，得以开颛启蒙，渐渐开悟。在老师身上真实体现的，是学求精深的严谨态度，是开放包容的学术胸怀，是健行淡泊的豁达心态，是谦逊正直的为人品格。老师为学为人的品质一点点地渗透到我的学习生活之中。求学的五年中，交给老师的每一篇文章，他都认真修改，大至篇章结构，小至标点符号，悉心备至。每当看到文章上面圈圈点点的红色印记，我都是百感交集，一则感叹自己学问不见长进，二则感想老师是如何能够忍受读完这样的文章，三则感谢老师的不厌其烦。当把博士论文二稿拿回来后，看到上面的红色变得很少时，一种窃喜洋溢于心间。毕业之后，由于资质愚钝，我在学问上乏善可陈，但是一点点的小成绩就能让老师高兴。当遇到一些困难向老师请教时，他总是无私、真诚地给出建议。当出书请他赐序时，老师当即答应，并非常严肃地和我沟通，言传身教中让我受益良多。

　　里仁为美。在珞珈山上的快乐时光，在于能够与学友同仁们一起享用来自师辈们的思想大餐与学术盛宴。在此，我不能忘记与陈屹、周浩翔、卢德友一起饭前餐后侃天吹牛的快乐时光，不能忘记与赵景飞、庞雯予夫妇畅谈无碍的自由惬意，不能忘记余姐（余泳芳）爽朗直快的敦促与关切，不能忘记与师兄、师弟们在读书课上的交流与分享，不能忘记与室友刘波罗三年来卧谈、互助的美好时光。借小书出版之机，我不能不感谢好友鲁兴涛、杨豪、陈设等好友在我的学习、工作生涯中给我提供的无私帮助与鼓励，海内存知己，天涯若比邻，希望朋友们在顾及事业之余，有更多的时间享受生活。

天地有大美不言。在我三十年的记忆中，从没有对父母说一次"谢谢"。感谢父母多年来对我的厚重支持，我有幸生长在一个重视教育的家庭，这滋长了我求学的"任性"。然而这于我的幸运却是他们的不幸，长期的辛苦劳作使他们病痛缠身。一路走来，甘苦自知，难道这是寒门学子所必须承受的？百善孝为先，念及于此，心里不禁酸楚。父母身上的坚毅品格与善良品质造就了我的韧性与定性，也正是这种坚韧与坚定，使我有力量突破理想与现实的围困，摆脱一种偏执的人生视域。在此，我还要感谢我的妹妹，她很早就辍学，像一个姐姐一样在支持着我的学业，令人欣慰的是，她摆脱了农村人打工的命运，正逐渐朝着自己的目标迈进。

窈窕淑女，君子好逑。美心曰窈，美身曰窕，感谢上天赐予我这样的生命伴侣。每当我在学习与生活中遇到困顿与不安时，妻子张丽都始终如一的安慰、鼓励着，不离不弃。她像一面镜子一样，让我时刻认识并克服自身的缺点。异地恋的经历锻造了我们真诚与执着的信念，没有真诚的日积月累，哪有坚不可摧的信任大厦？博士毕业之际，两个穷二代迎来属于我们自己的裸婚时刻。如今，我们的女儿已经两岁，天真烂漫，一家三口，其乐融融。回想起来，在今天这个争利逐物之风不减的时代，我能够在康节安乐之地，明道伊川道学之乡独得一份闲适，与妻子善良无争的品格密不可分。

在此需要指出，拙著是在博士学位论文的基础上修改而成，初成于乙未年秋月。此后，我与张丽在工作之余游访了洛阳贾谊村、长沙贾谊故居等相关故迹，并进一步搜集了更多的研究资料。在此基础上，张丽提出，在博士论文的修改过程之中，应该意识到贾谊作为西汉初期具有敏锐洞察力的哲学家，他所提出的问题大都是开创性的，影响深远。例如他对人性的探讨，虽然看似特出，但如果放在西汉时期儒家性情论的发展脉络中考察的话，那么就可以发现贾谊性本于道、董仲舒性本于天、扬雄性本于天与道的思想共同构成了西汉时期儒家性情论的总体特征。在此期间，我们有幸获批的教育部人文社科青年项目"西汉儒家性情论研究"（编号

14YJC720028）可谓是对这种所思所得的莫大鼓励。也正是基于这个思想，我们对贾谊的人性论部分的写作内容做了新的改动，可以作为该项目的阶段性成果。再如她提出不能因为《六德》篇的出土，就认定贾谊对"六"的重视是受了它的影响，而应该意识到还有一种可能，即贾谊和《六德》的作者同时受到战国后期用数量关系搭配各种要素组成一个系统的思维方式的影响。诸如此类，不一一述说。在小著的成书过程中，她与我相互鼓励、辩难，不少观点就是在这种反复讨论中得出的，她对本书的审校工作更是倾心倾力。在此意义上，如果说博士学位论文的完成（乙未年秋）是我独著的话，那么此书能不揣赘陋地面世于今天（丁酉年春）则是张丽与我共同完成的。

嘤其鸣矣，求其友声。感谢河南科技大学马克思主义学院的领导与同事们的鼓励与帮助，使我从一个处于而立之年的青涩学子迅速成长为一名能够站稳讲台的教师，能够有所授受，学益明矣！

最后，真挚地感谢中国社会科学出版社孙萍女士对本书出版所付出的努力，没有她的敦促与不厌其烦，博士论文不知还要尘封多久。

闫利春记于丁酉年春